Barbara Feger / Tânia M. Prado
Hochbegabung

Barbara Feger / Tânia M. Prado

Hochbegabung

Die normalste Sache der Welt

PRIMUS
VERLAG

Einbandgestaltung: Jutta Schneider, Frankfurt

Einbandbild: Raúl Truckenbrodt, 3 Jahre

Die Deutsche Bibliothek – CIP-Einheitsaufnahme

Feger, Barbara:
Hochbegabung: die normalste Sache der Welt /
Barbara Feger/Tânia M. Prado. – Darmstadt:
Primus Verl., 1998
    ISBN 3-89678-097-2

© 1998 by Wissenschaftliche Buchgesellschaft, Darmstadt
Gedruckt auf säurefreiem und alterungsbeständigem Werkdruckpapier
Printed in Germany

ISBN 3-89678-097-2

Inhalt

Vorwort

Noch ein Buch über Hochbegabung?

In den letzten zehn Jahren sind mehr als 60 deutschsprachige Bücher zu diesem Thema erschienen. Diese Zahl nimmt sich jedoch geradezu bescheiden aus, wenn man die Veröffentlichungen in den USA betrachtet. Eine Anfrage bei der virtuellen Buchhandlung *amazon* in Seattle führte Anfang 1998 zum Nachweis von rund 1000 (in Worten tausend) Büchern zum Thema 'Hochbegabung', fast alle äußerst aktuell und alle in englischer Sprache! Angesichts dieser Zahl ist es wichtig, zu zeigen, worin sich das vorliegende Buch von anderen Büchern zu diesem Thema unterscheidet.

Im Jahr 1988 erschien das Buch von Barbara Feger als erste deutsche Monographie zur Hochbegabung. Dort wurde der Versuch unternommen, alle wesentlichen Fragen zum Thema darzustellen. Von einem Buch, das zehn Jahre später erscheint, könnte man erwarten, daß es eine Aktualisierung des früheren Buches bildet – in Form einer neuen, überarbeiteten Auflage.

Diesen Weg haben wir jedoch nicht gewählt; es handelt sich hier nicht um eine Neuauflage des Buches aus dem Jahr 1988, sondern um ein anderes Konzept. Dafür gibt es eine Reihe guter Gründe, zu deren Darstellung wir ein wenig ausholen müssen.

Wenn ein Teilbereich einer Wissenschaft das Stadium erreicht, in dem es erstmals das Interesse eines breiten Publikums erregt, dann läßt sich oft ein bestimmtes Muster in bezug auf die Veröffentlichungen aufzeigen. Dringend benötigt wird in dieser Situation fast immer ein breit angelegtes Informationsmaterial. Dieses erscheint häufig in der Form von Broschüren, bei denen die allgemein verständliche Vermittlung einen höheren Stellenwert hat als die wissenschaftlichen Belege; es erscheinen aber auch grundlegende Arbeiten auf wissenschaftlicher Basis. Detailfragen treten in diesen Arbeiten noch in den Hintergrund, auch wenn in der Wissenschaft eben diese Detailfragen bereits eine wichtige Rolle spielen.

Später nehmen dann – vor allem im pädagogisch-psychologischen Bereich – Veröffentlichungen zu Einzelaspekten zu, und zwar sowohl in bezug auf die Praxis als auch auf die Forschung. Da handelt es sich einerseits um Ratgeber, andererseits um Dissertationen, Tagungsberichte usw. Es werden Arbeitsgruppen gebildet, die über ihre Tätigkeit informieren, es gibt eine wachsende Zahl von Forschungsprojekten mit den entsprechenden Veröffentlichungen. So handelt es sich auch bei sehr vielen der neueren deutschsprachigen Veröffentlichungen zur Hochbegabung um Dissertationen, Projektberichte, Tagungsberichte usw.

Auch nachdem dieser Forschungs- und Informationsstand eines Teilgebietes – hier der Hochbegabung – erreicht ist, haben Einführungen dennoch ihren Stellenwert. Es gibt immer wieder Menschen, bei denen das Interesse an der Hochbegabung neu erwacht ist und die Informationen benötigen, die grundlegend und zugleich aktuell sind. In dieser Situation erfordert das Abfassen allgemeiner Einführungen – seien es nun Broschüren, seien es Monographien – einen umfassenden Sachverstand, sonst fallen sie qualitativ zu sehr hinter die früheren Veröffentlichungen zurück.

Angesichts des größer gewordenen Wissensstandes besteht in dieser Situation vor allem die Gefahr einer Verzettelung. Ein Beispiel dafür haben wir einer Homepage zur Hochbegabung im Internet entnommen. Dort wird auf eine Dissertation hingewiesen; eines ihrer zehn Kapitel beschäftigt sich mit folgenden Themen:

Geschichte der schulischen Förderung Hochbegabter von der Frühzeit bis zur Gegenwart, Merkmale Hochbegabter und ihre Bedeutung für Schule, Familie und Freundschaft, Probleme Hochbegabter (Dyssynchronien, Isolation, schulische Unterforderung, Perfektionismus, Pseudohochbegabung, familiäre Konflikte), spezielle Bedürfnisse körper- oder sinnesbehinderter Hochbegabter, Begründung der Förderung, Aus- und Fortbildung von Lehrkräften sowie Beratungsinhalte.

Mit dem Material zu diesem einen Kapitel läßt sich leicht ein mehrbändiges Handbuch füllen.

Da auch der Umfang des vorliegenden Buches vorgegeben war, haben wir uns auf einen Kompromiß geeinigt. Wir haben solche Bereiche zur Darstellung ausgewählt, die wir für besonders grundlegend halten, eine Vertiefung erfolgt dann zu ausgewählten Aspekten. So stellt das Buch eine Verbindung dar von allgemeiner, aktueller und umfassender Unterrichtung und dem Versuch, Oberflächlichkeit zu vermeiden.

Welche Themen wir ausführlicher behandelt hätten, wenn uns mehr Platz zur Verfügung gestanden hätte, wird vor allem im letzten Kapitel deutlich. Besonders schwer fiel uns der Verzicht auf die

Interviews mit hochbegabten Kindern und Jugendlichen, Interviews, die u. a. die Erlebniswelt dieser Kinder vermitteln.

Am weitreichendsten ist sicherlich unsere Entscheidung für die intellektuelle Hochbegabung und der Verzicht auf die Behandlung der Sonderbegabungen. Schon vor 70 Jahren wurde immer wieder betont, daß das gesamte Spektrum der Begabungen Aufmerksamkeit verdient. Wir haben uns auf die intellektuelle Begabung beschränkt, weil wir in Forschung und Praxis mit diesem Bereich am besten vertraut sind.

Vor einem Jahrzehnt mußte man für eine aktuelle Behandlung der Hochbegabung im wesentlichen US-amerikanische Literatur heranziehen. Manchem Leser war damit der Weg zu einer Vertiefung versperrt, denn außer der Beherrschung der englischen Sprache war auch die Vertrautheit mit der anderen Kultur und dem Fachvokabular erforderlich. Inzwischen können wir weitgehend auf deutschsprachige Literatur zurückgreifen. Wir haben versucht, die Zahl der fremdsprachigen Texte als Quellen möglichst gering zu halten, haben aber in den Hinweisen zur weiterführenden Literatur dann auch zusätzlich fremdsprachige Texte einbezogen.

Noch einige Worte zur Buchentstehung und zu den Autorinnen. 1984 ließ sich Barbara Feger an der RWTH Aachen beurlauben, um in Hamburg die erste deutsche Beratungsstelle für Hochbegabtenfragen aufzubauen; sie wurde dort tatkräftig unterstützt von Tânia M. Prado. Ab 1985 wurde die Beratungsstelle an der Universität Hamburg bis 1998 von Tânia M. Prado geleitet, während Barbara Feger an der RWTH Aachen im Institut für Erziehungswissenschaft weiterhin auch das Thema Hochbegabung in Forschung und Lehre vertrat. Die gute Kooperation zwischen beiden Autorinnen ist jedoch nie unterbrochen worden und hat sich in verschiedenen Veröffentlichungen niedergeschlagen. Beide Autorinnen haben sich schon vor Beginn dieser Kooperation mit der Thematik 'Hochbegabung' befaßt, sie sind engagiert, stehen dem Thema aber nicht kritiklos und schon gar nicht distanzlos gegenüber.

Welche Hoffnungen knüpfen wir an dieses Buch? Wir hoffen, die wichtigsten Ergebnisse in klarer Sprache, ohne zuviel Fachjargon dargestellt zu haben und dabei gleichzeitig das Niveau gewahrt zu haben. Damit müßte das Buch geeignet sein für eine erste, aber nicht oberflächliche Bekanntschaft mit Fragen der Hochbegabung. Wir erwarten jedoch, daß diejenigen, die sich bereits intensiver mit diesem Thema auseinandergesetzt haben, hier neue Anregungen und neue Perspektiven erhalten. Wir wünschen uns, daß möglichst viele unserer Leserinnen und Leser zu einer weiteren Beschäftigung mit dem Thema angeregt werden.

Unser Dank geht an Raúl Truckenbrodt und seine Eltern; Raúl hat als Dreijähriger das Bild gemalt, das den Umschlag dieses Buches ziert.

Barbara Feger / Tânia M. Prado

Zum Stand der Beschäftigung
mit der Hochbegabung –
Hochbegabung hier und heute

Lieber blau als schlau
Aufkleber aus der Mitte der achtziger Jahre

Allen, die mit Kindern umgehen (Lehrer, Eltern,
Ärzte, Sozialarbeiter, Erziehungsministerien und
-behörden usw.), sollen Informationen über hoch-
begabte Kinder zugänglich gemacht werden.
*Parlamentarische Versammlung des Europarates,
Oktober 1994*

Einleitung

Sie sind mitten unter uns – die Hochbegabten. Sie fallen aber
überhaupt nicht auf. Oder sie fallen auf, weil sie „immer ganz oben"
sind. Oder sie fallen auf, weil sie Probleme haben. Kurzum: Sie sind
keine homogene Gruppe, auch wenn sie häufig als solche bezeichnet
werden – etwa als „die Streber", als „die Elite", als „die Eierköpfe"
oder „die Sonntagskinder". Sie sind nicht ausnahmslos „kleine Ein-
steins", „verrückte Genies", „hochbegabte Schulversager", „arro-
gante Besserwisser" oder „Überflieger". Und sie sind auch nicht,
wie uns manche einreden wollen, die „verkannte Minderheit".

Einige dieser Stereotype oder Etikettierungen halten sich hart-
näckig, obwohl seit mehr als einem Jahrzehnt viel geschehen ist und
vielfältige Informationen zur Verfügung stehen, die eigentlich ein
differenziertes Bild zur Folge haben sollten. So befindet sich der
Themenbereich 'Hochbegabung' immer noch in einem Spannungs-
feld von Wissenschaft und Praxis, von Politik und Rechtsprechung,
von Ideologie und Idealismus, von Anspruchsdenken, Hilflosigkeit
und Kommerz.

Dieses Kapitel will versuchen, den aktuellen Stand der Beschäftigung mit der Hochbegabung aufzuzeigen. Dabei geht es nicht um
das, was in vielen englischsprachigen Veröffentlichungen oder Kon-
greßvorträgen als *state of the art* bezeichnet wird. Wir wollen in die-

sem Kapitel weder Wissenschaft und Forschung noch die Anwendung wissenschaftlicher Erkenntnisse behandeln, sondern es soll eher um das Klima oder Umfeld, um alltägliche Ereignisse und Einstellungen im Zusammenhang mit Hochbegabung gehen. Wir möchten bei einer kurzen Einzelfallbeschreibung einsetzen, allerdings mit dem – nach den ersten Sätzen des Kapitel selbstverständlichen – Hinweis, daß die Probleme von Thomas nicht als typisch für Hochbegabte angesehen werden dürfen. Andererseits gibt es gelegentlich genau die Probleme, wie Thomas sie hat; und an diesem Jungen lassen sich die Veränderungen innerhalb eines Zeitraums von rund fünfzehn bis zwanzig Jahren besonders gut verdeutlichen.

Thomas

Beginnen wir unseren Überblick also mit Thomas und betrachten wir anschließend, auf welche Bedingungen ein Kind wie Thomas Anfang der achtziger Jahre gestoßen wäre und auf welche Bedingungen es heute trifft.

Thomas ist das jüngste von mehreren Geschwistern. Im Kindergartenalter gilt er als schwieriges Kind; einmal hat er sogar gezündelt – mit der Folge, daß ein Gebäude des väterlichen Betriebes abbrennt. Der Junge kränkelt und fällt durch seinen ungewöhnlich großen Kopf auf. Sein Vater ist genervt von der „ewigen Neugier" und den „albernen Fragen" seines Jüngsten und läßt den Sohn merken, daß er ihn für beschränkt hält.

Nach einer längeren, schweren Erkrankung wird Thomas im Alter von acht Jahren eingeschult. Später meint er: „Ich kann mich erinnern, daß ich in der Schule nicht zurecht kam. Ich war immer der letzte in der Klasse. Ich hatte immer das Gefühl, daß mich meine Lehrer nicht mochten und daß mein Vater meinte, ich sei dumm."

Zum Eklat kommt es, als der Lehrer Thomas einen 'hirnlosen Hampelmann' nennt. Dem Jungen reicht es, er packt seine Sachen, rennt spornstreichs nach Hause und erklärt der Mutter, daß er die Schule nie wieder betreten wird. Dies sind nicht nur leere Worte, sondern der Achtjährige hat einen unumstößlichen Entschluß gefaßt. Zum Glück findet Thomas, dessen Hochbegabung bis jetzt noch niemand erkannt hat, in seiner Mutter eine tatkräftige Verbündete.

Doch ehe wir am Ende dieses Kapitels noch einmal über Thomas berichten, wollen wir überprüfen, wie es dem Jungen ergangen wäre,

wenn seine Schwierigkeiten im Jahr 1980 aufgetreten wären, und
wie es ihm heute ergehen würde.

Thomas im Jahr 1980: Um das Jahr 1980 gab es in Deutschland
eine merkwürdige und widersprüchliche Situation. Die Hochbegabungsforschung dümpelte vor sich hin, es passierte fast nichts, das
Thema war weitgehend tabu. Der Blick in ein einflußreiches Buch
jener Zeit, ›Begabung und Lernen‹ (Roth [10]1976), gibt wertvolle Information. Bei einem Umfang von fast 600 Seiten könnte man bei
einem Buch, das „Begabung" im Titel führt, auch Informationen zur
Hochbegabung erwarten; aber es dominieren hier Minderbegabung,
Minderbegabte und Unterschichtkinder; in vielen pädagogischen
Veröffentlichungen jener Zeit waren es in noch viel stärkerem Ausmaß die kompensatorische Erziehung, die Chancengleichheit, die
Unterprivilegierten, die schichtenspezifische Sozialisation. „Begabungsreserven" wurden fast ausschließlich in diesem Zusammenhang gesehen, nämlich „Unterprivilegierten" zu mehr Bildung zu
verhelfen (vgl. auch Feger 1988a, S. 13–14).

Krasse Widersprüche zeigten sich in der Förderung. Die Hochbegabtenförderungswerke für Studenten waren nicht nur völlig akzeptiert, sondern sie genossen sogar ein sehr hohes Ansehen. Die Studienstiftung des deutschen Volkes beispielsweise – 1925 gegründet,
von den Nazis 1934/35 zur Einstellung ihrer Arbeit gezwungen –
hatte nach dieser Zwangspause im Jahre 1948 ihre Arbeit wiederaufgenommen. Sie erfreute sich allgemeiner Hochachtung und ist
seit der Neugründung niemals ernsthaft in Frage gestellt worden.
Ganz im Gegenteil, auch die politischen Parteien gründeten über
die parteinahen Stiftungen Begabtenförderungswerke für Studenten, ebenso die beiden christlichen Kirchen (das Cusanuswerk und
das Studienwerk Villigst) und die Gewerkschaften (die Hans-Böckler-Stiftung).

Während diese Einrichtungen – überwiegend entstanden zu Zeiten, als nicht einmal fünf Prozent eines Altersjahrgangs das Abitur
ablegten – unangefochten besonders begabte Studenten förderten,
gab es in den Schulen kaum eine ausdrückliche Förderung. Das, was
im Bereich der Universität akzeptiert war, wurde für die Schule in
der Regel strikt abgelehnt, wobei die Ausnahmen nur die Regel bestätigen. Der einzige Hinweis in ›Begabung und Lernen‹ (S. 370–
371) bezieht sich auf das Hardenberg-Gymnasium in Fürth, in dem
die Schüler ein Jahr Schulzeit sparen konnten. Außerdem existierten
Wettbewerbe wie *Jugend forscht* und *Jugend musiziert* usw., die ja

ebenfalls regelmäßig zu den Fördermöglichkeiten für begabte Schüler gezählt werden.

Im Grunde genommen hing die Förderung besonders begabter Schüler von der einzelnen Lehrerin, dem einzelnen Lehrer ab. Die Mutter von Thomas hatte zu jener Zeit kaum Informationsmöglichkeiten, es gab keine speziellen Beratungsstellen; die Lehrer wurden ebenfalls alleine gelassen, weil die Kultusministerien zu der Frage der Hochbegabung nur selten Stellung bezogen und folglich auch keine Anregungen für deren Förderung boten. So bestand immer wieder die Gefahr, daß eine hohe Begabung überhaupt nicht erkannt wurde. Wenn sie aber erkannt wurde, dann rückte sie oft in den Hintergrund. Es ist nicht unwahrscheinlich, daß Thomas auf eine Sonderschule überwiesen worden wäre. Seine Verhaltensprobleme hätte man vermutlich für wichtiger gehalten als seine hohe Begabung. Eine Selbsthilfeeinrichtung wie die *Deutsche Gesellschaft für das hochbegabte Kind* brachte es auch sechs Jahre nach der 1978 erfolgten Gründung nur auf eine Zahl von vierhundert Mitgliedern.

Thomas kurz vor der Jahrtausendwende: Im Jahre 1998 hat sich das Bild deutlich gewandelt. Eine große Zahl von Modellversuchen zu verschiedenen Formen der Hochbegabtenförderung ist durchgeführt worden. Kultusministerien haben sich mit der Problematik befaßt und Empfehlungen herausgegeben. Thomas könnte mit seiner Mutter eine Beratungsstelle für Hochbegabtenfragen aufsuchen. Seine Mutter könnte Mitglied in der Regionalgruppe einer der mittlerweile zahlreichen Selbsthilfeeinrichtungen werden und fände so Unterstützung in der Nähe ihres Wohnortes. Eine Menge von Ratgeber- und Fachliteratur ist erschienen. Auch die Medien haben das Thema aufgegriffen und häufig mit viel Verständnis, oft sogar wohlwollend über die Bedürfnisse und Probleme von Hochbegabten berichtet. Wenn die Hochbegabung von Thomas entdeckt würde – und das ist heute sehr viel wahrscheinlicher als vor 20 Jahren –, dann würde man vermutlich auch Möglichkeiten der Hilfe für dieses Kind vorschlagen.

Diese Kurzbeschreibung der aktuellen Lage könnte zu der Schlußfolgerung verleiten, daß heute alles zum besten stehe. Erfahren Hochbegabte vielleicht sogar eine Vorzugsbehandlung? Deutschland – ein Paradies für Hochbegabte?

Im folgenden sollen die Entwicklungen im Detail betrachtet werden, so daß sich jeder selbst ein Bild machen kann, wo es noch hapert, wo ein zufriedenstellender Zustand erreicht ist.

Die Bildungspolitik und ihr Umfeld

Die Politik bestimmt das gesetzlich Mögliche bzw. Erlaubte, sie legt weitgehend die Höhe der Ressourcen fest und schafft dadurch positive oder negative Randbedingungen auch im Bildungsbereich. Allerdings richtet sich die Politik auch nach den Umständen, auf die sie trifft. Wenn die Bildungspolitik betrachtet wird, müssen also auch die gegebenen Umstände einbezogen werden. Vor der Darstellung der eigentlichen Bildungspolitik sei kurz die Lage in bezug auf Hochbegabtenförderung ab etwa 1980 geschildert.

Zu den wenigen Einrichtungen für Hochbegabte zählte die *Deutsche Gesellschaft für das hochbegabte Kind* (1978 als *Gesellschaft zur Förderung hochbegabter Kinder* gegründet). 1979 erschien die Übersetzung des Buches von Chauvin, 1981 der Bericht zu der ersten Arbeitstagung über hochbegabte Kinder (Wieczerkowski u. Wagner 1981). Damals standen noch sehr stark psychiatrische und sonderpädagogische Gesichtspunkte im Vordergrund. Seit 1983 wurden an der Universität Hamburg mathematisch hochbegabte Kinder in Samstagskursen gefördert. Anfang der achtziger Jahre waren auch die Begabtenklassen an der Christophorusschule in Braunschweig eingerichtet worden. Und schließlich existierten – wie erwähnt – die Wettbewerbe für Schüler wie *Jugend forscht*.

Ein ungewöhnlich großes Echo fanden zwei Ereignisse – die Gründung der ersten Beratungsstelle für Hochbegabtenfragen in Deutschland und die *6. Weltkonferenz über hochbegabte und talentierte Kinder*. Die Beratungsstelle wurde 1984 in Hamburg eröffnet. Das Medieninteresse war gewaltig, die Nachfrage von Eltern und Lehrern, aber auch von Schülern sehr groß. Unter denjenigen, die Kontakt zur Beratungsstelle aufnahmen, befanden sich relativ viele Kinder, die ähnliche Merkmale wie Thomas aufwiesen, Kinder, die sich weigerten, zur Schule zu gehen, Kinder, die in Sonderschulen überwiesen worden waren, weiter Kinder, die zum Fall für den Psychiater erklärt worden waren, Kinder, die Suizidversuche hinter sich hatten, aber auch ein Jugendlicher, der aus Protest gegen die fehlende Unterstützung durch die Gesellschaft damals ganz bewußt eine kriminelle Karriere einschlagen wollte. In allen diesen Fällen ging es durchweg darum, daß vor allem die hohe Begabung die Schwierigkeiten verursacht hatte. Hatte bis dahin weitgehend die Meinung vorgeherrscht, daß sich Hochbegabte schon von selbst durchsetzen, so wurde nun in den Medien betont, daß auch hochbegabte Kinder gefördert und gefordert werden müssen. Dabei ist es einerseits verständlich, andererseits auch bedauerlich, daß es die spektakulären Fälle waren, die berichtet wurden. Hochbegabung wurde so mit einem gehäuften Auftreten von Problemen in Verbindung gebracht. Die Berichte in den Medien und die Leserbriefe auf diese Berichte zeigen jedoch in der ersten Hälfte des Jahres 1985 eine zunehmende Akzeptanz der Hochbegabten, eine engagierte und sachlicher werdende Diskussion des Phänomens Hochbegabung. Allerdings gab es immer noch Stimmen, die in Unterprivilegierten und Unterschichtkindern einerseits und Hochbegabung andererseits unvereinbare Gegensätze sahen und die sich dann nachdrücklich auf die Seite der Unterprivilegierten stellten.

Anfang August 1985 fand die Weltkonferenz in Hamburg statt, ein Ereignis, das von den Organisatoren schon viele Jahre vorbereitet worden war. Auch hier war das Medieninteresse sehr groß. Auf dieser Konferenz verblüffte der damalige Schulsenator der Hansestadt, Joist Grolle, die Gäste aus aller Welt gleich am Eröffnungstag mit einer Schmährede. Er meinte, mit dem „Anheizen der Begabungsdiskussion" werde lediglich eine „ideologische Nachbereitung" pädagogischer Selbstverständlichkeit betrieben. Die Förderung talentierter Kinder sei ohnehin Praxis der Pädagogen. In Deutschland habe es seit jeher nicht an Förderung von Leistungseliten gefehlt. „Wir hatten die besten Ingenieure, wir hatten das beste Industriemanagement, wir hatten nicht zuletzt die besten Generalstabsoffiziere." Schließlich erinnerte er noch an die Vergötzung der Hochleistung durch Hitler und präzisierte: „Wir alle wissen, wie der Tanz um dieses Goldene Kalb geendet hat." „In welchem Umfang hat die Gesellschaft das Recht, ihre Erfolgsbedürfnisse bereits ihren Kindern aufzudrücken?" lautete eine weitere zentrale Frage Grolles.

Ein Dutzend Jahre später wird in Hamburg die *Beratungsstelle besondere Begabungen* (*BbB*, offizielle Einweihung im November 1997) als Einrichtung der Schulbehörde eröffnet, also von genau dem Haus, dem Grolle 1985 als Senator vorstand. Die zuständige Senatorin, Rosemarie Raab, meinte zur Eröffnung (zitiert nach Vortrags-Manuskript):

Nach einjähriger Vorlaufzeit weihen wir heute die Beratungsstelle besondere Begabungen – kurz *BbB* ein. Es ist die erste Beratungsstelle dieser Art in der Bundesrepublik Deutschland in schulbehördlicher Trägerschaft.
... Die Einrichtung der *BbB* ist zugleich auch ein weiterer wichtiger Baustein unserer Bemühungen, die Begabungsförderung als integralen Bestandteil schulischer Bildungsarbeit zu verankern.

... Schulische Förderung richtet sich also nicht nur auf die Kompensation oder Überwindung von Lernbeeinträchtigungen oder Lernschwierigkeiten, sondern gleichermaßen auch auf die Entfaltung individueller Stärken – seien sie intellektueller, musischer, sozialer, technischer oder sportlicher 'Natur'.

In dem Faltblatt zur Beratungsstelle heißt es:

Viele Kinder und Jugendliche mit überdurchschnittlichen Fähigkeiten im kognitiven, künstlerischen, technisch-handwerklichen, sportlichen, organisatorischen oder sozial-emotionalen Bereich sind in ihre Klassengemeinschaft gut integriert und finden vielfältig Gelegenheit, ihre besonderen Fähigkeiten zu entfalten. Anders verhält es sich bei Kindern und Jugendlichen, deren besondere Begabung nicht bzw. nicht rechtzeitig erkannt und „abgerufen" wird. Sie ziehen sich in ihre eigene Welt zurück, ... kapseln sich ab, zeigen Desinteresse am Unterricht ...

Vor der Einrichtung der *Beratungsstelle besondere Begabungen* hatte die Behörde für Schule, Jugend und Berufsbildung bereits ein Projekt zum Überspringen von Klassenstufen gefördert. Bemerkenswert ist in diesem Fall, daß die Senatorin des Jahres 1997 derselben Partei angehört wie Grolle, daß in der Hansestadt also keine politische „Wende" stattgefunden hat.

Ist mit dieser Kurskorrektur nun alles im Lot? Sollte man die Äußerungen von Grolle nicht am besten der Vergessenheit anheim fallen lassen? Leider muß man feststellen, daß Grolles Versuch, Hochbegabtenförderung in die Nähe nationalsozialistischen Gedankenguts und Handelns zu rücken, fatale Folgen hatte, denn genau diese Saat ging bei den Gegnern einer Hochbegabtenförderung auf, aber auch bei manchen, die nur oberflächlich informiert waren. Später in diesem Kapitel wird noch aufgezeigt, daß die Äußerungen Grolles einfach unzutreffend waren. Aber schon jetzt sei dennoch die Frage gestellt, ob etwas, das in einer Diktatur mißbraucht wird, nicht in einer Demokratie positiv sein kann.

1985 gab es kaum Stellungnahmen aus der Bildungspolitik zur Hochbegabtenförderung. Inzwischen liegen aus Landtagen und Kultusministerien sowie weiteren Institutionen derartige Stellungnahmen und Resolutionen vor. Drei Stimmen sollen hier Gehör erhalten, die sich nicht auf ein einzelnes Bundesland beziehen und die zugleich ein erhebliches Gewicht haben.

In einem Papier der Bund-Länder-Kommission für Bildungsplanung und Forschungsförderung (BLK), Ausschuß „Bildungsplanung" – Konzept zur Förderung besonders begabter Kinder und Jugendlicher heißt es (1990, S. 3–4):

Aufgabe des Bildungswesens ist es, allen Kindern und Jugendlichen eine ihren Fähigkeiten entsprechende Bildung zu vermitteln. Grundlage ist der in den Verfassungen der Länder formulierte Auftrag an die Schule, jeden jungen Menschen gemäß seinen individuellen Begabungen und Neigungen zu fördern. Daher müssen auch besondere Begabungen frühzeitig erkannt und gefördert werden. Es kann nicht unbedingt davon ausgegangen werden, daß sich besondere Begabungen ohne Förderung und Unterstützung entwickeln. … Besondere Fördermaßnahmen sind erforderlich, um auch denjenigen die volle Entfaltung ihrer Begabung zu ermöglichen, die über das schulische Angebot hinausgehende Beratung und Förderung benötigen, vor allem wenn entsprechende Lernanreize und Angebote in den Familien und im außerschulischen Bereich fehlen …

Die Förderung besonders begabter Schülerinnen und Schüler ist eine primär pädagogisch begründete Aufgabe, die vom Individuum ausgeht und einschließt, daß besondere Begabungen auch eine besondere soziale Verpflichtung darstellen.

Aus der *Resolution des Bundeselternrates* (1994) seien ergänzend folgende Zitate angefügt (aus: Labyrinth 1994):

Die Förderung besonders begabter Schülerinnen und Schüler ist neben der Breitenförderung und der Förderung Benachteiligter und Behinderter eine Aufgabe in allen Schulen Europas …

Die Situation hochbegabter Kinder in der Schule ist vorwiegend durch Unterforderung gekennzeichnet und durch die leidvolle Erfahrung, 'anders' zu sein und in ihrer Andersartigkeit nicht anerkannt zu werden …

Ohne Unterstützung drohen außergewöhnliche Begabungen zu verkümmern. Es ist daher notwendig, Begabungen möglichst früh zu erkennen und Rahmenbedingungen für deren Förderung zu schaffen …

Im Oktober 1994 wurde auch die *Empfehlung 1248 zur Erziehung hochbegabter Kinder* von der *Parlamentarischen Versammlung des Europarates* angenommen. Diese Empfehlung enthält sechs Punkte; der Unterpunkt 2 zu Punkt 5 lautet:

Sowohl Grundlagenforschung in den Bereichen 'Hochbegabung' und 'Talent' als auch angewandte Forschung, zum Beispiel zur Verbesserung von Identifikationsprozeduren, sollen parallel entwickelt werden.

Unterpunkt 5.3 fordert:

Inzwischen sollen Lehrerfortbildungsmaßnahmen Strategien zur Identifizierung von Kindern mit hohen Fähigkeiten und besonderem Talent beinhalten. Allen, die mit Kindern umgehen (Lehrer, Eltern, Ärzte, Sozialarbeiter,

Erziehungsministerien und -behörden usw.), sollen Informationen über hochbegabte Kinder zugänglich gemacht werden.

Wir haben hier eine ganze Reihe von Forderungen und Vorschlägen vorliegen, die schon vor einigen Jahren vorgetragen worden sind. Es stellt sich die Frage nach den Umsetzungen.

Das Bundesminsterium für Bildung, Wissenschaft, Forschung und Technologie hat seit Anfang der achtziger Jahre eine Reihe von Modellversuchen zum Bereich Hochbegabung gefördert. Eine Nachfrage bei den Kultusministerien der Bundesländer ergab, daß inzwischen fast alle Länder bzw. Stadtstaaten Begabtenförderung betreiben, wenn auch von sehr unterschiedlicher Art und Intensität. Einige besonders interessante Ansätze und Projekte werden später noch dargestellt.

Lehrerbildung und Lehrerfortbildung

Auch bei der Lehrerbildung und der Lehrerfortbildung gibt es einige Fortschritte, jedoch – wie in den voraufgegangenen Zitaten deutlich wurde – noch nicht hinreichend viele Maßnahmen. Die Anforderungen an den Lehrerberuf sind sehr hoch; die Studierenden müssen in einer Vielzahl von Gebieten Kenntnisse und Fertigkeiten erwerben. Da ist es nicht zu erwarten, daß eine Vorbereitung auf alle Bereiche erfolgt, von der Leistungsmessung und der Schülermotivation bis zur Fachdidaktik und der Bildungssoziologie, ganz abgesehen von der wissenschaftlichen Aneignung der Fächer, die die Lehrer später vertreten werden. So kann man wohl kaum erwarten, daß jeder Lehramtsstudent im Rahmen des Studiums intensiv über Hochbegabung informiert wird. Andererseits wäre es schon hilfreich, wenn jede Hochschule mit Lehramtsstudiengängen Veranstaltungen über hochbegabte Schüler anböte. Vermutlich ist es sogar illusorisch, zu erwarten, daß alle Lehrerstudenten zumindest eine erste Bekanntschaft mit dem Phänomen 'Hochbegabung' gemacht haben und somit für die Problematik sensibilisiert werden. Wünschenswert wäre es aber, wenn an jeder Schule ein Lehrer tätig wäre, der als Anlaufstelle dienen kann, weil er selbst hinreichend informiert ist, der aber vor allem weiterverweisen kann. Von diesem Zustand sind wir noch weit entfernt; und spätestens hier zeigt sich, daß von einem „Paradies" wohl kaum die Rede sein kann.

Eine Besserung kann unter anderem durch Fortbildungsmaßnahmen erreicht werden. Noch immer aber sind Fortbildungsmaßnahmen zu dieser Fragestellung relativ selten; sie haben oft so sehr den Charakter des Besonderen, daß zu den Tagungen, wenn sie nur in einem etwas größeren Rahmen stattgefunden haben, ein Tagungsbericht herausgegeben wird (z. B. Akademie für Lehrerfortbildung, Dillingen 1994).

Schließlich hat es auch einige Rückschläge gegeben. Geplant war vor rund einem Jahrzehnt ein Funkkolleg über Hochbegabung, das aber über die Vorbereitungstagung nicht hinausgedieh. Ein Funkkolleg mit dem Verbund von Radiosendungen, schriftlichem Material und Präsenzveranstaltungen wäre natürlich eine hervorragende Möglichkeit gewesen, relativ viele Adressaten vergleichsweise intensiv zu informieren. Beim Landesinstitut für Schule und Weiterbildung in Nordrhein-Westfalen hat mehrere Jahre lang eine Arbeitsgruppe aus Lehrern und Wissenschaftlern bestanden, die Handreichungen für die Lehrer erstellen sollten. Die fertigen Texte wurden jedoch nie veröffentlicht mit der Begründung, daß „Arbeitsgebiete umstrukturiert" und „auch das Veröffentlichungswesen neu gestaltet" werde.

Für die Weiterbildung spielen in Deutschland die Volkshochschulen und Familienbildungsstätten eine wichtige Rolle. Auch dort werden zunehmend Veranstaltungen zum Thema 'Hochbegabung' angeboten. Meistens richten sie sich vor allem an Eltern, häufig auch an Lehrer. Viele dieser Kurse sind sowohl durch Engagement als auch durch Kompetenz gekennzeichnet. Allerdings muß man gerade hier sehen, daß vielfach die Qualifikation der Dozenten nur in Ausnahmefällen überprüft wird, so daß manche Veranstaltung absolut nicht das hält, was sie verspricht, weil die wissenschaftlichen Erkenntnisse und selbst die Erfahrungen der Praxis keine Berücksichtigung finden oder verzerrt dargestellt werden.

Rechtsprechung

Die von so vielen Seiten (BLK, Bundeselternrat, Lehrern) gewünschte Flexibilisierung und Individualisierung läßt häufig noch auf sich warten, und das führt dazu, daß Eltern hochbegabter Kinder die Gerichte anrufen. In der Regel geht es bei den Klagen um Privatunterricht, um die teilweise Befreiung vom Unterricht oder um vorzeitige Einschulung. Wir zitieren hier eine Zeitungsmeldung als Beispiel für diesen letzten Fall.

Die 6. Kammer des Verwaltungsgerichts Hannover hat entschieden, daß vorzeitige Einschulungen nicht rechtmäßig seien, und den entsprechenden Antrag der Eltern eines hochbegabten 5jährigen Mädchens abgelehnt. Das niedersächsische Schulgesetz sei streng einzuhalten; danach kann ein Kind auf Antrag nur eingeschult werden, wenn es bis zum Jahresende noch sechs wird. „Man kann noch so schlau sein, mit fünf darf man die Schulbank noch nicht drücken", sagte Richterin Jutta Schraeder. Für ein Kind, egal wie hochtalentiert, sei es vielleicht das Beste, nicht allzu früh mit dem Schulalltag in Berührung zu kommen. Zu Hause könne jede Begabung wirkungsvoll unterstützt werden. Mozart beispielsweise habe schon als Vierjähriger von seinem Vater Klavierunterricht bekommen.

Bemerkenswert die Äußerung der zuständigen Schulamtsdirektorin, daß sie diese gesetzliche Regelung nicht für der Weisheit letzten Schluß halte; sie empfiehlt, daß Schulpolitiker offensiver werden und die Möglichkeit auch der schulischen Förderung hochbegabter Kinder ins Auge fassen sollten.

Der Zeitungsartikel schließt mit der Bemerkung: „Die Fünfjährige, der die Eltern per Klage das Schultor öffnen wollten, muß jedenfalls noch ein weiteres Jahr auf die Zuckertüte warten. Das kluge Kind wird noch früh genug die mathematischen und sonstigen Feinheiten des Schulalltags kennenlernen." (Aus: Hannoversche Allg. Zeitung, 13. 12. 1994. Zitiert nach ABB-Info Nr. 13/Januar 1995, S. 6)

Als Kontrast sei folgende Zeitungsmeldung vom 8. Oktober 1995 angeführt (Berliner Morgenpost: ›Wunderknabe hat mit elf Jahren Studium beendet‹):

Wohl das klügste Kind der Welt: Michael Kearny (11) hat einen Intelligenzquotienten von 300. Der kleine Amerikaner geht auf die Uni. Und: Es ist schon sein zweites Studium! Das erste, Anthropologie, hat er bereits abgeschlossen. Der Sohn eines Marineoffiziers hatte es immer schon eilig. Er kam zwei Monate zu früh auf die Welt, wog nur knapp 2000 Gramm. „Es könnten Lernschwierigkeiten zurückbleiben", warnten die Ärzte. Weit gefehlt.

Kevin Kearney (41): „Er war vier Monate, wurde gerade in der Küchenspüle gebadet, da sah er mich an und sagte ganz laut und deutlich 'Daddy'. Bald danach rief er nach der Flasche und beschwerte sich, wenn ihm zu warm oder zu kalt war. In dem Tempo ging es weiter. Mit drei löste er Gleichungen und las klassische Literatur. Mit vier schrieb er Tagebuch auf der Maschine. Mit sechs baute er das Abitur. Sieben Monate später landete er im Guinness-Buch der Rekorde als der Welt jüngster Student. Jetzt studiert Michael an der Universität von West Florida künstliche Intelligenz und Archäologie."

Dabei ist er aber kein Streber. Sein Vater: „Er liebt Power Rangers, Zeichentrickfilme und Fernsehkomödien." Er spielt Baseball, hatte Karateunterricht und lernt Kunstturnen. Michael zu einem Reporter: „Ich sauge einfach Wissen auf, wie ein Schwamm. Trotzdem bin ich gern mit Gleich-

altrigen zusammen." Und was möchte er einmal werden? „Mein Traumjob
wäre – Quizmaster im Fernsehen."

Stärker könnte der Kontrast kaum ausfallen – das Weltbild der
Richterin auf der einen Seite, in das es nicht paßt, daß ein Kind
schon mit fünf Jahren in die Schule kommt, und die den Eltern dieses Kindes Mozarts Vater als Vorbild empfiehlt. Auf der anderen
Seite der Junge, der in dem Alter, in dem das Mädchen in Hannover
endlich die „Zuckertüte" in Händen halten darf (die Sehnsucht des
Kindes nach der Tüte hält sich nach unseren Erfahrungen sicherlich
in Grenzen), bereits sein Abitur bestanden hat.

Übrigens sind unter inhaltlichen Gesichtspunkten diese Ausführungen inzwischen – zum Glück – weitgehend überholt, weil die
flexible Einschulung zur Regel werden soll. Bislang allerdings
waren Klagen wegen der gewünschten vorzeitigen Einschulung besonders häufig, so auch beim Bundesverwaltungsgericht (Az.: 6 B
53.93). Hier meinte das Gericht: Kinder, die ihren Altersgenossen in
der Entwicklung voraus seien, könnten später ja eine Klasse überspringen. So ist es auch die *Begründung*, die das Urteil aus Hannover besonders interessant erscheinen läßt. Bei den meisten Urteilen,
etwa dem Verlangen der Eltern nach Privatunterrichtung ihrer Kinder, werden in der Presse nur sehr verkürzte Urteilsbegründungen
wiedergegeben. Fast immer wird deutlich, daß nicht das geringste
Verständnis für die Kinder und ihre Eltern vorhanden ist.

Auf eine Problematik soll jedoch gleich hier hingewiesen werden.
Wenn Berichte wie die über Michael Kearney veröffentlicht werden, dann besteht durchaus die Gefahr von „Nachahmungstätern",
Eltern, die meinen, ihr Kind könne sich mit Michael Kearney messen. Dieser im Prinzip wichtige Bereich kann in diesem Buch leider
nur gestreift werden.

Beratung

Wissenschaftler und Praktiker haben schon Ende der siebziger
Jahre festgestellt, daß ein erheblicher Bedarf an Beratung im Umfeld der Hochbegabung besteht. Die erste Beratungsstelle für Hochbegabtenfragen wurde 1984 auf Initiative von Professor Wieczerkowski in Hamburg gegründet. Seit 1985 war die Beratungsstelle
Teil der Universität Hamburg. Weitere Beratungsstellen folgten, etliche in Form von Modellversuchen (Kiel, Berlin), etliche waren an
Universitäten angebunden (Tübingen, München). Es gab aber auch
reguläre Beratungsstellen, die sich schwerpunktmäßig mit Bega-

bungsfragen befaßten (z. B. die Bildungsberatungsstelle in Ulm, die Schulpsychologischen Dienste in Köln und Essen, der Schulpsychologische Dienst Kreis Neuss) und weiterhin private Einrichtungen. Zwar gab es bei den Beratungsstellen auch Eintagsfliegen, aber die Beratungsstelle in Hamburg besteht inzwischen lange genug, um außerordentlich weitreichende Informationen über Hochbegabte zu liefern. Diese Information halten wir in der Tat für so bedeutend, daß wir ihr ein eigenes Kapitel widmen.

Vereine, Gesellschaften, Stiftungen

Inzwischen gibt es so viele Gesellschaften und Vereine, daß nur einige von ihnen angeführt werden können. Seit 1978 gibt es die *Deutsche Gesellschaft für das hochbegabte Kind*, die vor allem Elternarbeit leistet und eine Zeitschrift (*Labyrinth*) herausgibt. Sie hat eine große Zahl von Regionalgruppen, organisiert Wochenendveranstaltungen, Kurse für Kinder und Ostercamps usw. Die *William-Stern-Gesellschaft* wurde 1985 gegründet und legt den Schwerpunkt auf wissenschaftliche Projekte; sie ist Trägerin des Mathematikprojektes; in diesem Projekt beschäftigen sich seit mehr als 15 Jahren Schüler an den schulfreien Samstagen in der Universität Hamburg mit der Lösung von mathematischen Problemen. Sie ist weiterhin Trägerin der Beratungsstelle an der Universität Hamburg; sie hat Tagungen organisiert und über mehrere Jahre das Projekt *Kreatives Schreiben* durchgeführt.

Ebenfalls seit rund 15 Jahren besteht die *Stiftung zur Förderung körperbehinderter Hochbegabter*. Diese Stiftung mit Sitz in Liechtenstein hat eine ganze Reihe Tagungen organisiert, zu denen auch Tagungsberichte herausgegeben wurden. Die wichtigste Rolle aber spielt die Einzelförderung (vgl. ›Risikogruppen und Benachteiligte‹).

Bildung und Begabung e.V. mit Sitz in Bonn wurde bereits 1973 unter dem Namen *Modellversuche im Bildungswesen* gegründet. Dieser Verein ist eine private Initiative zur Begabungs- und Begabtenförderung, er richtet mehrere Schülerwettbewerbe aus, darunter den Bundeswettbewerb Mathematik, er führt als Fördermaßnahme die Deutsche Schüler-Akademie durch (vgl. das Kapitel ›Fördermaßnahmen‹). *ABB* (*Arbeitskreis Begabungsforschung und Begabtenförderung e.V.*) vereinigt in der Hauptsache deutsche Wissenschaftler in Ost und West, der Schwerpunkt liegt auf Wissenschaft und Forschung.

Die *Karg-Stiftung* wurde 1989 vom Ehepaar Karg eingerichtet, „um hochbegabten Kindern und Jugendlichen eine bessere Chance zur Entwicklung ihrer natürlichen Talente zu geben."
Mit einem ganz anderen, aber sehr wichtigen Bereich beschäftigt sich das *Institut zur Begabungsforschung und Begabtenfindung in der Musik* an der Universität/Gesamthochschule Paderborn.

Buchveröffentlichungen

Informationsmöglichkeiten bieten vor allem die Bücher zum Thema; einige von ihnen stellen hochspezifische Fachliteratur dar, einige gehören in die Kategorie der Ratgeber. Einige bieten sachliche Information, andere verstärken die Vorurteile nur. In manchen Büchern schließlich wird das Rad noch einmal erfunden; dabei merken die stolzen Konstrukteure nicht einmal, daß das von ihnen erfundene Rad elend eiert und daß sie die Hand nur ausstrecken müssen, um ein fehlerloses Rad zu berühren. Aber das Nachbauen oder das Verbessern des Rades hätte sicherlich mehr Mühe erfordert, und manche scheuen diesen mühsamen Weg ganz offensichtlich.
Die meisten der vorliegenden Bücher sind jedoch brauchbar, einige sind hervorragend. Die wichtigsten Buchveröffentlichungen der letzten Jahre sollen deshalb betrachtet werden.
Grundlegend sind Bibliographien. Die frühesten sind die von Bartenwerfer u. Müller (1985) mit 412 Literaturtiteln sowie Bartenwerfer (1990, jetzt erweitert auf 788 Titel). 1993 erschien der von Heller herausgegebene Fortsetzungsband mit 610 neuen Titeln. Das Erstellen einer Bibliographie gleicht einer Detektivarbeit; man muß wissen, wo man eine Spur aufnehmen kann, wie man die richtigen Spuren verfolgt usw. Verschiedene Detektive liefern unterschiedliche Ergebnisse ab und vor allem auch unterschiedlich viel an Informationen. Wir empfehlen nachdrücklich, eine solche Bibliographie nur als Einstieg in ein Gebiet zu benutzen und sich nicht mit den nachgewiesenen Literaturtiteln zufriedenzugeben. Ein Vergleich mit unseren eigenen bibliographischen Unterlagen zeigt jedenfalls, daß die vorhandene Literatur erheblich umfangreicher ist, als es die veröffentlichten Bibliographien vermuten lassen.
Für eine Vorstellung der Neuerscheinungen wollen wir der Entwicklung folgen, die im Vorwort skizziert worden ist, und zunächst die Broschüren betrachten. ›Begabte Kinder finden und fördern – Ein Ratgeber für Eltern und Lehrer‹ (1996) lautet der Titel einer

vom Bundesministerium für Bildung, Wissenschaft, Forschung und Technologie herausgegebenen Schrift. Diese Broschüre hat bereits mehrere Vorläufer gehabt; sie ist klar gegliedert mit sechs Kapiteln und bringt im siebten Kapitel Adressen, Hinweise auf Wettbewerbe und Stiftungen sowie Literaturhinweise.

›Leben mit hochbegabten Kindern‹ (1995), herausgeben von der *Deutschen Gesellschaft für das hochbegabte Kind e.V.*, ist von mehreren qualifizierten Autoren verfaßt worden, ohne viel Schnick-Schnack, aber mit sehr vielen hilfreichen Informationen. Sehr spannend sind die Fallbeschreibungen.

›Hochbegabtenförderung – Angebote an eine unbeachtete Minderheit‹ (1997) herausgegeben im Auftrag der BMW AG. Diese Broschüre besteht mehr oder weniger aus Werbung für den Verein *Hochbegabtenförderung e.V.*, der erst 1994 gegründet wurde, und enthält nicht einen einzigen weiterführenden Literaturtitel.

Im weiteren wollen wir keine lückenlose Aufzählung der in den letzten Jahren erschienenen Bücher zum Thema Hochbegabung vornehmen. Statt dessen wollen wir auf die wichtigsten Bücher von allgemeinem Interesse hinweisen und die anderen – etwa auch die Projekt- und Tagungsberichte sowie die Dissertationen – in die Rubrik ›Weiterführende Literatur‹ aufnehmen.

Zunächst sind hier die Bücher zu nennen, die einen allgemeinen Überblick verschaffen, und zwar Cropley, McLeod u. Dehn (1988), Feger (1988a) und Heinbokel (1988). Als nächstes seien die Ratgeber genannt. Webb, Meckstroth u. Tolan (1985) ist eine Übersetzung, eine 2. Auflage ist laut Verlagsankündigung in Vorbereitung. Eine Übersetzung ist auch das Buch von Smutny, Veenker u. Veenker (1993), das sehr viele brauchbare Hinweise enthält, allerdings erhebliche Schwächen im Literaturverzeichnis aufweist. Thomas (1997) ist eigentlich eine Werbung für die *Deutsche Gesellschaft für das hochbegabte Kind* durch einen Vater. ›Unser Kind ist hochbegabt – ein Leitfaden für Eltern und Lehrer‹ (Mönks u. Ypenburg 1993) soll 1998 in überarbeiteter Neuauflage erscheinen.

Meissner (1991) trennt nicht zwischen Hochbegabung und Genie bzw. Wunderkindern, er berichtet viel über geniale Menschen, bringt aber auch Anekdoten und Kurioses, das in der wissenschaftlichen Literatur im allgemeinen nicht behandelt wird, aber faszinierend zu lesen ist. Ebenfalls amüsant sind die Bücher von Prause, ›Genies in der Schule‹ (1976) und ›Genies ganz privat‹ (1983).

Während vor rund fünfzehn Jahren die Schwierigkeiten der Hochbegabten eine besondere Rolle gespielt haben, normalisierte

sich die Betrachtungsweise in der Folgezeit. Zwar haben Hochbegabte *auch* Schwierigkeiten, sie sind nicht die reinen Glückskinder,
als die sie im Anschluß an die Untersuchung Lewis Termans vielfach
galten, dennoch bedeutet Hochbegabung nicht von vornherein ein
besonders schweres Schicksal. Bei einigen neuen Veröffentlichungen werden nun erneut die Schwierigkeiten in den Vordergrund gestellt, z. B. bei Billhardt (1996) und bei Spahn (1997). Ob man damit
den hochbegabten Kindern und Jugendlichen einen Gefallen tut,
bleibt zu bezweifeln.

Weitere aktuelle Literatur werden wir in den folgenden Kapiteln
anführen bzw. unter der Rubrik ›Weiterführende Literatur‹ in diesem Kapitel erwähnen.

Die Veränderungen in den ehemaligen Ostblockländern

Wichtige Veränderungen hat es in den früheren Ostblockländern
gegeben. Die Wiedervereinigung Deutschlands, die politischen Veränderungen, die Liberalisierung und Demokratisierung in Osteuropa haben auch zu Veränderungen bei der Begabtenförderung geführt. Zum einen sind viele Fördermaßnahmen eingestellt worden,
vor allem solche, die insbesondere Prestigeobjekte waren, etwa im
Bereich des Sports. Andererseits wird aber auch von Verbesserungen berichtet.

Für Polen hat Renata Nowicka eine Übersicht in englischer Sprache gegeben (1995); unseren kurzen Hinweisen legen wir eine persönliche Mitteilung dieser Wissenschaftlerin zugrunde:

Für die Hochbegabten hat sich die Situation in den letzten sieben bis acht
Jahren ständig verbessert. Endlich richtet sich die Aufmerksamkeit darauf,
jedem Schüler die Möglichkeit zu geben, sein Potential zu entwickeln. Aus
dem Grund werden neue Arten von Schulen gegründet und neue Schulpro-
file entwickelt. Neue Fächer (Ökologie, Computer usw.) haben Eingang in
den Fächerkanon gefunden. Die Schulen haben die Wahl zwischen verschiedenen Schulbüchern (vorausgesetzt, sie sind zum Gebrauch an Schulen ge-
nehmigt). Die Schüler können die Wahl ihrer Schullaufbahn und ihres Beru-
fes eigenständig treffen und haben zudem Wahlfreiheit bei Fächern, Kursen
und Lehrpersonal. Wegen des gestiegenen Lebensstandards können Eltern
ihren Kindern auch zusätzliche Kurse (Privatschule, Sprachkurse, Compu-
terkurse) ermöglichen. Die Kehrseite der Medaille ist die, daß diejenigen,
die kein Geld haben, heute schlechter dastehen, denn die Ausgaben für die
Bildung sind nicht erhöht worden, die Klassenstärken haben zugenommen,
die Ausstattung ist schlechter geworden, es gibt kaum zusätzliche Aktivitäten in der regulären Schule.

In einigen Ländern des ehemaligen Ostblocks ist die wirtschaftliche Situation sehr viel schlimmer; darunter leidet das Bildungswesen, leiden auch die Hochbegabten.

Auch in Deutschland hat es bekanntlich gravierende Veränderungen im Schulwesen der neuen Bundesländer gegeben. Vom Schulsystem der DDR blieb nichts mehr bestehen. Viele der alten Spezialschulen wurden geschlossen; in der Begabungsforschung und Begabtenförderung tätige Wissenschaftler wurden entlassen. Andererseits kam es aber auch zu Neugründungen wie der Christophorusschule in Rostock.

Kommerzialisierung

Auch im Bereich der Hochbegabtenförderung gibt es das Prinzip von Angebot und Nachfrage. Lange ging es ja eher um Nachfrage und ein viel zu knappes Angebot. Wenn inzwischen auch kommerzielle Einrichtungen Fördermaßnahmen anbieten, dann ist dagegen so lange nichts einzuwenden, wie diese Einrichtungen, etwa Nachhilfeinstitute, ihre Dienste in Konkurrenz zu öffentlichen Institutionen anbieten. Hier wird jedoch manchmal eine bestimmte Hilflosigkeit der Eltern ausgenutzt. Außerdem müssen auch an diese Fördermaßnahmen genau dieselben Ansprüche wie an staatliche Fördermaßnahmen angelegt werden (vgl. die Darstellung im Kapitel ›Fördermaßnahmen‹). Problematisch werden diese Einrichtungen dann, wenn sie die einzigen sind, die Fördermaßnahmen anbieten, wenn keine öffentlichen Träger vorhanden sind. Wegen der Kosten bleiben dann einige Kinder ausgeschlossen. Hier ist aber vor allem die öffentliche Hand gefordert. Auch bei gemeinnützigen Einrichtungen ist im übrigen nach Preis und Qualität der Förderangebote zu fragen.

Mängel und Beeinträchtigungen

Auf zwei Mängel sei noch hingewiesen, die sich als hinderlich für Begabungsforschung und Begabtenförderung erweisen. Der erste Mangel besteht darin, daß sich die Kommunikation zwischen den USA und Europa als Einbahnstraße erweist. Im Vorwort haben wir erwähnt, daß in der Liste der Bücher, die *amazon* anbietet, nur englischsprachige Literatur enthalten war. Amerikanische Forscher lassen sich gerne zu Kongressen in Europa einladen; die Forschungsergebnisse in Europa, über die sie hier informiert werden, mögen noch so gut sein, sie werden praktisch nie in amerikanischen Veröffentlichungen erwähnt. In den fünfziger Jahren wurden noch deutsche Forscher zitiert – häufig diejenigen, die vor den Nationalsozialisten in die Emigration fliehen mußten. Heute ist der Informationsstand amerikanischer Forscher speziell über Entwicklungen in Deutschland sehr dürftig. Dieser Isolationismus bzw. Provinzialimus ist bedauerlich in einer Zeit, in der interdisziplinäres Arbeiten selbstverständlich ist, in der Grenzen fallen und Globalisierung betont wird. Da sollte auch die reibungslose Kommunikation innerhalb einer Disziplin selbstverständlich sein. Isolationismus jedoch findet man auch bei deutschsprachigen Forschern bzw. in Europa, auch hier lassen sich deutliche „Zitiercliquen" ausmachen.

Der zweite Mangel besteht in der lückenhaften Literaturkenntnis vor allem im Hinblick auf die ältere deutsche Literatur. In der Wissenschaft ist es häufig angebracht, sich auf die neueste Literatur zu beschränken, wenn man Forschungsarbeiten veröffentlicht. Andererseits wurde ja bereits erwähnt, daß gerade bei Arbeiten zur Hochbegabung häufig das Rad noch einmal erfunden wird. Während in der amerikanischen Literatur die umfassende Untersuchung des Psychologen Lewis Terman (1877–1956), die Anfang der zwanziger Jahre begann, immer noch eine große Rolle spielt, wird häufig die Meinung vertreten, daß es in Deutschland eine Beschäftigung mit Hochbegabtenfragen überhaupt erst seit wenigen Jahren gibt. Diese Fehlinformation ist außerordentlich bedauerlich, denn sie bedeutet auch einen späten Sieg der Nationalsozialisten, deren Rassenideologie jüdische Forscher nicht akzeptierte und die die Förderung von Mädchen und Frauen drastisch eingeschränkt haben.

Geschichtliche Entwicklung in Deutschland

Wie eben erwähnt, verzichtet kaum ein Buch zur Hochbegabung auf die Erwähnung der Studie, die Lewis Terman durchgeführt hat. Terman hatte sich in seiner Dissertation und anschließend in mehreren Arbeiten dem Thema Intelligenz und Intelligenztests gewidmet und dabei auch die Hochbegabung einbezogen. 1921 ermittelte er in einigen Großstädten Kaliforniens 1528 hochbegabte Kinder. Damit begann die erste und vermutlich umfassendste Längsschnittstudie, die uns bis heute vorliegt. An den Kindern wurden immer wieder Daten erhoben und anschließend veröffentlicht. Die Untersuchung ist noch nicht beendet. Die Wissenschaftler, die das Erbe Termans angetreten haben, berichten uns inzwischen über die Entwicklung von „Termans Kindern" im Laufe von rund 70 Jahren.

Immer noch ist aber auch die Meinung zu hören, in Deutschland habe es zur Zeit Termans noch keine Hochbegabungsforschung und keine Projekte gegeben. Hany (1987, S.1) sieht 1963 als das Ursprungsjahr des Begriffes Hochbegabung, und Heller (1992, S. 18) meint: „Der Begriff 'Hochbegabung' taucht im deutschen Sprachraum wohl zum ersten Mal bei Meili (1951), Hofstätter (1957) und Mönks (1963) auf …". Auch Heller geht dann zunächst auf Terman ein. Nun wäre es höchst überflüssig, sich auf eine zeitaufwendige und pedantische Suche nach der ersten Erwähnung des Begriffes Hochbegabung zu machen, wenn es wirklich nur um eine Formalität ginge. Tatsächlich aber wurde schon verschiedentlich nachgewiesen, daß bereits vor rund 100 Jahren nicht nur der Begriff 'Hochbegabung' Verwendung fand, sondern daß es vor 70 bis 80 Jahren viele Projekte gegeben hat, die heute völlig zu Unrecht ignoriert werden (Feger 1986, 1988c, Stamm 1992 bezieht die Schweiz mit ein). Hauptsächlich über die Gleichstellung von Elite mit Hochbegabten erfolgt dann – wie wir es schon gesehen haben – der Bogenschlag zum Nationalsozialismus. Wir wollen deshalb kurz auf die Zeit eingehen, in der Terman seine Studie begann, und fragen, wie es zu jener Zeit in Deutschland aussah. 1916 hatte Peter Petersen ein Buch herausgegeben mit dem Titel ›Der Aufstieg der Begabten‹. An diesem Buch war besonders interessant, daß unter Begabung das ganze Spektrum der Begabungen verstanden werden sollte und nicht nur die intellektuelle Begabung. Einbezogen wurden handwerkliche und technische Begabung. Schon auf den Eingangsseiten des Buches wird vor „Überschätzung und dem hohlen Dünkel akademischer Bildung" gewarnt (S.5–6).

In der Folge ging es dann auch um die Förderung technischer und handwerklicher Begabungen (vgl. Darstellung bei Feger 1988c) und intellektueller Begabung.

Um „allen hochbegabten Kindern auch aus den unteren Volksklassen" (Moede, Piorkowski u. Wolff 1918, S.12) die Möglichkeit zum Besuch von höheren Schulen zu geben, haben Moede und Mitarbeiter in Berlin eine Gruppe von Verfahren eingesetzt, um die begabtesten Kinder zu ermitteln. Sie verwandten unter anderem Personalbogen und – da die Zensuren versagten, weil alle in Frage kommenden Schüler hervorragende Noten hatten – Gutachten der Lehrer. Nach dieser Vorauswahl nahmen die vorgeschlagenen Schüler an einer großen Zahl von Gruppentests teil. Aus 6000

Schülern wurden so 90 identifiziert, die anschließend in eine der beiden Begabtenschulen, ein Gymnasium und ein Realgymnasium, gehen sollten.

In Hamburg sollten ab 1918 die begabtesten Volksschüler gefördert werden und statt des vierjährigen Oberbaus einen auf fünf Jahre erweiterten Zug besuchen. Von dort bestanden Übergangsmöglichkeiten zu höheren Bildungsabschlüssen; vor allem aber wurden dort Fremdsprachen gelehrt, die die Schüler besser auf den späteren Beruf vorbereiten sollten. In Hamburg kam es zu einer intensiven Zusammenarbeit von Pädagogen, Psychologen und der Verwaltung. Untersuchungen einige Jahre später zeigen, daß sich vor allem das Auswahlverfahren bewährt hat. Eine besondere Rolle spielte bei dieser Maßnahme der Psychologe William Stern. – Weitere Projekte gab es übrigens in Breslau, Göttingen, Dahlem und Frankfurt a. M.

Peter Petersen hatte sein Buch für den ›Deutschen Ausschuß für Erziehung und Unterricht‹ herausgegeben, nachdem ein Sonderausschuß unter der Leitung von Eduard Spranger gebildet worden war. 1917 erschien von Spranger eine Schrift über ›Begabung und Studium‹, in der er als Fördermaßnahme die Einrichtung von Stipendien vorschlägt. 1925 wurden diese Vorschläge umgesetzt: Die *Studienstiftung des deutschen Volkes* wurde gegründet.

Ab 1933 jedoch mußte sich die Studienstiftung erhebliche Einschränkungen gefallen lassen; jüdische und marxistische Studenten wurden ausgeschlossen, 1935 wurde die Stiftung in eine Reichsgründung überführt; die Studienstiftung hatte damit aufgehört zu existieren, bis 1948 die Neugründung erfolgte.

Das *Institut für Experimentelle Pädagogik und Psychologie* des Leipziger Lehrervereins wurde 1933 geschlossen und als *Pädagogisch-Psychologisches Institut Leipzig* des nationalsozialistischen Lehrerbundes (NSLB) weitergeführt.

Dieses Institut erarbeitete u.a. umfangreiche Beobachtungsbögen „unter persönlichkeitspsychologischen und rassebiologischen Gesichtspunkten", die dem Lehrer eine Hilfe bei der Gestaltung von Eignungsgutachten geben sollten. Objektive Verfahren zur Intelligenz- und Leistungsmessung wurden dagegen abgelehnt. „Die Testpsychologie ist nicht nur etwas dem deutschen Wesen Fremdartiges, sondern auch eine einseitige Betrachtung und Erfassung der mehr intellektuellen Fähigkeiten des Zöglings, ohne den Gesamtanlagen des Einzelschülers gerecht zu werden", heißt es im Gutachten des Leiters der NSLB-Reichsfachschaft IV (Volksschulen), Bargheer, vom 22. 9. 1936 (Ewert, S. 215).

Weiter sagt Ewert (1985, S. 216):

Die NS-Ideologie kommt zwar in Krohs oder Pfahlers pädagogischer Psychologie zum Ausdruck, aber mehr noch darin, daß andere Ausrichtungen und Interessenschwerpunkte des Faches nicht mehr zu Wort kommen. Erich und William Stern, Peters und viele andere waren zur Emigration gezwungen oder aus dem Amt entfernt worden, bedeutende Arbeitsstätten der pädagogischen Psychologie in Berlin, Hamburg und Leipzig waren aufgelöst oder umfunktioniert worden. Traditionelle Forschungsrichtungen, wie z. B. die Unterrichts- und Lehrplanforschung mit ihrer schulkritischen Komponente, verschwanden völlig, vor allem aber das älteste und bedeutendste Anliegen der pädagogischen Psychologie, zu dem bereits seit der Jahrhundertwende theoretisch wie praktisch bedeutsame Beiträge vorlagen, nämlich die Arbeiten zur Förderung begabter und zur Hilfe für lernbehinderte Schüler.

William Sterns Bücher wurden 1933 verbrannt; er durfte sein Institut nicht mehr betreten. William Sterns Mitarbeiterin, Martha Muchow, nahm sich bereits im Herbst 1933 das Leben – aus Verzweiflung über die politischen Vorgänge. Die objektive Begabungsforschung und Begabtenförderung hatte ein Ende gefunden – wie gründlich dies geschehen ist, merkt man erst dann, wenn man sich in der neueren deutschsprachigen und internationalen Literatur nach entsprechender Information umsieht.

Mit Bedauern beenden wir an dieser Stelle unseren kurzen Rückblick auf die Geschichte der Hochbegabungsforschung und der Hochbegabtenförderung. Denn die Geschichte bietet eine solche Fülle an Informationen, Anregungen; es ist bedauerlich, daß diese Anregungen bislang kaum aufgegriffen wurden. Margrit Stamm (1992) hat in ihrer Dissertation eine tabellarische Übersicht über die Geschichte gebracht. Ihr Schwerpunkt liegt auf Informationen aus der Schweiz. Weitere Veröffentlichungen zur Geschichte der Hochbegabungsforschung und Hochbegabtenförderung finden sich in Urban (1981), Feger (1986, 1988c, 1991), Tannenbaum (1958, 1983, 1993) und Grinder (1985).

Was wir abschließend noch einmal betonen möchten, ist die Tatsache, daß es keine Untersuchung in Deutschland gegeben hat, die auch nur annähernd die Dimensionen der Untersuchung Termans gehabt hat. Außerdem kann man feststellen, daß die alten Veröffentlichungen praktisch keine Auswirkung auf die Hochbegabungsforschung der letzten zwanzig Jahre gehabt haben; das ist deshalb bedauerlich, weil die Auseinandersetzungen und Diskussionen eine solche Vielfalt aufweisen, daß sie uns in der Tat heute noch – ebenso wie die Terman-Untersuchung – viele Anregungen bieten können.

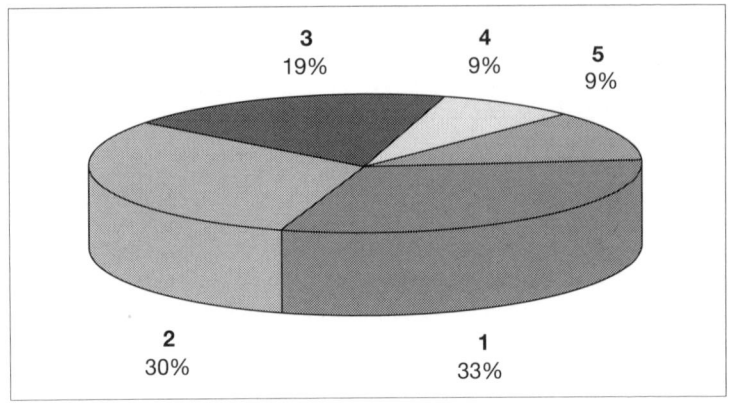

Graphik 1.

Argumente für und gegen eine Hochbegabtenförderung

Die Ausführungen haben gezeigt, daß es auch Stimmen gegen eine Hochbegabtenförderung gibt. Solche Argumente lauten etwa Verkürzung der Kindheit, Verfrühung und „Verkopfung" oder auch Elitebildung. Im Kapitel über Förderung werden diese Argumente in anderem Zusammenhang dargestellt. Hier wollen wir einige Argumente für und gegen die Begabtenförderung in Form eines Diagramms darstellen. Es handelt sich um eine graphische Auswertung des Presseechos der Weltkonferenz von 1985.

Graphik 1: Zustimmende Argumente aus der Presse (anläßlich der 6. Weltkonferenz über hochbegabte und talentierte Kinder, Hamburg 1985).
1. Chancengleichheit aller ein Desiderat.
2. Hochbegabte als volkswirtschaftlicher Faktor.
3. Beratung potentiell hochbegabter Kinder und ihrer Eltern eine Notwendigkeit.
4. Entfaltung der Persönlichkeit eine generelle humanistisch begründete Forderung der Gesellschaft.
5. Hochbegabte bleiben möglicherweise unerkannt.

Graphik 2: Ablehnende Argumente aus der Presse (anläßlich der 6. Weltkonferenz über hochbegabte und talentierte Kinder, Hamburg 1985).

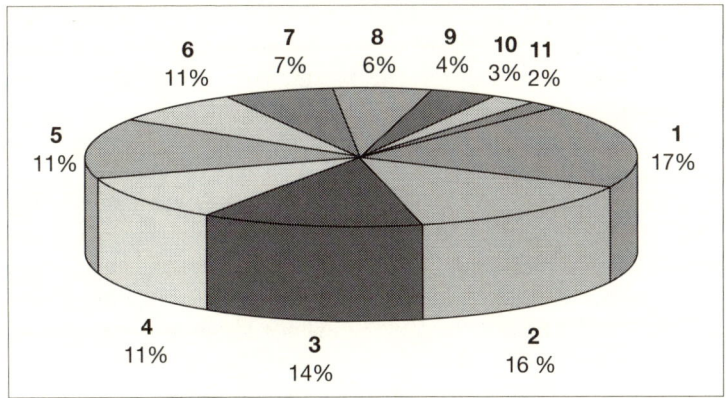

Graphik 2.

1. Hochbegabtenförderung nur auf Kosten weniger Begünstigter.
2. Hochbegabtenförderung ist schlicht überflüssig.
3. Hochbegabtenförderung bedeutet die Zementierung bestehender Strukturen.
4. Hochbegabtenförderung zielt auf Privilegierung per Bildung.
5. Hochbegabtenförderung ist unwissenschaftlich.
6. Hochbegabtenförderung vernachlässigt soziale Probleme.
7. Hochbegabung als Konstrukt enthält nur wenige Facetten.
8. Kinder werden als Versuchsobjekte mißbraucht.
9. Hochbegabtenförderung zielt auf eine konservative Schulreform.
10. Hochbegabtenförderung hat keine volkswirtschaftliche Bedeutung.
11. Hochbegabtenförderung bewirkt Elitedenken und bezeichnet eine rassistische Ideologie.

Es wäre interessant zu sehen, welche Argumente vorgebracht würden, wenn heute eine Weltkonferenz in Deutschland stattfände.

Noch einmal Thomas

Nun wollen wir noch einmal auf Thomas zurückkommen. Über den jungen Mann können wir sehr viel berichten, ohne gegen Datenschutzbestimmungen zu verstoßen, denn fast jeder kennt Thomas. Thomas ist tatsächlich nie wieder zur Schule gegangen. Statt dessen hat ihn seine Mutter unterrichtet. Thomas gehört eigentlich auch in die Rubrik „Geschichtliches", denn sein vollständiger Name lautet Thomas Alva Edison. Die Mutter von Thomas Edison war von der Begabung ihres Sohnes überzeugt; neben der Unterweisung im Lesen, Schreiben und Rechnen brachte sie ihm den Sinn des Lernens nahe und erweckte in ihm die Liebe zum Lernen. Die Bedeutung dieses Punktes im Zusammenhang mit der Begabtenförderung kann gar nicht genug betont werden; es gibt erstaunlich viele Hochbegabte, die Probleme mit Lern- und Arbeitstechniken haben.

Übrigens entspricht in der kurzen Fallbeschreibung ein Punkt nicht genau der Schilderung, die üblicherweise in der Literatur erfolgt. Danach nannte der Lehrer Thomas einen „Hohlkopf". Wir haben das ersetzt durch den „hirnlosen Hampelmann", die Titulierung, die sich ein hochbegabter achtjähriger Junge unter unseren Klienten von seinem Lehrer tatsächlich gefallen lassen mußte.

Eine kurze Biographie Edisons findet sich in dem Buch von Prause über ›Genies in der Schule‹, ein Buch, das bereits 1976 erschienen ist, aber immer noch eine sehr anregende Lektüre darstellt. Hier zeigt sich übrigens, daß die meisten der von Prause für sein Buch ausgewählten Genies sehr gute Schüler gewesen sind.

Resümee

Auf so wenigen Seiten läßt sich leider nur ein lückenhafter Überblick bringen; wir haben darauf verzichten müssen, manche interessante Kontroverse aufzuzeigen, über anregende Tagungen zu berichten. Die von uns zunächst geplanten Kurzrezensionen zu jedem der rund 60 Bücher über Hochbegabung, die in den letzten 20 Jahren erschienen sind, nahmen schließlich den Umfang eines Kapitels an, weshalb wir auf diesen Teil des Buches verzichtet haben und nun nur noch die Titel in der weiterführenden Literatur angeben.

Weiterführende Literatur

Wir wollen hier nur Bücher in deutscher Sprache anführen. An die folgenden Kapitel schließen sich auch Hinweise auf Literatur in englischer Sprache an, ebenfalls werden deutschsprachige Artikel mit einbezogen.

Es ist nicht einfach, die Bücher zu klassifizieren, weil manche

Bücher mehreren Kategorien zugeordnet werden können. Zunächst seien die Projektberichte über zwei umfassende Studien genannt, zum einen Heller (1992), zum anderen Rost (1993). Sehr viele Bücher sind in Herausgeberschaft erschienen, häufig handelt es sich dabei um Tagungsberichte. So hat die *Stiftung zur Förderung körperbehinderter Hochbegabter* eine ganze Reihe von Tagungen durchgeführt und darüber auch Tagungsberichte veröffentlicht. Von Kröhnert und der Stiftung herausgegeben wurden die beiden Bände ›Aufgaben und Probleme der Förderung hochbegabter Gehörloser in der Sekundarstufe II und im Hochschulbereich‹ (1989) und ›Aufgaben und Probleme der Frühförderung gehörloser und schwerhöriger Kinder unter dem Aspekt der Begabungsentfaltung‹ (1990). Weitere von der Stiftung herausgegebene Bücher sind ›Begabungsentfaltung gehörloser Schüler durch gemeinsames Lernen mit Nichtbehinderten‹ (1992), ›Behinderung und Begabungsentfaltung‹ (1993) sowie ›Das Cochlear Implant, eine (neue) Möglichkeit der Begabungsentfaltung bei Hörgeschädigten?‹ (1995). Aus der Reihe, die von Bildung und Begabung e. V. bei K. H. Bock herausgegeben worden ist, seien hier die Bücher von Weinert u. Wagner (1987), Wieczerkowski u. Prado (1990) und Wagner (1990a, 1990b, 1995) erwähnt.

Von den Dissertationen sollen nur die leicht zugänglichen erwähnt werden, und zwar die von Wild (1991 – Identifikation), Stamm (1992 – Grundschulkinder in der Schweiz), Heinbokel (1996 – Überspringen von Schulklassen), Tettenborn (1996 – Familien hochbegabter Kinder). Bei Schöpfel (1992) und Böttcher (1994) geht es um sprachlich begabte Schüler.

Definition und Diagnose von Hochbegabung

> Begabung ist Fähigkeit zu wertvollen Leistungen. Diese Fähigkeit aber darf man nicht allein auf intellektuellem Gebiet suchen. Denn erst das Zusammenwirken von geistiger und Willensbegabung führt zu wirklicher Tüchtigkeit. Der Intellektualismus, der schon in der hohen geistigen Gabe an sich einen Wert sieht, ist zu bekämpfen.
>
> *W. Stern 1919, S. 291*

> „Begabung" ist alles andere als ein präziser Begriff.
>
> *D. H. Rost 1991 a, S. 197*

Einleitung: Lisa, Karl, Fabian und Tina

Das erste Kapitel ging von der Voraussetzung aus, daß es Hochbegabung und Hochbegabte gibt. An eine solche Feststellung schließen sich in diesem Kapitel zwei Fragen an. Wer sind die Hochbegabten? Wie erkennen wir sie?

Beginnen möchten wir mit vier kurzen Fallbeschreibungen.

Lisa ist fünf Jahre alt. Sie liest bereits fließend Kinderbücher – Märchen, aber auch Sachbücher. Das Lesen hat sie sich selber beigebracht. Wenn man Lisa über ihre Lektüre befragt, kann sie auch mit eigenen Worten wiedergeben, was sie gelesen hat. Lisa verfügt über eine eigene kleine Bibliothek mit rund 160 Büchern (Lisa kennt den jeweiligen Zahlenstand ganz genau). Unter ihren Büchern befinden sich auch eine ganze Reihe Nachschlagewerke, die sie sehr gezielt einsetzt. Mit ihrer Mutter sucht sie regelmäßig die öffentliche Bibliothek in ihrem Wohnort auf. Lisa ist außerordentlich sprachgewandt und redet sehr gerne über das, was sie gelesen hat. Sie wendet sich dann an sehr viel ältere Kinder oder Erwachsene.

Ist Lisa hochbegabt?

Karl ist fünfzehn Jahre alt. Von frühestem Alter an war er ein Tüftler. Schon der Fünfjährige wich nicht von der Seite des Vaters,

einem begeisterten Heimwerker. Bald war der Vater genervt von den ständigen Korrekturen durch seinen Sohn. Zuerst hat der Vater Karl einen „Besserwisser" genannt, dann einen „Bessermacher". Mit zehn Jahren war Karl für alle durch einen Heimwerker zu leistenden Reparaturen am Haus seiner Eltern verantwortlich. Bereits damals fiel auf, wie viel er nicht nur reparierte, sondern auch erfand, z. B. eine ausgefeilte Klingelanlage sowie eine Alarmanlage für das elterliche Haus. Karl baut gerne Fahrräder zusammen – ein Unikat nach dem anderen mit vielen Besonderheiten. Einer der Lehrer seiner Schule arbeitet viel mit ihm zusammen. Er hilft Karl auch bei der Verwertung seiner Erfindungen, denn dem Fünfzehnjährigen sind bereits drei Patente erteilt worden, zwei weitere Erfindungen hat er zum Patent angemeldet. Karl spielt Fußball und ist in der Jugendfeuerwehr. Die Schule macht er so nebenbei, für einige Fächer tut er nichts. Vor allem in den sprachlichen Fächern bringt Karl nur mäßige Noten nach Hause; seine Lehrer zeigen aber Anerkennung für seinen Erfindergeist.
Ist Karl hochbegabt?

Fabian ist siebzehn Jahre alt und steht vor dem Abitur. Er hat eine Klasse übersprungen. Er hat es aber abgelehnt, ein zweites Mal zu überspringen, wie das seine Lehrer vorgeschlagen haben. Ihm waren seine Freunde wichtiger, bei denen er bleiben wollte. Fabian ist immer ein hervorragender Schüler gewesen, er ist vielseitig interessiert und bei seinen Mitschülern beliebt. Er hat an Wettbewerben teilgenommen und auch mehrfach gewonnen. Viel Zeit verwendet Fabian für eine Umweltschutzgruppe, die er selber gegründet hat. Der Schulleiter will Fabian für die Aufnahme in die Studienstiftung vorschlagen.
Ist Fabian hochbegabt?

Tina ist einige Monate älter als Fabian und besucht dieselbe Schule. Auch sie hat in allen Fächern Spitzennoten erreicht. Tina gilt als Einzelgängerin, als zurückgezogen. Ihr Tutor meint, auch sie sei für die Studienstiftung geeignet, ihre Mitschüler allerdings bezeichnen sie als Streberin, die nur durch übermäßigen Fleiß ihre guten Noten erhalte. Unter den Lehrern der Schule scheiden sich die Geister, was die Beurteilung von Tina angeht.
Ist Tina hochbegabt?

Um die Frage nach der Hochbegabung beantworten zu können, müssen wir wissen, was Hochbegabung ist und wie man sie erkennt

– wir müssen uns mit Definition und Diagnose der Hochbegabung beschäftigen, danach werden wir auf Lisa, Karl, Fabian und Tina zurückkommen.

Terminologie

Wenn eine junge Dame im Verlauf eines Interviews einem Journalisten erklärt: „Ich gehöre nun mal zu den zehn besten Tennisspielerinnen der Welt", dann stört das niemanden, speziell dann nicht, wenn sie in irgendwelchen Listen der Tennisspielerinnen der Welt entsprechend erwähnt wird. Wenn eine andere junge Dame erklärt: „Ich bin hochbegabt", dann ruft das Ablehnung, Empörung oder gar Aggressionen hervor. Tatsächlich wird derjenige, der Hochbegabung für sich in Anspruch nimmt, eher mit den Eigenschaften der Arroganz und der Selbstüberschätzung in Verbindung gebracht.

Der niedersächsische Kultusminister Rolf Wernstädt sagte bei seinen einleitenden Bemerkungen zur Fachtagung *Förderung besonderer Begabungen* am 21. November 1996 (zitiert nach ABB-Information Nr. 21, Januar 1997, S. 15): „Auch der Begriff der 'Hochbegabung', der hinter dem für diese Tagung gewählten Wort von der 'besonderen Begabung' steckt, hat es in sich. Er versperrt durch seine Status verheißende Potenz den pädagogischen und auch politischen Weg zu einer sachgerechten Auseinandersetzung."

Dennoch wollen wir diesen Begriff auch weiterhin verwenden, weil er am ehesten den Sachverhalt trifft. Andere Begriffe, die häufiger Verwendung finden, sind: begabt, besonders begabt, besonders befähigt, leistungsstark, hochbefähigt, hochleistungsfähig, talentiert, hochintelligent, spitzenbegabt, überbegabt, höchstbegabt, leistungsorientiert, Genie, Wunderkinder. In den Zeitungen haben wir besonders häufig die Begriffe klug, schlau, Lern-Genies, „Überflieger" gefunden. Im übrigen gibt es im allgemeinen Sprachgebrauch auch eine ganze Reihe abschätziger Bezeichnungen, wie Eierkopf, Intelligenzbestie, Klugscheißer und Streber.

Für die junge Dame, die sich selber als „hochbegabt" bezeichnet und dadurch arrogant wirkt, bietet sich der Ausweg an, auf den Begriff 'Begabung' zurückzugreifen, falls man nicht doch überhaupt auf die Erwähnung dieser Tatsache verzichtet.

Was ist Hochbegabung?

Definitionen

Im vorigen Kapitel hatten wir Peter Petersen erwähnt. In seinem Buch von 1916 war die Bedeutung der Vielfalt der Begabungen betont worden, der Begabungen im Handwerk, in Technik, Kunst usw. Die intellektuelle Begabung war eine unter vielen. In diesem Zusammenhang ist interessant, daß auch die Studienstiftung ihr Förderprogramm ausgeweitet hat und Studierende der Fächer Kunst und Musik und neuerdings auch der Fachhochschulen mit einbezieht. Wir müssen uns nun festlegen, ob wir in diesem Buch alle Begabungen einbeziehen; dann ist die von uns im Vorwort angeprangerte Verzettelung und Oberflächlichkeit unausweichlich die Folge. Aus diesen Gründen entscheiden wir uns für eine ausführlichere Behandlung der intellektuellen Begabung.

Man braucht nicht sehr tief in die Materie einzudringen, um festzustellen, daß es eine Vielzahl von Definitionen der Hochbegabung gibt. Bereits vor zwanzig Jahren konnten wir Forscher zitieren, die mehr als 100 Hochbegabungsdefinitionen vorgefunden hatten (vgl. Feger 1988a, S.57), manche dieser Definitionen haben wenig miteinander gemeinsam. Das Vorhandensein vieler unterschiedlicher Definitionen ist eigentlich nicht verwunderlich, wenn man den Kontext der jeweiligen Verwendung betrachtet. Mal sind es Pädagogen, die den Begriff verwenden, mal sind es Psychologen, mal Wissenschaftler, mal Praktiker usw. Manche Definitionen sind nur in einem bestimmten Zeitraum verwendet worden, andere nur in einem bestimmten Land; unter hoher Begabung verstehen die von der Jagd lebenden Inuit in Alaska etwas anderes als die Nomaden in Afrika. Die Vielzahl der Definitionen, Konzeptionen und Modelle der Begabung sollte also nicht als Manko gesehen werden, sondern als Bereicherung.

Die Definitionen lassen sich unter sehr vielen verschiedenen Gesichtspunkten einordnen und klassifizieren. Einige Beispiele wollen wir hier anführen. Hany (1987) geht von Modellen aus und orientiert sich in seiner Dissertation weitgehend am Aufbau des Buches von Sternberg u. Davidson (1986). Er unterscheidet:

– *fähigkeitsorientierte oder trait-orientierte Modelle*, die in der psychometrischen Tradition stehen; Hochbegabung wird als Potential betrachtet und in der Regel durch Tests ermittelt (*trait* ist ein relativ konstanter Wesenszug, eine Eigenschaft einer Person);
– *kognitive Komponenten-Modelle*, sie beruhen auf der Psycholo-

gie der Informationsverarbeitung, wobei die kognitiven Grund-
prozesse – etwa beim Lösen von (Intelligenztest-)Aufgaben –
analysiert werden;
- *leistungs- (bzw. förderungs-)orientierte Modelle,* hier wird Begabung mit Leistung gleichgesetzt;
- *soziokulturell orientierte Modelle,* hier wird die zeitlich-histori-
  sche Bedingtheit mit einbezogen.

Wild (1991) ordnet die Definitionen ebenfalls unter vier Gesichtspunkten. Die *trait-orientierten Ansätze,* die den Kern seiner Ausführungen bilden, werden ergänzt durch die *kognitiven Ansätze*
(„Sie bemühen sich um Aufklärung jener kognitiven Prozesse, die
hoher Leistungsfähigkeit zugrunde liegen", S. 5) und *entwicklungs-
orientierte Ansätze* („Hier steht die Aufklärung von Entwicklungs-
bedingungen und Entwicklungsfaktoren für exzellente Leistungen
[vor allem bei Erwachsenen] im Vordergrund", S. 5). Schließlich erwähnt er noch die *administrativen Definitionen,* die etwa von Mini-
sterien als Arbeitsdefinitionen zugrunde gelegt werden.

Tettenborn (1996, S. 4) unterscheidet zwischen Hochbegabung als
Erfahrungskonstrukt, das prinzipiell beobachtbar ist, und Hochbegabung als Erklärungskonstrukt, das aus dem Verhalten erschließ-
bar ist. Wieczerkowski u. Prado (1985) und Prado (1998) haben auf
die Zugangsformen zur Hochbegabung hingewiesen, indem sie unterscheiden zwischen Hochbegabung als Phänomen, als Konstrukt
und schließlich Phänomen und Konstrukt als dynamischem Prozeß.

Auch wenn das an anderer Stelle bereits geschehen ist (Feger
1988a, S. 57–58), sollen hier noch einmal die sechs Definitionsklassen nach Lucito dargestellt werden, und zwar schon deshalb, weil in
dieser Klassifizierung die meisten der gängigen Definitionen enthalten sind und somit der Leser selber eine Möglichkeit erhält, bestimmte – auch aktuelle – Definitionen einzuordnen, wie sie von Mi-
nisterien, Vereinen, Fördereinrichtungen usw. verwendet werden.

1. *Ex-post-facto oder Post-hoc-Definitionen:* Es müssen außergewöhnliche Leistungen vorliegen, der betreffende Mensch muß
   Berühmtheit erlangt haben – so wird nachträglich festgestellt,
   daß jemand ein Genie ist. Ein Beispiel bilden die Bücher ›Genies
   in der Schule‹ und ›Genies ganz privat‹ von Prause.
2. *IQ-Definitionen:* Hier gilt jemand als hochbegabt, der einen bestimmten Wert im Intelligenztest, in der Regel 130 und mehr, erreicht.
3. *Die soziale Definition:* Eine derartige Definition findet sich
   schon 1919 bei Stern (S. 291): „Begabung ist Fähigkeit zu wert-

vollen Handlungen." Stern verwendet hier den Begriff 'Begabung' synonym mit 'Hochbegabung' (vgl. S. 292). Bei späteren
Verwendungen dieser Definition spielte häufig die Nachfrage
der Gesellschaft nach herausragender Leistung in wesentlichen
Bereichen eine Rolle.

4. *Prozentsatz-Definitionen:* Ein bestimmter Prozentsatz wird hier
   als hochbegabt bezeichnet – die obersten zwei Prozent in einem
   Intelligenztest, die zehn Prozent Jahrgangsbesten nach ihrem
   Abschneiden in einer Prüfung usw. In der Regel wird Begabung
   mit Leistung gleichgesetzt, und die Leistung wird sehr unterschiedlich definiert, wobei es dann zu Überschneidungen mit anderen Definitionsklassen kommen kann, vor allem mit der zweiten Klasse, mit den Definitionen über den Intelligenztest.

5. *Kreativitäts-Definitionen:* Hier wird die Definition über den Intelligenzquotienten abgelehnt und die Kreativität an dessen Stelle gesetzt. Jemand verfügt über die Fähigkeit, etwas Neues, Origi-
   nelles zu schaffen, um als hochbegabt gelten zu können.

6. *Lucitos eigene Definition:* „Hochbegabt sind jene Schüler, deren
   potentielle intellektuelle Fähigkeiten sowohl im produktiven als
   auch im kritisch bewertenden Denken ein derartig hohes Niveau
   haben, daß begründet zu vermuten ist, daß sie diejenigen sind,
   die in der Zukunft Probleme lösen, Innovationen einführen und
   die Kultur kritisch bewerten, wenn sie adäquate Bedingungen
   der Erziehung erhalten" (Lucito 1964, S. 184). Wichtig an Lucitos
   Definition ist der mehrfaktorielle Aspekt, auf den in letzter Zeit
   häufig hingewiesen wird. Lucito betont zudem die Rolle der Förderung und setzt nicht Begabung mit Leistung gleich.

Deutlich wird, daß die ersten fünf Definitionen – obwohl noch
häufig anzutreffen – zum Teil entweder veraltet sind, weil zu eng gefaßt, oder daß sie zu wenige Handlungsanweisungen etwa für die
Diagnostik bieten – wie dies bei vielen Prozentsatzdefinitionen der
Fall ist.

Intelligenz und Kreativität

Lucito stellt das produktive und das kritisch bewertende Denken
heraus und bezieht sich damit auf das Modell Guilfords zur Struktur
des Intellekts bzw. der Intelligenz, wobei das produktive Denken
der Kreativität entspricht. Das Konstrukt der Kreativität wird im
übrigen durchweg auf einen Vortrag des Psychologen Guilford im
Jahre 1950 zurückgeführt. William Stern, auf den unter anderem die
Berechnung des IQ (Intelligenzquotient) zurückgeht, hat allerdings

bereits vor mehr als 70 Jahren Intelligenz und Kreativität unter den Bezeichnungen 'reaktive und spontane Intelligenz' voneinander abgegrenzt. Er meint:

Es gibt Intelligenzen, die einen ziemlich hohen Grad haben mögen, aber mit einer inneren Trägheit behaftet sind, so daß sie des jedesmaligen Anstoßes von außen bedürfen, um sich zu regen. Sie warten ab, lassen Anforderungen und Aufgaben an sich herankommen und verstehen dann, sich trefflich mit ihnen auseinanderzusetzen und abzufinden. Es sind diejenigen, die in allen von außen weitgehend geregelten Lebensverhältnissen, in der Schule, in eng umschriebenen Berufstätigkeiten ihr Bestes geben. Dann aber gibt es die 'spontanen' Intelligenzen, die auch zugleich eine lebhafte Intellektualität haben. Sie warten nicht, bis ihre geistige Arbeit herausgefordert wird, sondern neigen dazu, sie von sich aus ins Spiel zu setzen. Sie erleben Probleme, leiden unter ihnen und suchen sich mit ihnen auseinanderzusetzen; sie nehmen künftige Situationen vorweg, entwerfen Pläne, treffen vorschauende Maßnahmen; und auch da, wo zunächst durch äußeren Anstoß eine Reaktion von ihnen gefordert wird, bleiben sie nicht bei der bloßen Antworthandlung stehen, sondern bauen den eingeleiteten Denkvorgang weiter aus, stellen Fragen, die über den augenblicklichen Stand der Angelegenheit hinausgehen usw.

Natürlich gibt es zwischen der ausgesprochen reaktiven Intelligenz und der Spontaneität alle denkbaren Übergänge; und auch nach oben hin sind zwischen der spontanen Intelligenz und dem eigentlichen schöpferischen Verhalten die Grenzen flüssig ... (Stern 1928, S. 18–19).

In diesem Zitat wird schon recht gut deutlich, was reaktive Intelligenz (oder auch Testintelligenz) ist. Wir wollen hier dennoch zwei Definitionen anführen. Stern (1928, S. 344) bezeichnet Intelligenz als „die personale Fähigkeit, sich unter zweckmäßiger Verfügung über Denkmittel auf neue Forderungen einzustellen". Rund 70 Jahre später schreibt Guthke (1996, S. 59):

Intelligenz ist der Oberbegriff für die hierarchisch strukturierte Gesamtheit jener allgemeinen geistigen Fähigkeiten (Faktoren, Dimensionen), die das Niveau und die Qualität der Denkprozesse einer Persönlichkeit bestimmen und mit deren Hilfe die für das Handeln wesentlichen Eigenschaften einer Problemsituation in ihren Zusammenhängen erkannt und die Situation gemäß dieser Einsicht entsprechend bestimmten Zielstellungen verändert werden kann.

Es ist leicht einsichtig, daß viele Komponenten oder Faktoren denkbar sind, aus denen sich ein Modell der Intelligenz zusammensetzen kann, daß die Zahl der beteiligten Faktoren unterschiedlich groß sein kann und daß das Verhältnis der Faktoren untereinander unterschiedlich aussehen kann (vgl. Feger 1988 a, S. 61–66). Der bekannte Psychologe Thurstone beispielsweise nennt eine Reihe von gleichberechtigten Faktoren, etwa Sprachverständnis, Wortflüssigkeit, Gedächtnis, Fähigkeit zum Lösen von Rechenoperationen, Raumvorstellungen, induktives und deduktives Denken.

Facetten der Begabung

In den USA, wo die Hochbegabungsforschung und die Hochbegabtenförderung nicht die Unterbrechung erleben mußten wie in Deutschland, wo zudem der Intelligenztest schon sehr lange eine gewichtige Rolle gespielt hat, hat die unkritische Gleichsetzung von hoher Testintelligenz mit Hochbegabung eine Ausdifferenzierung bzw. Erweiterung gefunden. Terman selbst hat die erfolgreichsten und die am wenigsten erfolgreichen Männer in seiner Gruppe miteinander verglichen und festgestellt, daß sie sich nicht hinsichtlich der Höhe des IQs unterscheiden. Terman hat damit die Bedeutung des Intelligenztests insofern relativiert, als er weitere Faktoren als wesentlich für den Erfolg anerkannte.

DeHaan u. Havighurst sprechen in ihrem 1957 erschienenen Buch von den vielen Facetten der Hochbegabung; sie gehen ebenfalls über den Intelligenztest hinaus und unterscheiden sechs verschiedene Aspekte:

1. Intellektuelle Fähigkeiten, wobei sie diese noch in die primären geistigen Fähigkeiten untergliedern, und zwar sprachliche Fähigkeiten, rechnerische Fähigkeiten, räumliches Denken, Gedächtnis, induktives Denken. Hier finden wir also das wieder, was eben schon in Thurstones Intelligenzmodell vorgestellt wurde.
2. Kreatives Denken,
3. Wissenschaftliche Fähigkeiten (sind im Gegensatz zu den primären geistigen Fähigkeiten aus vielen Fertigkeiten und Einstellungen zusammengesetzt),
4. Fähigkeiten der sozialen Führung,
5. Mechanische Fähigkeiten,
6. Künstlerische Fähigkeiten (1957, S. 3–4).

Ganz wesentlich erscheint uns folgende Bemerkung von DeHaan und Havighurst: „Intelligenz oder intellektuelle Fähigkeit ist die Grundlage aller anderen Talente, wie denen in den Künsten, bei Führungsfähigkeiten im sozialen Bereich, in der Wissenschaft und bei mechanischen Fähigkeiten. Es kommt sehr selten vor, daß jemand mit einer hohen künstlerischen Begabung nicht auch über deutlich überdurchschnittliche intellektuelle Fähigkeiten verfügt"

(S. 4). Bereits Terman hatte unter den Kindern im Jahre 1921/22 auch solche ermittelt, die einen IQ von weniger als 140 hatten, die aber im Zeichnen, Malen und in der Musik eine außergewöhnliche Begabung aufwiesen. Zum zweiten Untersuchungszeitpunkt kamen jedoch fast alle Kinder mit vielversprechenden Leistungen in diesen künstlerischen Bereichen aus der Gruppe der Hochintelligenten und nicht aus der mit den ursprünglichen hohen Sonderbegabungen. Hohe Intelligenz scheint also eine notwendige, wenn auch nicht hinreichende Vorbedingung der Hochbegabung zu sein. Rost (1991 a, S. 198–199) bringt weitere Belege für die Bedeutung der hohen Intelligenz.

In den USA war lange die Marland-Definition (Marland 1972) weitgehend verbindlich, die ebenfalls auf eine Vielzahl von Faktoren hinweist. Sie lautet:

Hochbegabte und talentierte Kinder sind jene, von berufsmäßig qualifizierten Personen identifizierten Kinder, die aufgrund außergewöhnlicher Fähigkeiten hohe Leistungen zu erbringen vermögen. Um ihren Beitrag für sich selbst und für die Gesellschaft zu realisieren, benötigen diese Kinder die Bereitstellung differenzierter pädagogischer Programme und Hilfestellungen, die über die normalen, regulären Schulprogramme hinausgehen. Kinder, die zu hohen Leistungen fähig sind, schließen solche mit gezeigten Leistungen und/oder mit potentiellen Fähigkeiten in irgendeinem der folgenden Bereiche mit ein:
1. Allgemeine intellektuelle Fähigkeit,
2. Spezifische akademische (schulische) Eignung,
3. Kreativität und produktives Denken,
4. Führungsfähigkeiten,
5. Bildnerische und darstellende Künste,
6. Psychomotorische Fähigkeiten (Marland 1972, S. 4).

Sowohl von Fachvertretern als auch von Fachfreunden wird die Leistung Howard Gardners hervorgehoben, dessen Buch auch ins Deutsche übersetzt worden ist (Gardner 1991) und weite Verbreitung gefunden hat. So wird Gardner im Informationsorgan des Buchhandels *Buch aktuell* (Frühjahr 1997), das vierteljährlich kostenlos verteilt wird, bezeichnet als der

Pionier der 'multiplen Intelligenz', die neben den klassischen mathematischen und sprachlichen sechs weitere Teilbegabungen nennt, [er] hält die soziale Intelligenz in den westlichen Industriegesellschaften für sträflich vernachlässigt. „Intelligenz läßt sich nicht wie der Ölstand eines Autos messen." Vor 15 Jahren setzte er den verbohrten Ideologen der klassischen IQ-Tests seine Theorie entgegen. Clubs der Hochintelligenten hält der Har-

vard-Psychologe, salopp gesagt, „vor allem für eine Ansammlung lebens-
untüchtiger Typen" (Erst der EQ ..., *Buch aktuell* 1997, S. 24).

Zu Gardners Konzept gehören: 1. sprachliche Intelligenz, 2. lo-
gisch-mathematische Intelligenz, 3. räumliche Intelligenz, 4. körper-
lich-kinästhetische Intelligenz, 5. musikalische Intelligenz, 6. intra-
personale Intelligenz (d. h. Empfänglichkeit und Verständnis der
eigenen Empfindungswelt), 7. interpersonale Intelligenz (soziale Intelligenz). Die letzten Seiten dürften gezeigt haben, daß das Konzept von Gardner so neu nicht ist. Vielleicht wurde ebenfalls deutlich, warum wir der Geschichte der Forschung einen so hohen Stellenwert einräumen.

Abschließend soll noch eine neuere deutsche Definition folgen.
Das Land Schleswig-Holstein definiert im Jahr 1997 Begabung folgendermaßen (Kinder mit besonderer Begabung 1998, S. 5):

Begabung ist mehrdimensional, das heißt, sie erstreckt sich nicht nur auf die
intellektuelle Fähigkeit, sondern umfaßt auch kreative, künstlerische und
soziale Kapazitäten. Sie ergibt sich aus individuellen Anlagen, also aus einer
angeborenen Disposition für besondere Leistungen, im Zusammenwirken
mit der vom Kind jeweils durchlaufenen Sozialisation. Von besonderen Begabungen soll gesprochen werden, wenn Schülerinnen und Schüler in bestimmten Bereichen ihrer geistigen oder motorischen Entwicklung den
Altersgenossen deutlich voraus sind.

Hier wird noch einmal deutlich, daß die Bestrebung besteht, weg-
zukommen von einem eindimensionalen, statischen Konzept von
Begabung und Hochbegabung; zum anderen wird eine Definitions-
möglichkeit über den Entwicklungsvorsprung gesehen. Die Meinung, daß sich Hochbegabung in der Regel durch einen Entwicklungsvorsprung zeigt, ist ebenfalls nicht neu. Als sich Terman 1921 in
mehreren kalifornischen Großstädten auf die Suche nach hochbegabten Kindern machte, nahmen die Lehrer die Vorauswahl der
möglichen Teilnehmer an Termans Untersuchung vor. Jeder Lehrer
wurde gebeten, aus seiner Klasse die beiden aufgewecktesten oder
klügsten Kinder zu benennen, weiter das Kind, das im voraufgegangenen Jahr als klügstes aufgefallen war, und schließlich das jüngste
Kind der Klasse. Nach Abschluß der Testverfahren erwies es sich,
daß das Alter des Kindes die größte Vorhersagekraft hatte – das
jüngste Kind der Klasse war mit größter Wahrscheinlichkeit zugleich auch das hochbegabte (Seagoe 1975, S. 88–89). Wenn also die
Einschulung nicht an starre Altersgrenzen gebunden ist, wenn das
Überspringen von Klassenstufen möglich ist, dann sind aufgrund

ihres Entwicklungsvorsprungs die hochbegabten Kinder deutlich jünger als ihre Klassenkameraden. Bereits hier wird deutlich, warum wir der Entwicklungspsychologie vergleichsweise viel Platz eingeräumt haben. Das Kapitel ›Hochbegabung und Entwicklung‹ wird sich mit dieser Frage ausführlich befassen.

Die Konzeption von Renzulli und das Modell von Gagné
Statt einer verbalen Definition werden häufig auch Modelle in graphischer Form verwendet. Wir wollen deshalb zwei dieser Varianten vorstellen, das sog. Renzulli-Modell, weil es sehr weite Verbreitung gefunden hat, und die graphische Darstellung der Hochbegabung durch Gagné.

Wir wollen uns zunächst dem Renzulli-Modell zuwenden, das vermutlich wegen seiner Schlichtheit und seiner unmittelbaren Eingängigkeit so starke Akzeptanz gefunden hat. Es handelt sich im Grunde genommen um eine mengentheoretische Darstellung mit drei Kreisen und einer Schnittmenge, die der Hochbegabung entspricht. Dieses Modell wurde von verschiedenen Autoren modifiziert, z.B. Wieczerkowski (1982) und Wieczerkowski u. Wagner (1985). Wir bringen im folgenden die Erweiterung durch Mönks und Mitarbeiter zum sog. triadischen Interdependenzmodell. Zusätzlich einbezogen wird die Umwelt in Form von Schule, Familie und Gleichaltrigen.

Der Renzulli-Vorschlag hat zwar – wie erwähnt – große Verbreitung gefunden, ist aber vor allem in Fachkreisen auch auf deutliche, gut begründete Ablehnung gestoßen. Zunächst einmal ist die Verwendung des Begriffes 'Modell' zu kritisieren – übrigens hat selbst Renzulli von *conception* und nicht von *model* gesprochen, denn diese Darstellung erfüllt nicht die in der Psychologie und den Sozialwissenschaften üblichen Kriterien eines Modells (vgl. etwa Dorsch 1982, S.422). Zudem handelt es sich um eine Konzeption der Hochleistung, die speziell im Zusammenhang mit Risikogruppen sehr problematisch sein kann. Da die „Aufgabenzuwendung" gelegentlich sehr stark nachlassen kann, heißt das, daß man beim – auch vorübergehenden – Fehlen von Aufgabenzuwendung oder Motivation plötzlich nicht mehr hochbegabt ist, bei wieder einsetzender Aufgabenmotivation aber doch wieder hochbegabt ist.

Rost (1991 a) hat das Renzulli-Modell ausführlich kritisiert; im selben Heft, in dem der Artikel von Rost zum Thema 'Identifizierung von Hochbegabung' erscheint, erfolgen auch Entgegnungen von Mönks (1991) sowie Hany und Heller (1991). Rost bringt dann

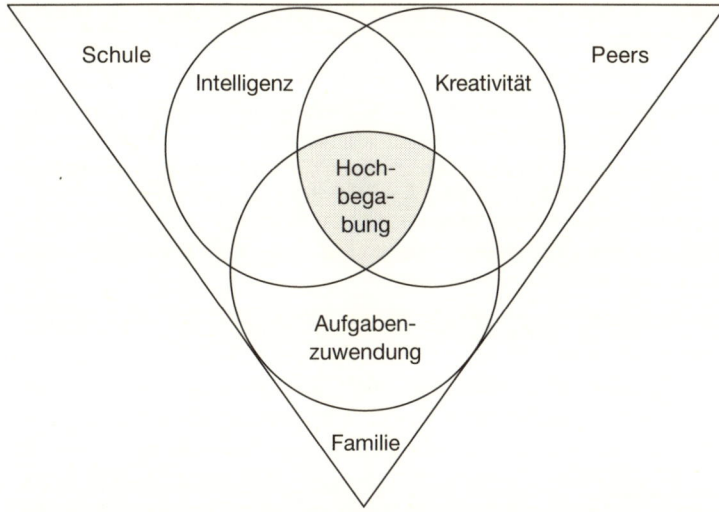

Modell 1: Das erweiterte Renzulli-Konzept (nach Mönks u. van Boxtel 1985).

eine abschließende Darstellung. Werden schon aus diesem Disput die Schwächen der Vorstellungen Renzullis deutlich, so kann man sich durch die Lektüre von Renzullis Artikel (1993) noch besser ein Bild darüber machen, wo die Probleme liegen.

In diesem Beitrag stellt Renzulli (S. 218) ein „praktisches System zur Identifizierung hochbegabter und talentierter Schüler" vor. Das Drei-Ring-'Modell' wird hier zunächst näher erläutert. Es zeigt sich, daß in dem einen Ring „deutlich überdurchschnittliche Begabung" enthalten ist. Darunter versteht Renzulli zum einen allgemeine kognitive Fähigkeiten (hohes Niveau im abstrakten Denken z. B.), zum anderen aber spezielle Fähigkeiten, wozu er etwa (Arbeits-) Techniken zählt oder die „Fähigkeit zum Unterscheiden von wichtigen und unwichtigen Informationen in bezug auf die Lösung von Einzel- oder komplexen Problemen". Zur Aufgabenmotivation gehört die „Fähigkeit, relevante Fragestellungen und neue Entwicklungen in speziellen Problemkontexten zu erkennen sowie diese (und sich) in die Hauptkommunikationsströme einzubringen" (S. 218). Bereits hier wird deutlich, wie schwer die Abgrenzung der drei 'Ringe' voneinander ist; wir haben niemanden getroffen, der spontan hätte sagen können, warum die erste Fähigkeit im Bereich überdurchschnittlicher Begabung angesiedelt ist, die zweite aber zur Aufgabenmotivation gehört.

Rost formuliert noch einen wesentlichen Kritikpunkt (1991 a, S. 205):

> Wie wenig *(hoch-)begabungsspezifisch* die „Modell"-Erweiterung von Mönks ist, läßt sich demonstrieren, plaziert man anstelle von „Hochbegabung" in die Mitte des Dreiecks von Mönks' „Modell" eine beliebige andere Personvariable: Sei es Depressivität oder Neurotizismus, Glück oder Zufriedenheit, Ängstlichkeit oder Aggressivität etc., das Bild stimmt immer: Peers, Schule und Familie sind als Umfeld stets wichtig, jedes Verhalten, jede Eigenschaft des Individuums wird von den jeweiligen besonderen gesellschaftlichen Verhältnissen beeinflußt.

Im übrigen haben wir in Lehrveranstaltungen die Studenten zu spontanen zusätzlichen Erweiterungen des „Modells" von Renzulli nach Mönks aufgefordert. Wir haben beispielsweise die Ergänzung um 'Politik', 'Medien' und 'Möbel' erhalten; alle diese Faktoren beeinflussen in der Tat eine hohe Leistung in erheblichem Umfang. Es ist erstaunlich, wie gut dieses nochmals „erweiterte Modell" 'funktioniert', wenn man alle die Nachteile des ursprünglichen „Modells" in Kauf zu nehmen bereit ist.

Eine brauchbare graphische Darstellung eines ebenfalls brauchbaren Konzepts scheint uns hingegen die von Gagné zu sein (vgl. auch Wild 1991, S. 16–17).

Zwar nimmt Gagné eine etwas ungewöhnliche Unterscheidung von Hochbegabung und Talent vor (üblicherweise bezeichnet Talent eher die Sonderbegabung oder das noch nicht voll entwickelte Potential), aber hier wird doch im Gegensatz zu Renzulli der Prozeßcharakter deutlich.

Zum dynamischen Begabungsbegriff
Obwohl es noch weitere erwähnenswerte Modelle gibt, z. B. Sternberg (1985), wollen wir uns nun einer Frage zuwenden, die lange die deutsche Pädagogik beherrscht hat und zum Teil immer noch beherrscht. Es handelt sich um den „dynamischen Begabungsbegriff" Heinrich Roths. Damit wird auch die Thematik von Erbe und Umwelt angeschnitten, die Frage mithin, inwiefern Begabung angeboren ist, inwieweit sie später erworben wird.

Klauer bringt in seinem Buch über Intelligenztraining (1975) eine ausgezeichnete Einführung zu diesem Thema. Nachdem er auf die beiden Extrempositionen eingegangen ist – Begabung ist weitgehend ererbt bzw. intellektuelle Unterschiede sind weitgehend gesellschaftlich bedingt, also auf die Umwelt zurückzuführen –, meint er (S. 19):

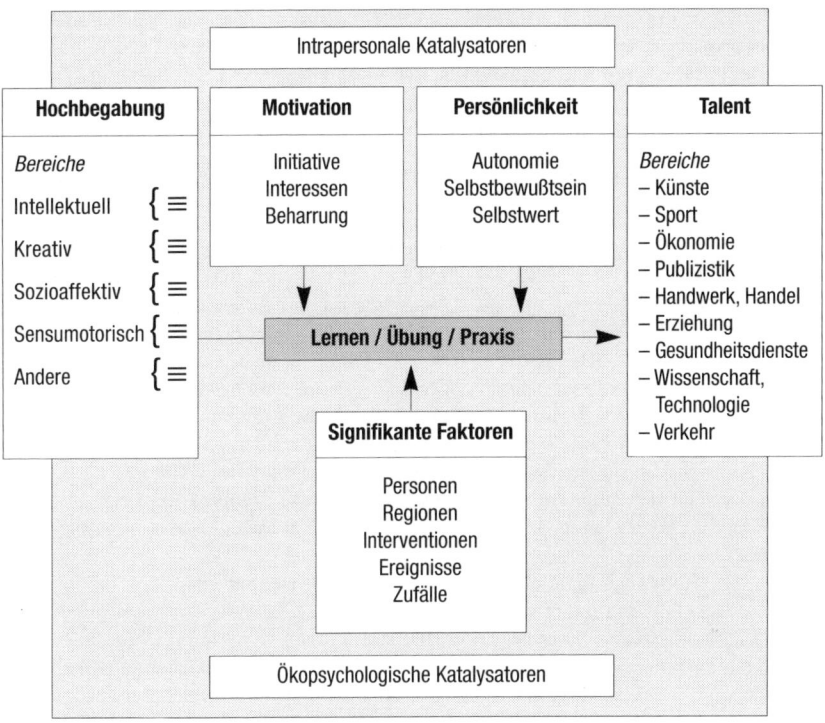

| Intrapersonale Katalysatoren |

| Hochbegabung | Motivation | Persönlichkeit | Talent |

Bereiche
Intellektuell { ≡
Kreativ { ≡
Sozioaffektiv { ≡
Sensumotorisch { ≡
Andere { ≡

Initiative
Interessen
Beharrung

Autonomie
Selbstbewußtsein
Selbstwert

Lernen / Übung / Praxis

Signifikante Faktoren

Personen
Regionen
Interventionen
Ereignisse
Zufälle

Bereiche
– Künste
– Sport
– Ökonomie
– Publizistik
– Handwerk, Handel
– Erziehung
– Gesundheitsdienste
– Wissenschaft,
  Technologie
– Verkehr

| Ökopsychologische Katalysatoren |

Modell 2: Das Modell Gagnés 1993.

Der entscheidende Punkt, der pädagogisch (und vielfach auch politisch) interessiert, ist doch eigentlich die *Änderbarkeit,* die *Beeinflußbarkeit* von Persönlichkeitsmerkmalen. Dabei unterstellt man meist unausgesprochen, alles Vererbte sein prinzipiell unbeeinflußbar und alles Erworbene sei prinzipiell änderbar. Diese Annahme ist aber weder selbstverständlich noch zwingend – ja sie ist sogar höchstwahrscheinlich falsch. Die Medizin ist gegenüber Erbkrankheiten durchaus nicht gänzlich hilflos, und soweit es eine Wechselwirkung zwischen genetischen und Umweltfaktoren gibt, soweit hängt auch von Umwelteinflüssen ab, was sich wie entwickelt ... Auf der anderen Seite ist alles, was gelernt worden ist, nicht immer leicht zu ändern: Die Psychoanalyse behauptet die fast unveränderlich nachwirkende Kraft frühkindlicher Eindrücke, die Ethologie studiert späterhin kaum mehr beeinflußbare Prägungsvorgänge, die Psychiatrie beobachtet, wie Schulkenntnisse viel leichter verloren gehen als etwa die Beherrschung der Muttersprache, die Lernpsychologie weiß, daß früheres Lernen änderungsstabiler als spätes Lernen und daß Umlernen viel schwieriger als Neulernen ist.

Gesucht wird also eine *Beeinflußbarkeitsforschung,* eine Forschung, die aufklärt, mit welchen Mitteln in welchem Maße welche Persönlichkeitsmerkmale geändert werden können. Wir brauchen also eine Theorie der Beeinflußbarkeit und eine daraus ableitbare Praxis der Beeinflussung von Persönlichkeitsmerkmalen. Einiges gibt es dazu bereits. Die Pädagogik hat erhebliche Vorarbeiten geleistet, und die Verhaltenstherapie desgleichen.

Anschließend äußert sich Klauer zum dynamischen Begabungsbegriff (S. 20–21):

Der *statische Begabungsbegriff* versteht die Begabung als im wesentlichen angeboren, als im großen und ganzen unveränderlich und unbeeinflußbar durch Umweltfaktoren und als etwas, das sich reifemäßig entfaltet. Lernvorgänge können eine Begabung nicht verbessern, nicht genügendes Lernen kann höchstens bewirken, daß das volle Potential nicht erreicht wird. Der *dynamische Begabungsbegriff* versteht Begabung „immer auch als *Begaben,* Begabung stiften, Begabung aufbauen, eine Gabe verleihen, aufwecken, erwecken" (Roth 1961, S. 103). Begabung ist danach nicht so sehr angeboren als erworben, sie wird gelehrt und gelernt, wird dem einzelnen geschenkt oder auch vorenthalten. Sie ist im wesentlichen das Ergebnis von Lern- und Erziehungsvorgängen, deshalb veränderlich und in hohem Maße beeinflußbar.
   Die Rede vom Wandel des Begabungsbegriffs ist aber gleich ein doppelter Rückfall um rund dreiviertel Jahrhundert.
   … stellte Anne Anastasi schon 1958 drei Frageniveaus heraus, mit denen man nacheinander an das Problem herangetreten sei. Zunächst habe man gefragt, welche Persönlichkeitseigenschaften ererbt und welche erworben sei – etwa bezüglich der Begabungen. Sodann sei man dazu übergegangen zu fragen, welcher Anteil der Begabungsunterschiede auf das Konto von Erbfaktoren und welcher auf das Konto der Umweltfaktoren zu buchen sei. Heutzutage gehe es aber darum, die Frage des Wie zu untersuchen, die Wirkungszusammenhänge der einzelnen Faktoren und ihre Wechselwirkungen zu erforschen, denn erst aus der Kenntnis dieser Gesetzmäßigkeiten könne man Voraussagen ableiten, die den Pädagogen interessieren.
   Die Verkündung des „dynamischen Begabungsbegriffs" im Gegensatz zum „statischen Begabungsbegriff" ist also ein Rückfall in das erste der drei Frageniveaus, das spätestens zu Beginn des 20. Jahrhunderts überwunden worden ist.

Unser Wissen über die Beeinflußbarkeit und Änderbarkeit muß sicherlich noch enorm erweitert werden, aber erst solches Wissen läßt Fördermaßnahmen bzw. alles pädagogische Wirken wirklich sinnvoll werden.

Emotionale Intelligenz
   Das Konzept der Kreativität gelangte mit einiger Verzögerung in das Alltagsleben – in die Schulen und vor allem in die Wirtschaft.

Heute findet man Kreativität in den Stellenanzeigen mit an vorderster Stelle unter den von den neuen Mitarbeitern geforderten Merkmalen.

Andere Konzepte haben weniger Resonanz gefunden; dazu gehört beispielsweise die *praktische Intelligenz*. Zwar haben vor allem deutsche Wissenschaftler und Praktiker, die sich mit Begabungsförderung beschäftigten, ab etwa 1918 dieses Konzept intensiv diskutiert und umzusetzen versucht (z.B. Lipmann 1918), aber es blieb in den letzten Jahrzehnten doch eher bei punktuellen Ansätzen (Sperber, Wörpel, Jäger u. Pfister 1985, Sternberg 1985, Peters 1987).

Aufsehen hingegen erregt die *emotionale Intelligenz (EQ)*. Daniel Goleman, Redakteur bei der *New York Times* hat mit seinem 1995 erschienenen Buch (deutsch 1995) die emotionale Intelligenz populär gemacht. Nach Goleman hängt Erfolg zu 80 Prozent von emotionaler Kompetenz ab, und das beste an der emotionalen Intelligenz soll die Tatsache sein, daß man sie lernen kann. Zur emotionalen Intelligenz gehören Geschicklichkeit im Umgang mit anderen Menschen, Selbstbewußtsein, Selbstbeherrschung, Beharrlichkeit, Eigenmotivation und die Fähigkeit, sich in andere Menschen hineinzuversetzen.

Die Vorstellung einer emotionalen Intelligenz stammt von den Autoren Salovey u. Mayer (1990) und hat viele Vorläufer in den Arbeiten zur sozialen Intelligenz, die schon in den dreißiger Jahren erschienen sind.

Während man bei der Intelligenz sehr gut weiß, was sie ist und wie man sie erfassen kann, weiß man bei der Kreativität ebenfalls recht genau, was sie ist, hat aber bedeutend größere Probleme bei der Erfassung. Bei der emotionalen Intelligenz sind wir uns nicht so sicher, ob man wirklich weiß, worum es geht und erst recht nicht, wie man sie erfassen kann. Schon unter diesem Aspekt erscheint es besonders bedenklich, daß Kinder in einigen amerikanischen Schulen ein Training der emotionalen Intelligenz absolvieren.

Weber u. Westmeyer (1997, S. 5) weisen auf die Renaissance der Intelligenzbegriffe hin, etwa der praktischen und der sozialen Intelligenz. Sie fragen: „Was lag deshalb näher und was sprach eigentlich dagegen, in dieser Situation begrifflicher Verwahrlosung als weiteres Konzept das der emotionalen Intelligenz ins Feld zu führen und für seine Durchsetzung zu kämpfen ...?" Die Autoren kommen zu dem Schluß:

Goleman macht aus der emotionalen Intelligenz ein attraktives Angebot für alle, er lädt ein zur Tugend und belohnt tugendhaftes Verhalten, indem er es intelligent nennt: Es ist möglich – so Goleman –, zugleich Gefühlen zu folgen, selbstbeherrscht, ausgeglichen, fürsorglich, gut und damit intelligent zu sein. Dagegen steht das Konstrukt der kognitiven Intelligenz, das Goleman zwar fairerweise nicht abwertet, das aber implizit als Gegenkonstrukt erscheint: nur wenige sind auserwählt, und bei denen ist es mehr als fraglich, ob sie ihre Fähigkeiten auch zu guten Zwecken einsetzen (Weber u. Westmeyer 1997, S. 13).

Das Buch von Goleman hat in vielen Ländern über eine längere Zeit die Bestsellerlisten angeführt; das konnte nur dazu führen, daß sogleich viele weitere Autoren auf diesen Wagen aufsprangen, und innerhalb eines Jahres erschienen Bücher über den „Schlüssel zum EQ", über den „weiblichen EQ" und zur Überzeugung „Kinder brauchen emotionale Intelligenz". Die Anwendung auf den Bereich der Wirtschaft hat u. a. Höhler (1997) zum Thema.

Die Frage ist nun: Was wird bleiben vom EQ? Welche Bedeutung wird er für die Begabungsforschung und die Begabtenförderung haben?

Daß für den Erfolg im Leben und im Beruf ein hoher Wert im Intelligenztest nicht ausreicht, ist eine Erkenntnis, die absolut nicht neu ist. Schon Terman hat ja die 150 erfolgreichsten und die 150 am wenigsten erfolgreichen Männer seiner Gruppe untersucht; sie unterschieden sich hinsichtlich der Persönlichkeit und der Motivation, nicht aber hinsichtlich der Höhe des IQs.

Da Terman vielen – zu Unrecht – als Vertreter des 'reinen IQ' galt, ist spätestens seit diesen Veröffentlichungen Termans die Bedeutung des Intelligenztests relativiert worden. Auch in der Erziehungswissenschaft sind 1964 die Lehrziele im affektiven Bereich von Bloom, Krathwohl u. Masia herausgearbeitet worden. Manches davon ist Allgemeingut geworden und in die Richtlinien eingeflossen, anderes findet immer noch wenig Beachtung. Vermutlich wird auch der eine oder andere Punkt Golemans auf Dauer eine Bedeutung haben, doch wir halten es für wahrscheinlich, daß bald die nächste Modewelle rollt und den EQ weitgehend verdrängt.

Wie erkennt man Hochbegabung?

Die Frage, woran man erkennt, ob ein Mensch hochbegabt ist, ist vielleicht die am häufigsten gestellte Frage im Zusammenhang mit der Hochbegabung. Eltern und Lehrer interessieren sich dafür, ob ein Schüler mit hervorragenden Noten hochbegabt ist oder „nur" fleißig. Eltern, deren vierjährige Tochter vom Kinderarzt als krankhaft neugierig und verkopft bezeichnet wurde, hören von der Erzieherin, daß sie das Mädchen für besonders begabt und eigentlich für schulreif hält; diese Eltern möchten verständlicherweise wissen, wer recht hat.

In einer Neuerscheinung des Jahres 1997 findet sich der Hinweis: „Im Gegensatz zur anglo-amerikanischen Forschungstradition finden sich in den deutschsprachigen Publikationen nur einzelne Veröffentlichungen, die wissenschaftlich und evaluativ auf die Problematik der Identifikation und Förderung Hochbegabter eingehen" (Spahn 1997, S. 37–38). Tatsächlich aber besteht eigentlich das Problem, die Literaturfülle unterzubringen. Wir haben für den Anhang des Buches von Hagen (1989) allein 164 deutschsprachige Titel zur Frage der Identifikation ermitteln können. Bereits im zweiten und dritten Jahrzehnt dieses Jahrhunderts erschien besonders viel Literatur zur Identifikation bzw. Diagnose von Hochbegabung; in den letzten Jahren war das Interesse daran ebenfalls besonders groß.

Bedeutung und Notwendigkeit von Diagnose

Warum ist eine Diagnose der Hochbegabung überhaupt erforderlich? Gibt es auch Situationen, in denen eine Diagnose nicht erforderlich ist, in denen sie vielleicht sogar gefährlich oder zumindest überflüssig sein kann?

Wenn ein Abiturient oder ein Student in ein Hochbegabtenförderungswerk, etwa die Studienstiftung des deutschen Volkes, aufgenommen werden soll, dann hält es der Stipendiengeber für erforderlich, zu ermitteln, ob der Kandidat geeignet ist. Ähnlich sieht es aus, wenn ein Schüler in die Begabtenklasse der Christophorusschule aufgenommen werden soll oder wenn für das Projekt *Förderung mathematisch besonders befähigter Schüler* an der Universität in Hamburg Teilnehmer gesucht werden.

In sehr vielen Fällen, in denen eine Beratungsstelle aufgesucht wird, ist ebenfalls eine Diagnose erforderlich. Auch in die Beratungsstelle an der Universität Hamburg kommen immer wieder Schüler, die mäßige Schulleistungen zeigen. Es handelt sich zwar fast nie um völlige Schulversager, aber es geht sehr oft um Schüler, die unterdurchschnittliche Schulleistungen zeigen. Mal sind es die Eltern, mal sind es einzelne Lehrer, die feststellen, daß entweder die Leistungen vor geraumer Zeit deutlich besser gewesen sind oder aber daß die betreffenden Schüler gelegentlich außergewöhnliche Einfälle haben. Manches Mal hat es sich erwiesen, daß es sich tatsächlich um hochbegabte Schüler handelt. Rost u. Hanses (1997) haben in der umfassenden Marburger Studie die entsprechenden Daten re-analysiert und festgestellt, daß durch die Lehrer bei schlechten schulischen Leistungen tatsächlich eine vorhandene Hochbegabung oft übersehen wird. Auf solche *underachiever* oder „Minderleister" werden wir noch zurückkommen; die Abhilfe bei den Problemen sieht sehr unterschiedlich aus, je nachdem ob es sich um einen hochbegabten Minderleister handelt oder um einen Schüler, der trotz großer Anstrengungen nur mäßige Schulleistungen erbringt.

Einige Worte vorab: Diagnose von Hochbegabung darf nicht Selbstzweck sein. Es bringt überhaupt nichts, einem Menschen das Etikett 'hochbegabt' zu verpassen, es birgt sogar Gefahren in sich. Jedenfalls bereitet es Unbehagen, wenn man in einem Zeitungsbericht lesen muß, daß dann, wenn die Kellnerin bei einem Treffen des Vereins *hIghQ* den Raum betritt, „das geistige Niveau – rein rechnerisch – gleich kollossal" sinkt (›Hinterzimmertreffen‹, 1998). Es handelt sich um einen Verein, der einen IQ von 130 und höher zum Eintrittsbillet macht und in dem also nur die „oberen zwei Prozent" Mitglied werden können. „Die restlichen 98 Prozent der Menschheit dümpeln in den Regionen unterhalb des 130er Quotienten herum und mit einigen von denen, sagt ein Mitglied ..., sei es nicht so einfach zu kommunizieren. Denen müsse man vieles erst erklären."

Was ist, wenn Hochbegabung nicht erkannt oder diagnostiziert wird? Viele Kinder gehen sehr glücklich durch das Leben, ohne daß sie als 'Hochbegabte' bezeichnet werden, obwohl sie hochbegabt sind. Kinder, deren Bedürfnisse erkannt und gefördert werden, brauchen nicht unbedingt diese Etikettierung. Die Diagnose 'hochbegabt' ist häufig überflüssig; wichtig ist, daß dennoch erkannt wird, daß das Kind spezielle Bedürfnisse hat. Andererseits gibt es Situationen, in denen es fatal sein kann, wenn Hochbegabung nicht erkannt wird; die „Spirale der Enttäuschung" wird im Beratungskapitel ausführlich behandelt. Für das Erkennen von Hochbegabung ist aber nicht unbedingt eine formelle Diagnose – etwa durch psychologische Tests – erforderlich. Über die Vielfalt der Identifikationsverfahren sollen die folgenden Abschnitte informieren.

Verschiedene Verfahren

Der Überblick über die wesentlichsten Verfahren soll in Tabellenform erfolgen. Allein die große Anzahl der Verfahren zeigt, daß es nicht *das* einzige Verfahren gibt, um Hochbegabung zu diagnostizieren bzw. zu identifizieren. Jedes Verfahren bringt mit sich Vor- und Nachteile und hat einen eigenen Wert. Welches Verfahren angewendet werden soll, ist weitgehend vom Identifikationsziel abhängig.

Wir haben hier objektive und subjektive Verfahren angeführt. Objektive Verfahren bestehen überwiegend aus Tests oder testähnlichen Situationen, etwa Klausuren; für alle Teilnehmer liegen die gleichen Bedingungen vor und die Testergebnisse können untereinander – aber auch relativ zur Bezugsnorm (Altersgruppe, Jahrgangsstufe, usw.) – verglichen werden. Solche Verfahren haben den Vorteil, daß sie über die gemessenen Merkmale eine zuverlässige Aussage ermöglichen, geben allerdings lediglich über die Leistung der Teilnehmer zum Zeitpunkt der Testung Auskunft. Informationen über das Zustandekommen dieser Leistung usw. liegen entsprechend kaum vor.

Bei den subjektiven Verfahren dagegen fließen stärker Einflüsse der individuellen Einschätzung ein; sie gelten daher als weniger zuverlässig. In der Regel werden sie als Indikatoren für Hochbegabung aufgefaßt, die einer weiteren Prüfung bedürfen.

Ausführliche Informationen über einzelne Verfahren sind inzwischen auch in deutscher Sprache leicht zugänglich (Feger 1977, 1980, 1988a, Bartenwerfer 1978, Wild 1991). Deshalb wollen wir hier nur einige grundlegende Hinweise geben.

Stellvertretend für die oben angegebenen Verfahren soll hier etwas ausführlicher auf die Lehrermeinung bzw. das Lehrerurteil einerseits und auf die Intelligenztests andererseits eingegangen werden.

Die Lehrermeinung wird häufig zur Grundlage der Diagnostik von Begabungen gemacht. Lehrermeinung und Lehrerurteil können sehr unterschiedliche Formen annehmen, vom spontanen Vorschlag der geeigneten Person für einen bestimmten Zweck über das Ausfüllen von Checklisten, Noten (als Ziffernzensuren) und Berichtszeugnisse bis hin zum Führen von Beobachtungsbögen und zum Erstellen von Gutachten.

Tab. 1: Übersicht über Diagnoseverfahren

Verfahren	Vorteile	Nachteile
Objektive Verfahren		
Intelligenztests	ökonomisch, Validität, Zuverlässigkeit	Deckeneffekt, schichtspezifisch, Ergebnisse unterschiedlicher Tests kaum untereinander vergleichbar
Leistungstests	ökonomisch, Validität, Vergleichbarkeit	spezifisches Fachwissen erforderlich, sagt wenig über Hochbegabung aus
Eignungstests	ökonomisch, Vergleichbarkeit	bereichsspezifisches Wissen
Kreativitätstests	ökonomisch	geringere Validität
Wettbewerbe, wie Mathematik-Olympiade	vergleichbare Prüfungsbedingungen, motivierende Funktion	hohe Spezialisierung
Subjektive Verfahren		
Zensuren, Schulnoten, Zeugnisse	liegen für die Mehrzahl der Kinder vor	kaum zuverlässig, geringere Gültigkeit
Lehrermeinung, -beobachtung	leicht zu erheben	geringe Genauigkeit, mögliche Vorurteile, wenig zuverlässig, Information auf Schule begrenzt
Checklisten, Beobachtungsbögen	schnell und leicht einzusetzen	Erinnerungsdaten, lückenhaft, zufällige Auswahl der Items
Aufnahmeprüfungen, (offene) Wettbewerbe, Arbeitsprobe	Vergleichbarkeit, motivierende Funktion	Teilnahme nicht für alle Kinder möglich
Nominierung durch Eltern, andere Kinder, Selbstnominierung	leicht zu erheben	nicht vorurteilsfrei, wenig zuverlässig, geringe Genauigkeit, Gefahr der Überschätzung

Seit Ingenkamp (1971) sich zur Fragwürdigkeit der Zensurengebung geäußert hat, ist Kritik an der Beurteilung von Schülerleistungen durch Lehrer weit verbreitet. Vor allem Noten gelten als
nicht sehr zuverlässig. Aber auch Beurteilungen, die nicht auf Zif-
fern basieren (wie z. B. in den ersten Grundschulklassen oder den
Waldorf-Schulen), haben Kritik auf sich gezogen.

Die oben angeführten Befunde von Rost u. Hanses (1997) können ergänzt werden durch den Jahresbericht der Studienstiftung
1996 (erschienen im März 1997). Hier heißt es im Tätigkeitsbericht
1996 von Gerhard Teufel (S. 32):

In der Schulauswahl fällt uns seit Jahren auf, daß die Abiturnote 1,0 magische Wirkung hat. Die Schulleiter sehen sich kaum in der Lage, besonders
begabte Schüler auch außerhalb dieser Notenarithmetik vorzuschlagen. Zu
groß ist der Druck der Eltern und der Schulgemeinschaft. Trotzdem haben
wir in einem Brief an die Schulleiter darauf hingewiesen, daß der Notendurchschnitt für uns nicht das einzige Kriterium ist. Neben Leistung erwarten wir auch Initiative und Verantwortung. Dieser Brief hat eine lebhafte
Diskussion ausgelöst – mit viel Zustimmung seitens der Schulleiter. Ob es
uns künftig gelingen kann, mehr Schüler mit besonderen Ausprägungen in
die Vorschlagslisten zu bekommen, mag zweifelhaft sein. Vielleicht ist es
auch schon ein Erfolg, wenn der eine oder andere „bunte Vogel" in das Netz
unserer Auswahlverfahren gerät.

Intelligenztests werden – wie weiter oben erwähnt – auf der
Grundlage einer bestimmten Theorie konstruiert; sie bestehen dann
beispielsweise aus Untertests etwa zum rechnerischen Denken, zum
allgemeinen Verständnis, zum Wortschatz, zum Gedächtnis beispielsweise. Für jeden dieser Untertests werden einzeln Werte ermittelt, die später zu einem Gesamtwert zusammengezogen werden.
Es handelt sich in Sterns Terminologie überwiegend um Tests der
reaktiven Intelligenz. Die Aufgaben sind vorgegeben, auf diese Aufgaben muß in einer bestimmten, „richtigen" Weise reagiert werden,
und zwar innerhalb eines festgelegten Zeitraumes. Es gibt darüber
hinaus eine ganze Reihe von „sprachfreien" Verfahren, die in fairer
Weise die Intelligenz derjenigen erfassen, die eine Sprache nicht
sehr gut beherrschen. Solche Aufgaben bilden nur einen kleinen Teil
der menschlichen Verhaltensweisen, allerdings einen sehr wichtigen.

Im Zusammenhang mit Intelligenztests wollen wir noch auf die
sog. 'Selbsttests' eingehen. Diese Tests sind häufig als Taschenbuch
erhältlich; man erfährt schon auf dem Umschlag, daß man mit
einem IQ von 145 „genial" ist (Lauster 1974) oder es geht um einen
Test mit dem ›Spezialteil für Superschlaue‹ (Eysenck 1984). Viel-

leicht erfährt man auch auf der Rückseite der Umschlagklappe: „Testen Sie sich selbst, machen Sie sich das nützliche Vergnügen, festzustellen, daß Sie intelligenter sind als Sie dachten" (Serebriakoff 1986). Von Serebriakoff liegt uns auch die niederländische Version eines Buches vor, mit dessen Hilfe die Eltern die Intelligenz ihres Kindes testen sollen (Serebriakoff u. Langer 1980). Was ist von solchen Tests und Selbsttests zu halten?

Man kann sie mit Augenzwinkern hinnehmen, man kann daraus lernen, man kann sich aber auch selbst betrügen und sich oder sein Kind erheblichem Zwang aussetzen.

Solche Tests mit Augenzwinkern oder als Freizeitvergnügen ohne große Konsequenzen eingesetzt richten keinen Schaden an, können vielleicht sogar das Selbstbewußtsein aufrichten oder die Neugier wecken. Man kann aus solchen Tests einiges lernen über Aufbau und Struktur von Intelligenztestaufgaben. Man kann damit auch einfach den Umgang mit Tests üben; in Deutschland werden psychologische Tests seltener eingesetzt als in anderen Ländern. Bei den Auswahltests im Zusammenhang mit der Berufswahl und Bewerbung erweist es sich als nachteilig, wenn man zu viel Zeit dafür braucht, sich mit der Situation vertraut zu machen (zum Lernen durch Testbearbeitung vgl. Feger 1984).

Es gibt aber auch Menschen, die versuchen, alle Aufgaben von Intelligenztests, deren sie habhaft werden können, auswendig zu lernen, damit sie irgendwann endlich die ersehnte magische Zahl von 130 erreichen. Diese Menschen, die nach dem Motto verfahren: „Beim nächsten Test wird alles besser", tun das eben nicht unbedingt zweckfrei. Schlimm allerdings wird es, wenn man Kinder durch Drill und Auswendiglernen ebenfalls dorthin bringen möchte. In Clubs von Menschen mit hoher Testintelligenz können Erwachsene sich schon behaupten, auch wenn sie sich „durchgemogelt" haben; Kinder, die sich ebenfalls durchgemogelt haben, können hingegen die an sie gestellten Erwartungen in der Regel nicht erfüllen. Eine solche Vorgehensweise ist deshalb unverantwortlich. Auch hier werden Fälle für Beratungsstellen produziert.

In einem diagnostischen Prozeß gehören Tests nur in die Hand des Fachmanns. Auch Lehrer verfügen nur selten über das erforderliche Wissen und die Erfahrung, um psychologische Tests einzusetzen, korrekt auszuwerten und zu interpretieren. Oft wird dann das Ergebnis auch nicht verantwortlich übermittelt. Wir haben so viele Beispiele von gravierenden und folgenschweren Fehlschlüssen erlebt, daß wir vor einem unsachgemäßen Vorgehen nur eindringlich warnen möchten. Der fachkundige Einsatz ist hingegen ein wichtiger Schritt zur Besserung einer Situation.

Die Identifikation insgesamt besteht üblicherweise aus zwei Schritten: Der vorläufigen Diagnose und der endgültigen Auswahl. Man muß außerdem wissen, daß bei der Diagnose zwei Fehler möglich sind: Ein Kind wird zu Unrecht als hochbegabt diagnostiziert oder aber es wird ein Kind übersehen, das aber dennoch hochbegabt ist. Man sollte sich bei der Auswahl etwa für ein Förderprogramm über diese Fehlermöglichkeit im klaren sein und vorher überlegen, wie schwerwiegend im konkreten Fall jede dieser Fehlerarten ist und was man tun sollte, um sie zu vermeiden. Verdeutlichen läßt sich das an Fabian und Tina und anderen möglichen Kandidaten für ein Stipendium. Wenn Fabian und Tina nach der Vorauswahl durch die Schule und der endgültigen Diagnose durch den Auswahlausschuß zunächst in die Studienstiftung aufgenommen werden, sich dann aber herausstellt, daß beide gar nicht hochbegabt sind, wird das für beide Frustrationen und Enttäuschungen bedeuten, die für die beiden, vielleicht sogar für die Familien mit Konsequenzen verbunden sind, weil das Stipendium ja auch eine finanzielle Förderung bedeutet. Es ist aber auch denkbar, daß Fabian sich im Sinne der Studienstiftung als hochbegabt erweist, er sein Studium erfolgreich abschließt und erfolgreich eine wissenschaftliche Karriere einschlägt. Zugleich hat Fabian vielleicht einen Freund gehabt, der zwar als sehr guter Schüler galt, vielleicht nicht ganz mit 1,0 benotet wurde, weil er zu sehr im Schatten von Fabian gestanden hat. Dieser Freund wurde dann, obwohl hochbegabt, übersehen. Auch für diesen Freund hat es erhebliche Konsequenzen, wenn er nicht aufgenommen wird. Auch hier ist der finanzielle Aspekt für den Freund und seine Familie zu sehen; zugleich aber sollten auch die Folgen für die Gesellschaft beachtet werden; möglicherweise verzichtet die Gesellschaft durch die Nichtförderung auf einen wertvollen Beitrag.

Ein einziges Verfahren, noch dazu punktuell angewendet, ist nie ausreichend, um eine Hochbegabung zu diagnostizieren. Was man bezweckt, auf welche Verfahren man zurückgreift, hängt damit zusammen, welchen Zweck die Diagnose verfolgt (Förderprogramm, Beratung bei hochbegabtenspezifischen Problemen, wissenschaftliche Untersuchung, Hilfe für Benachteiligte usw.).

Das CJD (*Christliche Jugenddorfwerk*), das Hochbegabtenzüge in Braunschweig, Rostock und Königswinter unterhält, führt als Aufnahmeverfahren Kontaktwochen durch; über das CJD wird das Kapitel über Förderung noch berichten.

Speziell bei Risikogruppen bietet sich die Möglichkeit an, zu fördern, um zu diagnostizieren; hier besteht eine Ähnlichkeit mit Lerntest-Ansätzen.

Lisa, Karl, Fabian und Tina

Wenden wir uns noch einmal Lisa, Karl, Fabian und Tina zu und der jeweils gestellten Frage: „Ist dieser Mensch hochbegabt?"
Bei Lisa ist zum gegenwärtigen Zeitpunkt die Frage, ob sie hochbegabt ist, ganz offensichtlich zweitrangig. Zwar sind Kinder, die aus eigenem Antrieb sehr früh das Lesen lernen, häufig hochbegabt, aber die Diagnose 'hochbegabt' würde diesen Kindern und auch Lisa wenig bringen.
Auch bei Karl ist die Frage, ob er hochbegabt ist, sicherlich nicht die drängendste. Was für Karl aber sehr wichtig wäre, ist eine Beratung, die zur Folge hat, daß Karl für die Fächer arbeitet, die ihn nicht interessieren. Zum einen wird er – ob hochbegabt oder nicht – später im Leben immer wieder mit Aufgaben konfrontiert, die ihm keinen Spaß machen, um deren Erledigung er sich aber nicht drücken kann. Zum anderen gibt es noch einen weiteren Grund dafür, auch ungeliebte Fächer nicht zu vernachlässigen. Wenn Karl studieren möchte – und das will er nach seinen Angaben –, spielt der Notendurchschnitt bei der Zulassung zum Studium immer noch eine große Rolle. Es könnte passieren, daß Karl entweder abgelehnt wird oder eine lange Wartezeit in Kauf nehmen muß, ehe er sein Wunschstudium aufnehmen kann. Die Diagnose 'hochbegabt' (oder nicht) ist für ein solches Beratungsgespräch nicht erforderlich; bei ihm scheint es viel wichtiger zu sein, Stärken und Schwächen zu ermitteln, um daraus weitergehende Hinweise zu erhalten. Das könnte in dem Beratungsgespräch mit Karl geschehen.
Bei Fabian und Tina geht es um Entscheidungen von erheblicher Tragweite. An ihnen wurde bereits verdeutlicht, wie wichtig eine korrekte Diagnose ist.

Resümee

Es ist schwierig, zu einem Bereich, zu dem so viel Literatur auch in Form von Dissertationen vorhanden ist, die wichtigsten Informationen auf wenigen Seiten darzustellen – den Wissenschaftlern ist die Darstellung zu einfach, den Neulingen in diesem Bereich vielleicht schon zu verwirrend. Hier ist also der Hinweis auf weiter-

führende Literatur besonders wichtig. Wir werden außerdem im Kapitel ›Ausblick‹, wenn die Vertrautheit mit Beratungsfragen und
Risikogruppen vorausgesetzt werden darf, noch einmal auf die Be-
gabungsdiagnose zurückkommen.

Weiterführende Literatur

Da gerade zum Thema 'Diagnose' eine ganze Reihe Bücher erschienen ist, die bereits im Text erwähnt wurden, bieten diese sich
als Ausgangspunkt für die weitere Literatursuche an. Außerdem sei
auf einige Artikel hingewiesen (Bartenwerfer 1978, Feger 1977,
1980, 1986). Heft 3 des 8. Jahrgangs der *Zeitschrift für Differentielle
und Diagnostische Psychologie* (1987) ist ein Themenheft zur Hochbegabungsdiagnostik. Neuere Arbeiten in englischer Sprache stammen von Feldhusen u. Jarwan (1993) sowie von Hany (1993), der
sich mit methodologischen Problemen der Diagnose auseinandersetzt. Die Übersetzung von Hagen (1989) enthält einen bibliographischen Anhang von Feger zum Bereich Diagnose.

Mit einem ganz anderen Bereich, dem der beruflichen Bildung,
beschäftigt sich Manstetten (1996).

Hochbegabung und Entwicklung

Es ist auffallend, wie wenig sich die Entwicklungspsychologie bisher mit dem hochbegabten Kind
befaßt hat. ... Wir haben mehr als zehn einschlägi-
ge Lehrbücher auf Hochbegabung hin überprüft;
in keinem haben wir eine nähere Erörterung entwicklungspsychologischer Prozesse bei Hochbegabten finden können.

F. J. Mönks 1981, S. 38

Wird man zum Hochbegabten geboren, entwickelt
man sich dahin oder wird man dazu gemacht?

F. E. Weinert 1992, S. 203

Einleitung

In diesem Kapitel wollen wir uns mit der menschlichen Entwicklung beschäftigen, und zwar im Kontext der Hochbegabung. Bereits im Definitionskapitel wurde Hochbegabung u. a. auch über
einen Entwicklungsvorsprung definiert, ebenso werden folgende
Kapitel auf die bedeutsame Rolle der Entwicklungspsychologie
zurückgreifen. Erst wenn wir mit entwicklungspsychologischer Information ausgestattet sind, können wir die Merkmale und Verhaltensweisen Hochbegabter beschreiben, einordnen und bewerten
sowie für die weitere Forschung und Praxis, etwa für eine Intervention, nutzbar machen. Im Beratungskapitel und im Kapitel über
Risikogruppen wird deutlich werden, daß entwicklungspsychologischen Kenntnissen vor allem für die Prävention eine besondere
Bedeutung zukommt.

Welches sind die charakteristischen Merkmale von Hochbegabten? Welche Verhaltensweisen gelten als unbedenklich bzw. sind
Anzeichen von Problemen? Welche Fördermaßnahmen, welche Anforderungen sind zu welchem Zeitpunkt nötig? Alle diese Fragen
beziehen sich auf die Anwendungspraxis der Entwicklungspsychologie. Praxisbezogene Anwendungen basieren auf Theorien, Konzepten und Modellen, die ein Fach zur Verfügung stellt. Hochbegabung
aus einer entwicklungspsychologischen Perspektive zu betrachten,

setzt daher voraus, daß man sich mit einigen grundsätzlichen, allgemeinen Themen der Entwicklungspsychologie auseinandersetzt. Die Kernfragen im Zusammenhang mit der Entwicklung Hochbegabter sind im Prinzip die gleichen wie die der Entwicklungspsychologie generell.

Die Entwicklungspsychologie ist keine in sich geschlossene, einheitliche Wissenschaft. Einerseits unterliegt sie – wie jede andere Disziplin auch – einem kulturellen und historischen Wandel. Andererseits haben entwicklungspsychologische Aussagen gesellschaftliche Konsequenzen und beeinflussen gängige Vorstellungen, Erwartungen und Haltungen. Dies wird besonders deutlich bei z. B. Entscheidungen über Notwendigkeit und Ziele von Interventionsmaßnahmen, wie u. a. bei dem „Boom" von Frühförderprogrammen im Vorschulalter Ende der 60er Jahre.

Die Begabungsforschung folgt ebenfalls den vorherrschenden Tendenzen der Entwicklungspsychologie. So wie sich die Schwerpunkte des Faches im Laufe der Zeit verschieben, so verändert sich auch die Richtung der Hochbegabungsforschung. Einstellungen zur Hochbegabung werden ebenfalls dadurch beeinflußt; was unter Hochbegabung verstanden wird, hängt auch von den Erkenntnissen der Entwicklungspsychologie ab.

Entwicklungspsychologie und Hochbegabung

Auf die einfach erscheinende Frage, was Entwicklung überhaupt ist, erhält man eine Vielzahl von Antworten. Selbst innerhalb der Entwicklungspsychologie findet man zahlreiche Definitionen; heutzutage wird nicht nur zwischen traditionellem und modernem Entwicklungsbegriff differenziert, sondern auch darauf hingewiesen, daß verschiedene Konzepte sogar erforderlich sind, um die Fragestellungen und Erkenntnisse der Disziplin aufzunehmen (Montada 1995). Schon aus diesem Grund ist eine – wenn auch nur kurze – Auseinandersetzung mit Definitionen notwendig.

Vor rund 40 Jahren schlug der Bonner Psychologe Thomae eine Definition vor, auf die wir aus zwei Gründen zurückgreifen wollen. Zum einem lassen sich anhand der Definition die Hauptthemen der Entwicklungspsychologie zusammenfassen. Zum anderen stellt sie nicht nur einen Wendepunkt in der Entwicklungspsychologie dar, sondern ist nach wie vor aktuell. Nach Thomae (1959, S. 10) ist Entwicklung die „Reihe von miteinander zusammenhängenden Veränderungen, die bestimmten Orten des zeitlichen Kontinuums eines individuellen Lebenslaufs zuzuordnen sind". Wie Thomae selbst ausführt, hat eine solche Definition u. a. den Vorteil, daß einerseits der Gegenstandsbereich der Entwicklungspsychologie von anderen psychologischen Fächern durch die Einbeziehung der Zeitdimension (Lebensalter) deutlich abgegrenzt wird. Andererseits werden keine expliziten Angaben zu determinierenden Kriterien abgegeben, nach denen Entwicklung stattfindet, so daß diese Definition sowohl Reifungsvorgänge als auch Lernprozesse einschließt.

Ebenfalls zurückhaltend ist diese Definition in Hinblick auf Angaben über Zielrichtung und Kriterien der Entwicklung, d. h. die Art der Veränderungen, die in unterschiedlichen Konzeptionen und Modellen dargestellt werden.

Anhand einer, wie sie Thomae selbst bezeichnet, „gereinigten" Definition läßt sich leichter die Entwicklung der Disziplin aufzeigen; gleichzeitig kann man Zusammenhänge mit der Hochbegabung herausstellen. Für Mönks und Mason (1993) beeinflussen Entwicklungstheorien auch die Theorien und Konzepte der Hochbegabungsforschung; Kenntnisse darüber sind außerdem hilfreich, um zu verstehen, was hinter einer Definition „steckt".

Determinanten der Entwicklung: Entwicklungstheorien
In Thomaes Definitionsvorschlag wird auf eine genaue Angabe über Ursachen der Entwicklung verzichtet, denn das führt u.U. dazu, daß man zu unbekannten Größen, speziell zu Fragen von Anlage und Umwelt, Stellung beziehen muß. Vor diesem Hintergrund lassen sich Entwicklungstheorien nach ihrer Grundposition einordnen; sie werden hier skizzenhaft dargestellt (vgl. Montada 1995; Wieczerkowski u. zur Oeveste 1982).

Nach der *endogenistischen* Grundannahme wird Entwicklung durch reifungsbedingte Vorgänge gesteuert, d.h. sie ist biologisch determiniert. Demnach spielen Umwelteinflüsse eine sehr geringe Rolle und können bestenfalls Verhaltensmerkmale akzentuieren oder leicht modifizieren, jedoch keine weitere Entwicklung bewirken. Äußere Einflüsse sind nur zu bestimmten Zeitpunkten der Entwicklung wirksam, in sog. 'sensiblen Perioden', in denen das Kind eine erhöhte Empfänglichkeit für äußere Stimulationen zeigt. Die Entfaltung einer Begabung – wie auch jedes anderen Entwicklungsmerkmales – können Eltern und Lehrer nur durch die Herstellung eines begünstigenden Milieus unterstützen, aber nicht direkt beeinflussen. „Privilegien für ohnehin Privilegierte" ist eine weitverbreitete Einstellung gegen eine Begabtenförderung, die sicherlich in dieser Position ihren Ursprung findet.

Eine genau entgegengesetzte Position bilden die *exogenistischen* Konzeptionen. Sie sehen Entwicklung hauptsächlich unter dem Einfluß einer aktiven und kontrollierenden Umwelt. Demnach ist das Individuum vornehmlich reaktiv, das auf externe Reize und Stimulation antwortet. Das Individuum wird mit einem geringen Verhaltensrepertoire geboren; die Richtung, die die Entwicklung nimmt, ist im Grunde nur von äußeren Einflüssen abhängig. Aus dieser Sicht ist daher jede beliebige Intervention möglich; Lernen ist nichts anders als eine Anhäufung von Erfahrungen. Exogenistische Ansätze, die in den 60er Jahren weitverbreitet waren, führten zu der Meinung, alle Kinder seien von Natur aus begabt und es gehe nur darum, sie entsprechend zu fördern. Der dynamische Begabungsbegriff Heinrich Roths ist häufig in diesem Sinne interpretiert worden. Ein extremer Vertreter in der Psychologie ist der Begründer des Behaviorismus, J. B. Watson (1928, S. 41), der meinte: „Wenn man mit einem gesunden Körper geboren wird, die richtige Anzahl von Fingern oder Zehen, Augen und ein paar elementare Bewegungen hat, die bereits bei der Geburt vorhanden sind, dann braucht man nichts weiter an Rohmaterialien, um daraus einen Menschen zu formen, sei er ein Genie, ein kultivierter Gentleman, ein Rowdy oder ein Mörder."

Eine mittlere Position zwischen beiden Gegensätzen nimmt die *organismische* Auffassung ein. Entwicklung wird verstanden als „ein Konstruktionsprozeß, den das Kind aktiv bewältigt, indem es sich erkundend der Umwelt zuwendet und diese als seine Welt entdeckt und verinnerlicht" (Wieczerkowski u. zur Oeveste 1982, S. 53). Entwicklung wird daher auf die eigene Aktivität und Lernbereitschaft des Kindes zurückgeführt. Die Umwelt kann diese nicht steuern, jedoch kann sie durch die Bereitstellung angemessener und anregender Situationen die weitere Entwicklung beeinflussen. Interventionen sind daher nur wirksam, wenn das Kind den entsprechenden Entwicklungsstand erreicht hat, um auf angebotene Anregungen eingehen zu können. Durch die Annahme einer kognitiven Bereitschaft, die beim Kind vorhanden sein muß, ehe es in der Lage ist, Anregungen konstruktiv zu nutzen, hat diese Theorie gewisse Ähnlichkeiten mit der endogenistischen Position. Die weitverbreitete Meinung, „Hochbegabte finden ihren Weg selbst und setzen sich durch", scheint hier zu liegen. Organismische Sichtweisen lassen sich z. B. in Piagets Theorie der kognitiven Entwicklung finden.

Den organismischen Theorien, die von einem aktiv gestaltenden Individuum bei einer „nicht-aktiven" Umwelt ausgehen, steht die *interaktionistische* Position gegenüber, die Entwicklung als Ergebnis aus der wechselseitigen Beziehung zwischen Individuum und Umwelt betrachtet. Sowohl Individuum als auch Umwelt sind aktive Bestandteile eines aktiven Gesamtsystems und beeinflussen sich gegenseitig. In Abgrenzung zu den organismischen Konzeptionen, die bereits die eigene Aktivität des Individuums in einer spontanen aktiven Auseinandersetzung mit der Umwelt herausstellten, hebt die interaktionistische Position die Rolle der sozialen Umwelt (Kultur, Familie, Gruppe usw.) in der Entwicklung grundsätzlich hervor. Eine Reihe von Ansätzen lassen sich dieser Position zuordnen (u. a. Sameroff 1983, Schmidt 1970), die aber hier nicht näher spezifiziert werden können. Gemeinsam gehen sie aber alle von Wechselwirkungen im Gesamtsystem Individuum–Umwelt aus. In bisherigen Positionen war z. B. die Frage zu stellen, inwieweit Eltern die Begabung ihres hochbegabten Kindes fördern können. In interaktionistischen Ansätzen wäre sie durch die Frage zu ergänzen, welche Auswirkung das Verhalten des hochbegabten Kindes, wie z. B. die unermüdliche Neugier, die vielen Fragen, auf das Verhalten seiner Eltern hat, was wiederum auf das Verhalten des Kindes eine Rückwirkung hat.

Entwicklung ist allerdings nicht nur individuellen, familiären und sozialen Einflüssen ausgesetzt, sondern auch kulturellen, die sogar die materiellen Gegenstände miteinschließen. In diesem Zusammenhang ist der ökopsychologische Ansatz von Bronfenbrenner (1977) zu erwähnen, der die realitätsfremde Vorgehensweise (Laborversuche) der Entwicklungspsychologie kritisiert und auf die Notwendigkeit hingewiesen hat, Entwicklung in natürlichen Bedingungen, in realen Lebenssituationen zu analysieren. Entwicklung versteht er als die Anpassung des sich ändernden Individuums an eine sich verändernde Umwelt. Dabei unterscheidet er vier Systeme von Sozialstrukturen, die eng miteinander in vielfältiger Beziehung stehen. Diese sind:

1. das *Mikrosystem*, das aus der unmittelbaren Umgebung (Familie) besteht;
2. das *Mesosystem*, das die Wechselwirkungen zwischen den Elementen im ersten System umfaßt;
3. das *Exosystem*, das das vorherige System erweitert und im wesentlichen aus gesellschaftlichen Institutionen besteht (Arbeitsplatz, Schule, u.ä.), und schließlich

4. das *Makrosystem*, das gesellschaftliche Werte widerspiegelt und einen Rahmen für die anderen untergeordneten Systeme gibt.

Neuere Ansätze aus der Verhaltensgenetik legen ein weiteres Konzept der Wechselwirkung von Anlage und Umwelt vor, in der allerdings die Bedeutung der Anlagefaktoren deutlicher herausgestellt wird. Die Hauptaussage ist, daß die phänotypische Entwicklung, d. h. die Merkmale in ihrer Erscheinungsform, sowohl direkt von genotypischen Einflüssen (Erbanlagen) als auch indirekt über Umwelteinflüsse gesteuert wird, wobei die Umwelteinflüsse selbst von den genotypischen Merkmalen beeinflußt bzw. verursacht werden. Das bedeutet, daß das hochbegabte Kind nicht nur eine anregende und herausfordernde Umwelt für die Entfaltung seiner Fähigkeiten benötigt, sondern auch, daß es selbst aktiv solche Situationen aussucht oder gestaltet. Im übrigen scheint eine Wiederbelebung der Diskussion über Ermittlung von „Erblichkeitskoeffizienten" im Gang zu sein. Hany (1995, S. 52–53) beispielsweise weist in Anlehnung an McGue et al. (1993) auf die Ergebnisse von verhaltensgenetischen Studien hin, „die weltweit zum Schluß kommen, daß etwa 70% der phänotypischen Intelligenz durch das Erbgut und die durch das Erbgut determinierte Person-Umwelt-Interaktion determiniert sei." Ergänzend meint er: „Die Vererbungsforschung zeigt somit, daß der Beeinflussung von Begabungsfaktoren gewisse Grenzen gesetzt sind, daß diese Grenzen jedoch so weit liegen, daß sie durch die in Familie und Schule übliche Begabungsförderung selten erreicht werden."

Annahmen über die Determinanten der Entwicklung haben sich im Laufe der Zeit geändert, ohne daß eine endgültige Antwort gegeben werden konnte. Anastasi hat bereits 1958 darauf verwiesen, daß es sinnlos sei, nach Einflußanteilen von Anlage und Umwelt zu fragen. Viel wichtiger ist es, das Zusammenwirken beider Faktoren zu erkunden. Ob man zum Hochbegabten geboren (interessanterweise findet man diese Aussage kaum auf Minderbegabte bezogen) oder dazu gemacht wird, dieses ist an sich eine rein rhetorische Frage. Sie illustriert aber ziemlich gut, daß die Thematik 'Anlage – Umwelt' im Zusammenhang mit Hochbegabung heftiger und polemischer diskutiert wird als in der übrigen Entwicklungspsychologie, wo sie ebenfalls eine zentrale Bedeutung hat.

Miteinander zusammenhängende Veränderungen:
Entwicklungsmodelle
Als erstes müssen wir hier auf den Punkt eingehen, der an Thomaes Definition früher am stärksten kritisiert wurde, und zwar die

„Veränderungen". Nicht jede beliebige Veränderung ist entwick-lungspsychologisch interessant. Genauer müßte es „Veränderungen im Verhalten und Erleben" heißen, um den Gegenstandsbereich von flüchtigen, äußerlichen Veränderungen abzugrenzen.

Nach dieser Klärung können wir uns dem Definitionsabschnitt „Reihe von miteinander zusammenhängenden Veränderungen" zu-wenden, anhand dessen wir nun weitere Themen der Entwicklungs-psychologie zusammenfassend darstellen können. Hier geht es grundsätzlich um die Modelle, die Entwicklungsprozesse erklären.

In Entwicklungstheorien lassen sich verschiedene Modelle her-ausstellen. Reifung, Differenzierung, Prägung, Sozialisation sind einige der vielen Modelle, die vorgestellt worden sind. Keines die-ser Modelle bietet jedoch eine umfassende Erklärung über die Art der Entwicklungsprozesse. Ähnlich der Anlage-Umwelt-Auseinan-dersetzung stellen sie z. T. entgegengesetzte Positionen dar, so daß die Vorteile einer neutralen Definition von Entwicklung hier be-sonders deutlich werden. Entwicklungsmodelle werden nahezu in jedem Lehrbuch ausführlich beschrieben (u. a. Oerter u. Montada 1995; Trautner 1991). Statt auf einzelne Modelle einzugehen, wer-den wir uns hier mit den Aussagen beschäftigen, die sie implizit enthalten.

In den Modellen geht es vor allem um die Erklärung, ob es sich bei Entwicklung um einen Prozeß von quantitativen bzw. qualitati-ven Veränderungen handelt. Modelle, die von quantitativen Verän-derungen ausgehen, verstehen Entwicklung als eine stetige, men-genmäßige und kontinuierliche Zunahme von Fähigkeiten und Fer-tigkeiten. Eine solche Sichtweise wird in der Regel von lern- bzw. sozialisationstheoretischen Ansätzen vertreten, die exogenistischen Grundpositionen zuzuordnen sind.

Im Vordergrund der Modelle, die von qualitativen Veränderungen ausgehen, steht die Annahme von Entwicklungsstufen oder -phasen, die in einer festen Reihenfolge auftreten und sich qualitativ vonein-ander unterscheiden. Da sie aufeinander aufgebaut sind, muß eine Stufe erst vollständig durchlaufen sein, ehe die nächste, höhere Stufe erreicht werden kann, entsprechend sollte dabei keine der Stufe ausgelassen werden. Solche Modelle charakterisieren Ent-wicklung durch plötzliche, ungleichmäßige und diskontinuierliche Veränderungen. Dies wird dadurch erklärt, daß der Übergang zwi-schen den Entwicklungsstufen den Zustand eines relativen Un-gleichgewichts hervorruft bzw. einen Bruch in Inhalt und Organisa-tion vorhandener Strukturen bedeutet. Phasen- und Stufenmodelle gehen allerdings davon aus, daß Entwicklung ein universaler, d. h. für alle gleicher, von Kultur und Geschichte unabhängiger, und irreversibler Prozeß ist. Phasen- und Stufenmodelle waren in den Anfängen der wissenschaftlichen Entwicklungspsychologie vertreten und haben eine Renaissance in den 60er Jahren insbesondere durch Piagets Theorie der kognitiven Entwicklung erfahren.

Durch das Aufkommen von lern- und sozialisationstheoretischen Ansätzen, die ältere Betrachtungsweisen ins Wanken brachten, und zunehmende gesellschaftliche Veränderungen erschienen Stufenmodelle, die hauptsächlich allgemeine Veränderungen berücksichtigen und dabei beschreibend bleiben, viel zu eng, um Entwicklungsprozesse zu erklären. Neuere Modelle faßt Montada (1995, S. 62) unter der Rubrik 'Entwicklung durch herausfordernde Probleme, Krisen, und Ereignisse im Lebenslauf' zusammen. Gemeinsam bei ihnen ist die Tatsache, daß sie mehr Platz für individuelle Unterschiede bzw. Unterschiede in Entwicklungsverläufen einräumen.

Zuordnung auf das zeitliche Kontinuum

Durch die Zuordnung von Veränderungen auf ein zeitliches Kontinuum im Lebenslauf ist der Gegenstandsbereich der Entwicklungspsychologie fest umrissen. Allerdings stellt das chronologische Alter nur einen groben Indikator für die vielen Variablen dar, die die Entwicklung in Wirklichkeit beeinflussen. Das Alter gibt nur Hinweise über Umstände und Bedingungen, die in einem bestimmten Lebensabschnitt gegeben sind, und bietet selbst keine Erklärung für Entwicklungsprozesse (Wohlwill 1977).

Bis in die 60er Jahre hinein ist die Entwicklungspsychologie hauptsächlich eine Psychologie des Kindes- und Jugendalters geblieben. Theorien, die meistens biologisch orientiert waren, betrachteten Entwicklung grundsätzlich als einen invarianten, irreversiblen Prozeß, der auf ein Endziel gerichtet und weitgehend in der Adoleszenz abgeschlossen ist. Mit dem Aufkommen der Lern- und Sozialisationstheorien, die den universalen, sehr restriktiven Charakter von Veränderungsreihen in Frage stellten, wurde zum einen der Weg zu einer Neuorientierung der Entwicklungspsychologie ermöglicht. Durch den kulturellen, gesellschaftlichen Wandel, die Erhöhung der Lebenserwartung und neue technologische Anforderungen, die zum Weiterlernen bzw. Neulernen zwingen, hat zum anderen das Erwachsenenalter nicht nur eine neue Identität bekommen, sondern auch das Interesse der Entwicklungspsychologie gewonnen.

Obwohl der Weg bereits bereitet war – etwa durch Charlotte

Bühler Anfang der 30er Jahre – hat Thomae durch die Einbeziehung des gesamten Lebenslaufs in seine Definition wesentlich zu einer neuen Sichtweise in der deutschen Entwicklungspsychologie beigetragen, und zwar Entwicklung als lebenslanger Prozeß.

Die *Entwicklung über die Lebensspanne* kann aus zwei Perspektiven betrachtet werden. Die erste berücksichtigt nur die Erweiterung von Entwicklung auf die gesamte Lebensspanne ohne weitere theoretische Überlegungen. Zur zweiten gehört die Einbettung in einen theoretischen Rahmen. Dabei richtet sich die Aufmerksamkeit auf folgende Gesichtspunkte:

1. Entwicklung ist ein lebenslanger Prozeß, der die Zeitspanne von der Konzeption bis zum Tod umfaßt; keiner der Lebensabschnitte läßt sich als besonders wichtig herausstellen.
2. Entwicklung ist multidimensional, d.h. die unterschiedlichen Entwicklungsbereiche – sowohl physisch als auch psychisch – werden berücksichtigt.
3. Es gibt eine Plastizität in der Entwicklung; während frühere Konzepte davon ausgingen, daß z.B. die Intelligenzentwicklung in der Adoleszenz weitgehend abgeschlossen sei und alles wesentliche Lernen in diesen früheren Abschnitten stattfinden würde, weiß man bereits jetzt auf Grund der neueren Forschung, daß lebenslanges Lernen möglich ist – auch das Erlernen komplizierter Sachverhalte und neuer Bereiche. Diese Sichtweise eröffnet neue Möglichkeiten für Interventionen. „Was Hänschen nicht lernt, kann Hans durchaus noch lernen", wenn auch auf eine andere Art.
4. Entwicklung findet in der Wechselwirkung mit einer sich wandelnden Umwelt statt. Man geht von unterschiedlichen Kontexten aus, die den individuellen Entwicklungsverlauf beeinflussen. Um diesen besser zu verstehen, ist es notwendig, die „normativen" altersbezogenen, die normativen kulturell bezogenen (etwa für alle Beteiligten in einer Region, z.B. bei Krieg, Wirtschaftskrisen usw.) und schließlich nicht-normative (individuelle) Lebensereignisse (u.a. Tod eines sehr nahen Angehörigen) mit einzubeziehen.

Welche Bedeutung haben die vorangegangenen Ausführungen für die Hochbegabung? Wir müssen sehen, daß Potential auch über das Jugendalter hinaus gegeben sein kann, Potential, das herausgefordert werden soll, um sich zu entwickeln (zur Geschichte der Entwicklungspsychologie der Lebensspanne siehe Lehr 1995).

Entwicklung Hochbegabter in Lebensabschnitten

Denn anscheinend vollzieht sich bei wirklich befähigten Menschen der Lebensablauf etwas anders ... Wir dürfen jedenfalls nicht denken, daß Überbegabung so etwas wie eine Einzahlung auf einen schon bestehenden Fond ist (Gesell 1931, S. 358).

Hier soll keine Psychologie der einzelnen Lebensabschnitte dargestellt werden, sondern es soll ein Überblick der wichtigen Ergebnisse der Begabungsforschung erfolgen, die zu den jeweiligen Lebensabschnitten vorliegen. Dabei werden wir uns jedoch hauptsächlich an den Ergebnissen der Terman-Studie orientieren.

Termans Untersuchung, die häufig wegen des eindimensionalen Begabungskonzeptes sowie wegen der Auswahlprozedur kritisiert wurde, stellt die erste umfassende Längsschnittstudie überhaupt dar. Der neueste Band ist 1995 von Holahan u. Sears herausgegeben worden, also 74 Jahre nach Beginn der Untersuchung. Terman hat zunächst hohe Begabung mit hoher Intelligenz gleichgesetzt, diese als anlagebedingt und als stabiles Merkmal über den Lebenslauf betrachtet. Spätestens 1959 hat Terman die Bedeutung von Umweltfaktoren, Persönlichkeit usw. erkannt und deutlich herausgearbeitet, welche Faktoren dafür verantwortlich sind, daß aus hoher Begabung auch hohe Leistung wird. Kritik aus heutiger Sichtweise ist schon deshalb nicht gerechtfertigt, weil sie einfach die Wandlung nicht berücksichtigt, wie sie in der Entwicklungspsychologie überhaupt stattgefunden hat. Dynamik von Entwicklungsprozessen, Interaktionsmuster, Umwelteinflüsse bzw. andere Variablen, die die Entwicklung beeinflussen können, wurden erst später aktuell. Ursprünglich wurde die Untersuchung konzipiert, um zu beweisen, daß Hochbegabung nicht mit irgendeiner Art von Handicap korreliert, sei es nun emotional oder physisch.

Säuglingsalter

Ein 'hochbegabter Jüngling', ein 'hochbegabter Mann', ein 'hochbegabter Knabe' – diese Ausdrücke werden freigebig und im Ernst angewandt, während man von einem 'hochbegabten Säugling' nur mit scherzhaftem Unterton sprechen würde, was sehr bezeichnend für den Stand unserer Kenntnisse und Vorurteile ist (Gesell 1931, S. 179).

Was Gesell vor 70 Jahren – die englischsprachige Originalausgabe ist bereits 1928 erschienen – formulierte, hat an Aktualität nichts eingebüßt. Auch wenn die Situation sich geändert hat, ist der Stand

der Kenntnisse nach wie vor bezeichnend: Der Ausdruck 'hochbegabter Säugling' hat zwar Eingang in die Fachliteratur gefunden,
Frühindikatoren und Förderung besonderer Begabungen werden
thematisiert; Informationen über Entwicklungsmerkmale und -pro-
zesse bei hochbegabten Säuglingen liegen aber lediglich in sehr be-
grenztem Umfang vor.

In der Terman-Untersuchung sind so gut wie keine Angaben vorhanden. Auch aus Biographien genialer Menschen ist nur wenig bekannt, und die spärlichen Informationen lassen kaum ein gesamtes
Bild zu. Im zweiten Band der Terman-Studie, der die Lebensge-
schichte hervorragender Männer analysiert und eine Einschätzung
von deren IQ aufgrund ihrer Leistungen vornimmt (Cox 1926), lassen sich aus den rund 300 Biographien in lediglich 14 Fällen Angaben zu den ersten drei Lebensjahren finden; das erste Lebensjahr
wird in nur fünf Fällen einbezogen (vgl. auch Gesell 1931).

Eine erste systematische Aufzeichnung von Entwicklungsmerk-
malen hochbegabter Säuglinge stammt von Gesell selbst. In Tabelle 2 werden die charakteristischen Merkmale anhand des Beispiels
des Jungen JK aufgelistet, den Gesell mit den durchschnittlichen
Entwicklungsnormen sowie mit einem drei Monate älteren, in der
Entwicklung aber retardierten Kind verglich.

Einige der von Gesell beobachtete Merkmale wurden in der Begabungsforschung später aufgegriffen und als sicherer Indikator
hoher Begabung angenommen, z. T. sogar mißbraucht. So lassen sich
z. B. in gängigen Entwicklungschecklisten Items finden wie

Das Kind
... fixiert schon bald nach der Geburt Menschen und Dinge;
... reagiert schon nach wenigen Wochen auf seine Umwelt mit Lächeln;
... nimmt mit seiner Umwelt eher als andere Babys Kontakt auf;
... braucht wenig Schlaf. (Begabte Kinder finden und fördern 1985, S. 88).

Die Problematik solcher Checklisten liegt zum einen darin, daß
Eltern ihre Angaben ohne genaueren Vergleich nachträglich machen oder daß sie durch die z. T. suggestiven und vagen Formulierungen meistens in Beschreibungen von positiven Stereotypen
verfallen (für eine ausführlichere Kritik siehe Rost, 1991b). Zum anderen werden bei der starken Gewichtung von Entwicklungsbe-
schleunigung qualitative Aspekte vernachlässigt. Darauf ist übrigens
auch durch Gesell (1931, S. 178) verwiesen worden, der dynamischen
Eigenschaften, d. h. Intensivierung und Mannigfaltigkeit des Verhaltens (u. a. Wahrnehmungsfähigkeit, Aufmerksamkeit, Reaktions-

Tab. 2: Merkmale der Begabtheit im frühen Kindesalter am Beispiel des Jungen JK (Gesell 1931, S. 166–170)*

Untersuchungs-zeitpunkt	Merkmale
1. Prüfung: 2 Monate	Interessierte sich für das Gesicht des Prüfenden; sah ihn ganze Minuten lang fest an, lächelte ihn an; munter und reaktiv.
2. Prüfung: 3 Monate	Motorische Entwicklung vorgeschritten; Aufmerksamkeit lebhaft; scheint starke Antriebe zu haben; Freude an physischer Aktivität; Handbetrachtung und kräftige Reaktion an der Tischkante; Bewegungsfähigkeit; ergänzender Vermerk: starkes kräftiges Kind; die Voraussetzungen für eine kräftige, harmonisch ausgebildete Persönlichkeit sind gegeben.
3. Prüfung: 4 Monate	Bis auf eine Ausnahme hat es in allen Punkten das Niveau von 5 Monaten: nahm mit sicherem Griff Gegenstände von dem Brett seines Kinderstuhles auf; drückte Wünsche laut und heftig aus; experimentierte mit dem Lauschen seiner Stimme; gut erzogen in der Regulierung der Darmfunktion, saß aufrecht; außergewöhnliche Kontrolle über seine Bewegungen; fortgeschrittene Anpassungsfähigkeit.
4. Prüfung: 9 Monate	Besaß fast die Reife eines Zwölfmonatigen; sprach 3 Wörter, brachte einen runden Klotz in das Formenbrett; wiederholte Dinge, über die man einmal gelacht hatte; unterließ etwas, wenn man es ihm befahl; Sauberkeit auf Niveau eines Fünfzehnmonatigen; auffallende motorische Leistungen; konnte ohne Unterstützung stehen; ging an der Hand des Prüfers; brachte sich ohne Hilfe aus der stehenden in die sitzende Position.
5. Prüfung: 10 Monate	Ergänzung des Wortschatzes um 2 Wörter; ging und kletterte allein auf einen Stuhl; Entwicklungsstand entsprach 14 Monaten; Eindruck der Vorgeschrittenheit hat sich sehr verstärkt; sehr gute Aufmerksamkeit.
6. Prüfung: 12 Monate	Entwicklungsstand entsprach dem von 15 oder 18 Monate alten Kindern; Wortschatz auf 6 Wörter gestiegen; konnte Nase, Haare, Augen zeigen; füllte Objekte (Schale) mit Gegenständen (Würfel); versuchte, mit den Würfeln einen Turm zu bauen; allgemeine Beschreibung: lebhaft, zielbewußt, interessiert.

* Zusammenfassung und tabellarische Umsetzung in enger Anlehnung an deutschen Originaltext von den Autorinnen.

bereitschaft, Ansprechbarkeit, soziale Fertigkeiten), eine wesentliche Bedeutung beimißt.

Entwicklungsgeschehen in der frühesten Kindheit war über längere Zeit in „Reifungstheorien" eingebettet. Das Neugeborene wurde überwiegend aus einer physiologischen Perspektive betrachtet, sein Verhalten auf instinktive Handlungen und Reflexreaktionen zurückgeführt. Inzwischen ist das Bild des kompetenten Säuglings an die Stelle eingetreten.

Diese Perspektivenänderungen wurden entsprechend von einer Zunahme der Forschungsinteressen begleitet, die sich dem Lebensabschnitt widmeten und zu neueren Einsichten führten. Fragestellungen der jüngeren „Säuglingsforschung" lassen sich in folgenden Verhaltensbereichen zusammenfassend darstellen:

- *Wahrnehmung, Wahrnehmungsprozesse:* Im Vordergrund stehen hier vor allem das visuelle Erkundungsverhalten, wie z.B. die Blickbewegung, das Habituierungsverhalten (Geschwindigkeit der Gewöhnung an neue Reize), Präferenz für Neues (vgl. u.a. Kaufmann-Hayoz 1991, Keller u. Schneider 1991).
- *Emotionaler Bereich:* Häufig untersuchte Merkmale sind etwa Bindungsqualität, Mutter-Kind-Interaktion (vgl. z.B. Rauh et al. 1995, Großmann et al. 1991).
- *Erregbarkeit:* Wachsamkeit, motorische Aktivitäten und Reaktionen.

Stapf u. Stapf (1988, 1990) berichten aus ihrer Beratungspraxis, daß Eltern bei später sich als hochbegabt erweisenden Kindern durchgängig über Wachheit und Neugier gleich nach der Geburt berichteten. Lehwald (1991) nennt Wißbegier und Explorationsverhalten und sieht diese als notwendige Voraussetzungen für die Begabungsentwicklung. Erklärt wird dies damit, daß Erkenntnisstreben und Wißbegier bestimmte soziale Interaktionen verursachen, die u.a. die Reaktion der Interaktionspartner hervorrufen und Lernerfahrungen begünstigen.

Interindividuelle Unterschiede wurden von den unterschiedlichen Autoren bei beinahe allen aufgeführten Merkmalen festgestellt. In vielen Fällen zeigten später durchgeführte Intelligenztests, daß diese in einem deutlichen Zusammenhang mit der intellektuellen Leistungsfähigkeit zwischen dem 2. und 6. Lebensjahr stehen, was auch in englischsprachigen Veröffentlichungen bestätigt worden ist (vgl. z.B. Klein u. Tannenbaum 1992). Die Notwendigkeit von Längsschnittstudien, die es ermöglichen, das frühkindliche Verhalten zu untersuchen und die wechselseitigen Abhängigkeiten zu erfassen, wird hiermit unmittelbar einleuchtend.

Was können Eltern tun, um das hochbegabte Kind im Säuglingsalter zu fördern? Die Ratschläge in der Literatur sind meist sehr allgemein und betreffen im Prinzip alle Kinder. Hier einige Beispiele aus der Literatur zur Hochbegabung:

1. Die Anregung muß von der richtigen Art sein, um das Lernen zu ermutigen. Wenn diese für das Baby nicht sinnvoll ist, kann sie einfach verwirrend sein ...;
2. Eine Vielfalt von Aktivitäten und Erfahrungen ist wichtig, insbesondere durch Eltern, die im Spiel und Gespräch auf ihr Kind eingehen ...;
3. Lernmaterial soll großzügig vorhanden sein;
4. Vorbild ist wirksamer als Erwartungen;
5. Liebe soll bedingungslos gegeben werden (Freeman 1995, S. 30).

Zu warnen ist aber ebenfalls vor zu detaillierten Trainingsprogrammen für Säuglinge wie z. B. bei Lundington-Hoe u. Golant (1985). Für jeden Monat im Leben eines Säuglings wird eine bestimmte Fertigkeit durch eine Vielzahl von Aufgaben und Verhaltensweisen eingeübt mit der Verheißung einer erfolgreichen Zukunft.

Frühe Kindheit
Als frühe Kindheit wird in der Regel die Zeit von ca. 15 Monaten bis drei Jahren bezeichnet. In kaum einem anderen Lebensabschnitt sind Veränderungen so intensiv und so augenfällig. „Endlich ist das Kind ein 'richtiger Mensch' geworden ..." behaupten manche Menschen heute noch, die damit zum Ausdruck bringen, daß erst mit dem Beenden der „sprachlosen Zeit" und des Laufenlernens die Entwicklung beginne. Tatsache ist, daß in diesem Alter weitere und wichtige Entwicklungsschritte stattfinden: Neben dem Sprechen und dem Laufen erlernt das Kind eine zunehmende Kontrolle seiner motorischen Fertigkeiten; es lernt auch, daß ein Gegenstand nicht aufhört zu existieren, wenn man ihn nicht mehr sieht (Objektpermanenz). Das Kind ist zwar von den Erwachsenen abhängig, strebt jedoch immer mehr nach Autonomie und Selbständigkeit – nach Erikson sind dies die Ziele, die in diesem Alter zu erreichen sind.

Welche Informationen über das hochbegabte Kind stehen zur Verfügung? Wie bewältigen sie die „Aufgaben" dieses Lebensabschnittes?

Bei dem von Gesell (1931, S. 169) untersuchten Jungen JK wurde weiterhin eine beschleunigte Entwicklung konstatiert und folgende Veränderungen beschrieben:

16 Monate: sprach gut ein Dutzend Worte;
17 Monate: die Zahl der Wörter hat sich verdoppelt;
18 Monate: auffallende Zunahme des Wortschatzes, Sätze; Motorik und so-
            ziales Verhalten entsprach dem Niveau eines 2jährigen Kindes;
            Anpassungsfähigkeit auf der Höhe von 21 Monaten.

Der Terman-Studie können wir entnehmen, daß die Kinder eine
beschleunigte Entwicklung zeigten: Im Durchschnitt konnten sie
einen Monat früher laufen und sprachen ca. $3^{1}/2$ Monate früher als
die Gleichaltrigen. Eine gute Gesundheit, die sie bereits im ersten
Lebensjahr hatten, blieb weiterhin stabil.

Bei den meisten Studien handelt es sich um querschnittliche Untersuchungen, wie sie z.B. im Buch von Klein u. Tannenbaum dargestellt werden (1992). Ein besseres Verständnis der Hochbegabung
bzw. der Entstehungsbedingungen setzt eine genauere Ermittlung
der in der frühen Kindheit liegenden Erfahrungen, Erlebnisse und
Entwicklungsschritte voraus. Es sind kaum deutschsprachige Untersuchungen vorhanden.

Kindergarten-, Vorschulalter

Das Kindergarten- und Vorschulalter umfaßt etwa die Zeit vom
ca. 3. bis 6. Lebensjahr. Lange Zeit ließ sich eine Überbewertung
dieser Lebensperiode beobachten.

Bekannt wurden die Ergebnisse von Bloom (1964), der angibt,
daß bis zum Alter von fünf Jahren 50%, im Alter von acht Jahren
80% der Intelligenz festgelegt sind. Die Folgerung war, daß die Beeinflussung der Intelligenz im wesentlichen in den ersten acht Jahren erfolgen sollte, etwa durch Intelligenzförderung, Vorschulerzie-
hung usw. Eine solche Förderung erfolgte in allen möglichen Bereichen: Frühlesen, Wahrnehmung usw. (vgl. Schmidt-Denter 1995).
Die Ergebnisse der Förderungswelle wurden sehr unterschiedlich
beurteilt.

Stapf u. Stapf (1988, S. 7) führen nach Durchsicht der Literatur
und auf der Grundlage ihrer Beratungspraxis folgende für Hochbegabte typischen Merkmale auf:

1. Überragende Lern- und Begriffsleistungen sowie hohe Lerngeschwindig-
    keit bei sie interessierenden Aufgaben;
2. selbständiges Lesenlernen zwischen dem 2. und 5. Lebensjahr;
3. sehr elaboriertes (frühes) Sprechen: dabei ist nicht der Zeitpunkt des
    Sprechbeginns wichtig, sondern die enorme Geschwindigkeit, mit der die

Kinder Fortschritte erzielen, wenn sie angefangen haben zu sprechen (z.B. Zwei- oder Drei-Wort-Sätze, relativ komplizierter Satzbau);
4. intensive Beschäftigung mit numerischen, klassifikatorischen, gliedernden und ordnenden Tätigkeiten, ebenso Umgang mit Symbolen und abstrakten Konzepten;
5. überragende Gedächtnisleistungen;
6. hohe Konzentration (Fokussierung) und außergewöhnliches Beharrungsvermögen (Persistenz) bei zumeist selbstgestellten intellektuellen Aufgaben. (Für eine ähnliche Aufstellung vgl. auch Urban, 1992.)

Grundschulalter
Die Mehrzahl der Studien in Deutschland, die sich mit hochbegabten Kindern befassen, setzen ab der 4. Klasse ein.
Ergebnisse aus der Terman-Studie besagen, daß
– die Kinder im Hinblick auf Gesundheitszustand und Körpergröße deutlich über der durchschnittlichen Population lagen,
– die schulischen Leistungen über dem Durchschnitt lagen,
– die Kinder vielseitig interessiert waren, im Alter von ca. neun Jahren kannten sie mehr Spiele als die durchschnittlichen Zwölfjährigen,
– sie in ihrer emotionalen, moralischen und charakterlichen Entwicklung die Gleichaltrigen übertrafen.
Daß Ergebnisse zu hochbegabten Kindern in Deutschland fehlen, ist deshalb so bedauerlich, weil Kinder im Grundschulalter unter den Besuchern der Beratungsstellen überrepräsentiert sind und weil es bei diesen Kinder tatsächlich um echte Probleme geht und weniger um Entscheidungen oder Informationswünsche.

Jugendalter
Die Jugendjahre sind heute noch mit dem Stigma behaftet, eine rebellische, schwierige Zeit zu sein, geprägt u.a. auch durch extreme Gefühlsschwankungen. Im allgemeinen spricht man von „Sturm und Drang"-Zeit. Zwar gibt es immer Ausnahmen, die die Regel bestätigen und sich in deviantem Verhalten, unzureichender sozialer Anpassung u.ä. äußern; die Mehrzahl der Jugendlichen aber bewältigt die Anforderungen dieses Lebensabschnitts relativ problemlos, was durch entwicklungspsychologische Forschungen belegt wird.
Informationen über hochbegabte Jugendliche liegen entweder aus Beratungsstellen vor oder stammen aus Forschungsprojekten, wie etwa bei Heller (1992), Dahme (1981), Mönks u. van Boxtel (1985); oder aber sie beziehen sich auf die Schülerakademien, bei denen es um Schüler mit hervorragender Motivation, sehr guten

Lerngewohnheiten und sehr günstigen Umweltbedingungen geht. Förderprogramme für begabte Schüler mit weniger optimalen Lerngewohnheiten und geringerer Leistungsbereitschaft müssen unter speziellen Gesichtspunkten entwickelt werden. Diese sind bei der Konzeption der Schülerakademien bisher kaum berücksichtigt worden.

Die umfassendsten Ergebnisse über hochbegabte Jugendliche erhalten wir nach wie vor aus der Terman-Studie. Sie zeigt, daß „Termans Kinder" als Gruppe insgesamt

- die Charakteristika, die sie im Grundschulalter zeigten, weitgehend beibehalten haben;
- nicht einseitig intellektuell ausgerichtet sind, sie weisen emotionale Stabilität, gute bis sehr gute soziale Anpassung auf;
- soziale Interessen und Freizeitaktivitäten deutlich über dem Durchschnitt haben;
- im Hinblick auf Geschlechtsidentität kein Unterschied zwischen hochbegabten Jungen und durchschnittlichen Gleichaltrigen besteht; bei Mädchen tritt eine frühere körperliche Reife ein;
- sie in der Einschätzung der Lehrer überdurchschnittliche intellektuelle und motivationale Fähigkeiten aufweisen, ebenfalls bezüglich der körperlichen Entwicklung und der sozialen Fertigkeiten;
- die Jungen häufiger schwankende IQ-Werte kurz vor oder kurz nach der Adoleszenz haben; bei Mädchen hingegen kam es zu einer Erhöhung der IQ-Werte;
- zu einem hohen Prozentsatz (Jungen 90%; Mädchen 80%) zum College gingen und viele von ihnen das Studium abgeschlossen haben, wobei zu bedenken ist, daß zum Untersuchungszeitpunkt der College-Besuch noch die große Ausnahme war.

Neuere Informationen über das Jugendalter von Hochbegabten bringen Csikszentmihalyi et al. (1993). Sie fanden heraus, daß hochbegabte Jugendliche sich von durchschnittlich Begabten in folgenden Merkmalen unterscheiden: Ausdauer, Offenheit für neue Erfahrungen, Bereitschaft, sich mit einem Thema bis zur Erschöpfung auseinanderzusetzen (Flow-Erlebnis).

Bei musikalisch begabten Kindern wird von Bamberger (1982) über die Anzeichen einer *mid-life crisis* während der Adoleszenz berichtet: eine Zeit, in der sie zunehmend mehr reflexiv werden und daher die Leichtigkeit des kindlichen Spiels verlieren, was zur Aufgabe der Beschäftigung mit der Musik führen kann. Ähnliches berichtet Schenk-Danzinger bereits 1959 (S. 381). Sie vermutet, daß das Nachlassen der Leistungen im Jugendalter nicht an einem Begabungsschwund liegt, sondern daran, daß die Motivation zu besonderen Leistungen bis zu dem Zeitpunkt ausschließlich auf der Identifikation mit den Eltern beruht. Mit der Loslösung von den Eltern sind die „Antriebskräfte" dann erschöpft.

Zwar beziehen sich die Informationen aus den ›Berkeley Longitudinal Studies‹ (University of California, Berkeley) nicht auf Hochbegabung, jedoch sind einige der Ergebnisse von besonderem Interesse. Die Untersuchung begann im Jahr 1928; 500 Kinder, die im Jahr 1920 geboren waren, haben an der Untersuchung teilgenommen, davon 300 rund 50 Jahre lang. Clausen (1993) meint, daß die unterscheidenden Merkmale in der Einschätzung von einem „erfüllten Leben" (charakterisiert durch Erfolg, Zufriedenheit und Gesundheit) sind vorausschauende Kompetenz (Planful Competence) in der späteren Adoleszenz, Selbstvertrauen, Ausdauer und die Bereitschaft, sich mit herausfordernden Tätigkeiten auseinanderzusetzen. Diese Kompetenz äußert sich u.a. in der Fähigkeit, eine genaue Einschätzung der eigenen Fähigkeiten sowie der der anderen vorzunehmen, in Kenntnissen über vorhandene Möglichkeiten und vor allem in Selbstdisziplin, um eigene, selbstgestellte Ziele zu verfolgen. Bei den Teilnehmern, die ihr Leben als „erfüllt" betrachten, läßt sich häufiger intellektuelle Neugier und Verantwortung beim Eintritt in das Erwachsenenalter beobachten.

Der Unterschied zwischen hochbegabten Jugendlichen einerseits, die in eine Beratungsstelle kommen und nicht sehr erfolgreich sind, und hochbegabten Jugendlichen andererseits, die erfolgreich an einem „Projekt" teilnehmen, scheint vor allem in der „Qualität der Freizeit" zu liegen. Letztere zeichnen sich durch das Merkmal aus, das wir als 'konstruktive Freizeit' bezeichnen. Konstruktive Freizeit wird u.a. dadurch charakterisiert, daß sie organisiert, strukturiert und anspruchsvoll ist.

Erwachsenenalter
Das Erwachsenenalter kann in zwei Phasen aufgeteilt werden:
- *frühes Erwachsenenalter* (Eintritt in das Berufsleben, soziale Aspekte, z.B. Beziehungen, Partnerschaft, Gründung einer Familie, soziale Verantwortung) und
- *Erwachsenenalter* (Anpassen an körperliche und physiologische Veränderungen, volle soziale und gesellschaftliche Verantwortung, Beruf und Sicherung des Lebensstandards).
Im fünften Band der Terman-Studie (1959) kam es zu einem Vergleich der erfolgreichsten Männer der Gruppe mit den am we-

nigsten erfolgreichen. Es zeigte sich u. a., daß die erfolgreichsten
Männer breitere und vielfältigere Interessen hatten, daß sie deutlich mehr Bücher besaßen, mehr Sammlungen angelegt hatten, daß
sie lieber zur Schule gegangen waren. Übrigens haben 95 % der ursprünglichen Gruppe weiterhin an der Untersuchung teilgenommen.

Untersuchungen konzentrieren sich meistens auf die sog. erfolgreichen Hochbegabten. Ein Gebiet bezieht sich auf Arbeit und Freizeit: Die meisten amerikanischen Studien zum Verhältnis von Arbeit und Freizeit zeigen im allgemeinen eine „Intellektualität der
Freizeitbeschäftigungen" auf, Zufriedenheit mit der Freizeit bei Personen mit wenig restriktiven, d. h. mit komplexen, anspruchsvollen
und autonomen Arbeitstätigkeiten; Aspekte der Arbeit werden auf
die Freizeit übertragen.

Daß die Qualifikation der Arbeitstätigkeit mit Intelligenz korreliert, ist längst bekannt (vgl. Trost 1995). Trost stellt auch in der Untersuchung › Analyse des Werdegangs besonders erfolgreicher Erwachsener‹ (1995, S. 113) deutliche Unterschiede zwischen Erfolgreichen und Nichterfolgreichen fest. Diese Unterschiede werden
bereits *im Jugendalter* in folgenden Bereichen festgestellt:
1. kognitive Merkmale, denen die größte Bedeutung für die Pro-
   gnose des späteren Berufserfolgs zukommt,
2. ausgeprägtes Interesse für Naturwissenschaft und Mathematik,
   hohe Leistungsmotivation, Suche nach intellektueller Herausforderung.

In bezug auf *das Elternhaus* zeigen sich folgende Merkmale:
1. höhere Bildungsabschlüsse der Eltern der erfolgreichen Gruppe,
2. vor allem die aktive Unterstützung der Entwicklung der Fähigkeiten der Kinder,
3. hohe Wertschätzung für die intellektuellen Aktivitäten und Leistungen ihrer Kinder.

Viele Erwachsene haben z. T. nicht die Möglichkeit gehabt, einen
Beruf auszuüben, der ihnen Spaß macht bzw. herausfordernd ist.
Andere haben z. B. erst gar nicht die Möglichkeit erhalten, den ge-
wünschten Beruf zu erlernen.

Späteres Erwachsenenalter
Diese Zeit bringt eine drastische Neuorientierung mit sich durch
das Ende der formellen Berufstätigkeit mit Einschränkungen in ma-
terieller Hinsicht, die auch eine Einschränkung in der Lebensqua-
lität und möglicher Aktivitäten bedeuten kann.

Zwei Theorien haben lange eine bedeutende Rolle gespielt, die Disengagement- und die Aktivitätstheorie. Nach der Disengagement-Theorie gehört es zu einem Altern in Zufriedenheit, daß der ältere Mensch sich aus vielen früheren Bindungen löst, daß aber auch die Gesellschaft die Bindungen vor allem nach Abschluß des Berufslebens einschränkt. Die Aktivitätstheorie hingegen besagt, daß nur kontinuierliche Aktivität zu Zufriedenheit und Glück im Alter führt. Lehr meint, daß die gesamte Lebenssituation – biographische und soziale Momente – im Hinblick auf Persönlichkeitsveränderungen von wesentlicherem Einfluß zu sein scheint als das kalendarische Alter. Das Alter als einziger und unabhängiger Faktor kann aufgrund der bisherigen Ergebnisse zurückgewiesen werden.

Eine wichtige Frage ist die der Intelligenzentwicklung im Alter. Von Cattell wurde die Unterscheidung zwischen *fluider* und *kristallisierter* Intelligenz vorgenommen. Man geht von einer Abnahme der fluiden Intelligenz im Alter aus („insbesondere die Geschwindigkeit der Aufnahme und Verarbeitung von Informationen"; Montada 1995, S. 14), während die kristallisierte Intelligenz gleich bleibt, „die das Erfahrungswissen, die kulturellen Wissensbestände, allgemeines Wissen über Problemlösungsstrategien und Gedächtnisstrategien" repräsentiert.

Termans Untersuchungspersonen haben diesen Lebensabschnitt offensichtlich weitgehend problemlos gemeistert; im Vergleich zur durchschnittlichen Population zeigen sie ein hohes Maß an Energie: Sie lesen mehr, verreisen sehr oft, beteiligen sich an körperlichen, physischen Aktivitäten, und sie engagieren sich sehr für das Gemeinwohl.

Entwicklungsverläufe Hochbegabter

Hochbegabte werden als Gruppe durch typische Merkmale charakterisiert: Sie haben ein ausgeprägtes logisches Denken, eine schnelle Auffassungsgabe, hervorragendes Gedächtnis usw. Doch wenn es darum geht, sich über Entwicklungsverläufe Hochbegabter zu verständigen, dann läßt sich kaum ein Konsens feststellen. Die Meinungen schwanken – wie bereits erwähnt – von einer vollständigen Problematisierung bis hin zu einer „Verklärung".

Einer der ersten Versuche, den Entwicklungsverlauf Hochbegabter zu erklären, war die sog. *Disharmonie-Hypothese* (auch *Divergenz-Hypothese* genannt), die gegen Ende des 19. Jahrhunderts ihren Höhepunkt erreichte und deren Inhalt sich in der einprägsamen Formel „ein genialer Mensch = ein verrücktes Genie" bzw. „Genie und Irrsinn" fassen läßt. Nach dieser Auffassung entwickeln sich Hochbegabte zu einer gestörten, krankhaften und neurotischen Persönlichkeit, wobei alle möglichen Abweichungen – von Linkshändigkeit bis hin zur Unfruchtbarkeit – als Entwicklungsstörungen betrachtet wurden.

Einen weiteren Erklärungsversuch stellt die *Harmonie-Hypothese* (oder *Konvergenz-Hypothese*) dar. Die Entwicklung Hochbegabter wird hier nicht nur durch einen Vorsprung gekennzeichnet, sondern auch dadurch, daß sie mit einer Vielzahl von positiven Merkmalen und Eigenschaften einhergeht, und zwar in physischer, emotionaler, sozialer und ebenfalls in moralischer Hinsicht. Es wird allgemein akzeptiert, daß Terman mit seiner Studie den Beweis für eine solche Annahme antreten wollte. Zwar war er fest davon überzeugt, daß die Entwicklung Hochbegabter weder mit Anomalien noch mit irgendwelcher Art von Störungen zusammenhängt, verfolgte jedoch primär das Ziel, die Entwicklung hochbegabter Kinder zu begleiten, um herauszufinden, was für Erwachsene sie werden bzw. welche Leistungen sie erbringen würden (vgl. Seagoe 1975).

Beide Hypothesen – obwohl sie gegensätzliche Stellungen im Hinblick auf die Richtung der Entwicklung beziehen – sind im Grunde einander ähnlich; sie setzen voraus, daß Hochbegabung ausschließlich ein biologisch determiniertes Merkmal ist, dessen Entwicklung beständig und geradlinig verläuft. Abgesehen von der Nachwirkung, die diese Hypothesen auf populäre Meinungen über Hochbegabung heute noch ausüben, gehören sie beide längst zur Geschichte. Zu erwähnen ist die *Harmonie-Hypothese* hauptsächlich deswegen, da sie doch zu den wissenschaftlichen Anfängen der Begabungsforschung zählt.

Vor rund zwanzig Jahren prägte der Franzose Terrassier (1982) das Konzept der *Asynchronien*, wonach eine Diskrepanz zwischen den kognitiven, sozial-emotionalen und motorischen Entwicklungsdimensionen zu beobachten ist. Da die Entwicklung der nicht-kognitiven Bereiche nicht mit der gleichen Geschwindigkeit wie die der kognitiven Entwicklung erfolgt, bedeutet dies eine erhöhte Störanfälligkeit im Entwicklungsverlauf Hochbegabter. Die Hypothese von *Asynchronien* zwischen kognitiver und sozial-emotionaler Entwicklung ist heute weit verbreitet, wenngleich empirische Belege dafür fehlen. Stapf u. Stapf (1988, S. 12) weisen auf die Befunde zur psychosozialen Entwicklung Hochbegabter hin und gehen insgesamt von einer *intra*individuell synchronen Entwicklung aus, das heißt, der psychosoziale Entwicklungsstand entspricht eher dem

Intelligenzalter als dem Lebensalter. Jedoch bemerken Stapf u. Stapf (S. 13), daß in vielen Persönlichkeitsbereichen eine „auffällige" *inter*individuelle Asynchronie zu beobachten ist, wenn man „die Entwicklung Hochbegabter mit der von Gleichaltrigen" vergleicht.

Über den Verlauf der kognitiven Entwicklung Hochbegabter gibt es eine Reihe von Untersuchungen, auf deren Darstellung wir hier leider verzichten müssen. Allen gemeinsam ist hauptsächlich die Auseinandersetzung mit der Frage, ob es sich bei der kognitiven Entwicklung Hochbegabter um qualitative oder quantitative Unterschiede zu den durchschnittlich Begabten handelt, sei es bei dem Durchlaufen von Stufen/Stadien, bei einer Differenzierung der Intelligenzstruktur oder bei Lern-, Denk- sowie Informationsverarbeitungsprozessen. Stapf u. Stapf (1988, S. 11) stellen hierzu zusammenfassend fest:

> Nach unserer Auffassung ist bei kritischer Sicht aller Befunde für Hochbegabte nicht einfach eine beschleunigte Entwicklung kennzeichnend, also Frühreife gegeben, sondern hochbegabte Kinder operieren von Geburt an auf einem höheren, qualitativ anderen Niveau.

Heller u. Hany (1996, S. 477) meinen dazu, daß „*quantitative* Begabungsunterschiede – z. B. Entwicklungsdifferenzen im Denken zwischen (durchschnittlich) Begabten und Hochbegabten – bisher eindeutiger belegt werden konnten als *qualitative*" (Hervorhebungen im Original).

Bei den bisherigen Erklärungsversuchen wird deutlich, daß Entwicklungsverläufe Hochbegabter hauptsächlich im Vergleich zu denen von durchschnittlich Begabten beschrieben wurden. Darauf, daß innerhalb der Hochbegabten-Gruppe selbst unterschiedliche Entwicklungsverläufe festzustellen sind, hat Terman bereits in den 50er Jahren hingewiesen.

Feger (1988a, S. 39ff.) unterscheidet anhand von Fallbeispielen und Biographien drei „typische Lebensläufe" Hochbegabter anstelle der üblichen zwei (erfolgreich/wenig erfolgreich). Diese sind:

- *Menschen, denen immer alles geschenkt worden ist:* Es handelt sich hier um die Hochbegabten, die mit günstigen und herausfordernden Umweltbedingungen aufgewachsen sind. Außerdem hatten sie das „Glück", auf Personen zu treffen, die für sie wichtig waren und ihre Interessen in besonderem Maße unterstützten. Beispiele: Goethe, Norbert Wiener.
- *Begabte, die sich gegen widrige Umstände durchgesetzt haben:* Hierzu zählen die Hochbegabten, die die eigene Begabung eher durch einen „glücklichen Zufall" entdeckt haben. Eine konsequente Förderung ist für längere Zeit ausgeblieben, erfolgte sel-

ten oder setzte erst spät ein. Beispiele: Albert Einstein, Anna Mary Robertson Moses.
- *Begabte, die nie eine Chance hatten:* Hierher gehören die Hochbegabten, die nicht als solche erkannt bzw. daran gehindert wurden, ihre Fähigkeiten weiter zu entdecken, wie das Mädchen Fatme B., deren Eltern ihre Begabung nicht akzeptieren wollten. Weitere Beispiele sind besonders häufig in der Gruppe der Benachteiligten zu finden. Chico (s. u. S. 137 f.) hat Glück gehabt; unter seinen Freunden gibt es mit Sicherheit solche, die nicht einmal als Begabte erkannt wurden und so nie eine Chance erhalten haben.

Eine ähnliche Gruppierung nimmt Winner (1996, S. 278 ff.) ebenfalls aufgrund einer Literaturanalyse vor. Sie unterscheidet:
- *Hochbegabte Kinder, die ihre Talente nicht entfalten:* Es sind die Hochbegabten, die ihr Interesse verloren haben, nicht gefordert wurden oder sich aufgrund eines extremen Drucks ehrgeiziger Eltern „ausgebrannt fühlten" (*burn out*) und alles aufgaben.
- *Hochbegabte, die zum Experten werden:* Es sind diejenigen, die 'nur' hervorragende, aber keine außergewöhnlichen Leistungen in einem gesellschaftlich anerkannten Tätigkeitsbereich erbrachten. Beispiel: die meisten der „Terman-Kinder".
- *Außergewöhnlich kreative Erwachsene:* Es sind diejenigen, die nicht nur Außergewöhnliches leisteten, sondern auch die Kultur revolutionierten bzw. Innovationen herbeiführten. Beispiele: Mozart, Picasso.
- *Spätentwickler:* Hierzu zählen die Hochbegabten, die als Kind in ihrem Verhalten nicht aufgefallen waren, jedoch im frühen Erwachsenenalter ein Interessensgebiet entdeckten und in diesem Herausragendes leisteten. Beispiele: Darwin, Bruckner.

Zu den eben dargestellten Entwicklungsverläufen Hochbegabter möchten wir noch bemerken: Hochbegabte bilden keine homogene Gruppe, es ist daher schwierig, über eine „typische" Entwicklung Hochbegabter zu sprechen. Auch wenn solche „Typisierungen" helfen können, besondere Bedürfnisse zu ermitteln, besondere Varianten der Unterstützungen festzulegen, muß man doch ihre Grenzen erkennen. So weist Feger (1988 a) selbst darauf hin, daß sich eine Vielzahl von weiteren Formen von „Lebensläufen" Hochbegabter in ein und derselben Gruppierung finden läßt. Ähnlich wie Clausen (1993) möchten wir in diesem Zusammenhang anmerken, daß kein Satz von Merkmalen und keine Theorie über Entwicklung die Vielfalt individueller Entwicklungsverläufe ausreichend erklären können. Statt allgemeine Aussagen über den Verlauf von Entwicklungsprozessen zu machen, versucht man heute, die Bedingungen verschiedener Entwicklungsformen zu erkunden.

Wichtige Faktoren für die Entwicklung von Begabungen

Hochbegabung ist keine „Einzahlung auf einen schon bestehenden Fond", meinte Gesell (1931, S.358), den wir bereits zitiert haben. Auch eine identifizierte und geforderte Hochbegabung ist keine Garantie auf Lebenserfolg. Termans Untersuchung hat vor allem gezeigt, daß eine hohe Intelligenz nicht ausreichend ist; auch nicht-intellektuelle Faktoren und Umweltbedingungen spielen hierbei eine wichtige Rolle. Die Begabungsforschung, deren Hauptanliegen über längere Zeit hinweg eine frühe und zuverlässige Identifikation Hochbegabter war, hat sich entsprechend neuorientiert. Sie konzentriert sich heute verstärkt darauf, die ausschlaggebenden Faktoren und Bedingungen herauszustellen, die zur vollen Entfaltung einer Hochbegabung beitragen.

In der Literatur wird über eine Reihe von hemmenden und fördernden Entwicklungsfaktoren berichtet. Im folgenden führen wir die Befunde von Bloom (1985), Simonton (1997) und Feldman (1997) auf, die im Grunde die Faktoren darstellen, die am häufigsten zitiert werden.

Bei der Untersuchung von Bloom und Mitarbeitern (1985) geht es um 120 junge Männer und Frauen, die den Höhepunkt ihrer besonderen Leistungen erreicht haben. Sie kamen aus den verschiedenen Talentbereichen, es waren aber vor allem Schwimmer, Tennisspieler, Pianisten, Bildhauer, Mathematiker und Neurologen in Forschungsbereichen. Besondere Leistungen konnten bei Mathematikern und Neurologen z.B. nicht während der frühen Kindheit beobachtet werden, auch wenn sie intelligent und wißbegierig waren. In der Bildhauerei traten sie erst nach dem Eintritt ins College in Erscheinung. Athleten und Musiker fielen dagegen sehr früh auf. Die fördernden Merkmale der Umwelt wurden allgemein beschrieben als liebevoll, warm, spielerisch fördernd und herausfordernd während der ersten Jahre; familiäre Aktivitäten bzw. Freizeit waren ebenfalls in der gleichen Richtung orientiert. Eine gezielte Förderung (durch Experten) erfolgte erst ab der Grundschulzeit.

Simonton (1997, S.25) spricht von Entwicklungsfaktoren und nennt fünf, die immer wieder in der Geschichte von genialen Menschen vorkommen, von denen wir hier drei nennen wollen:

1. *Stellung in der Geschwisterreihe* (Hochbegabte sind in der Regel erstgeborene Kinder),
2. *Rollenvorbilder* (bedeutende Menschen hatten oft schon sehr früh in ihrer Kindheit Zugang zu Personen, die als Rollenvorbilder auf dem speziellen Gebiet dienten, auf dem sie schließlich Berühmtheit erlangten),
3. *Erwerb von Fachkenntnissen* (geniale Menschen benötigen normalerweise in ihrem Fach gut zehn Jahre des Lernens und Übens, ehe man von ihnen einen wirklich eigenständigen Beitrag erwarten kann).

Feldman (1997, S. 41 ff.) listet zehn Charakteristika auf, die häufig bei Wunderkindern vorkommen. Diese hat er anhand seiner 1986 unter dem Titel ›Nature's Gambit‹ veröffentlichten Untersuchung festgestellt. Die Charakteristika im einzelnen:

1. *Familiengeschichte:* Häufungen von Interessen auf demselben Gebiet zeigen sich in der Familiengeschichte. „Die Ahnenreihe der meisten Wunderkinder ist in dem Bereich ihrer spezifischen Begabung oder in verwandten Bereichen vergleichsweise länger, weiter verzweigt und tiefergehend."

2. *Besondere Begabungen:* „Obgleich Wunderkinder außerordentlich begabt sind, konzentrieren sich ihre Begabungen in der Regel auf ein umschriebenes Gebiet, sie sind zwar intelligent, aber sie sind nicht notwendigerweise mit überragendem IQ ausgestattet."

3. *Erstgeborene Söhne:* „Die Tradition ist männlich und vor allem eine Tradition erstgeborener Söhne."

4. *Ausreichende Mittel:* „Es gibt viel mehr potentielle Wunderkinder als tatsächliche Wunderkinder; der Grund dafür ist, ..., daß entweder die Mittel fehlen, um ein Talent zu fördern, oder der Wille fehlt, vorhandene Mittel dafür einzusetzen. Mit aller Sicherheit darf angenommen werden, daß in allen ethnischen Gruppen, sozialen Klassen und in allen Kulturen Talente vorkommen. ... Wenige Menschen sind sich dessen bewußt, daß mindestens zehn Jahre notwendig sind, um ein vielversprechendes Talent zur Entfaltung zu bringen (Aussage auch bei Hayes 1981, Gardner 1991). Viele Eltern sind willens, sich für die Förderung der Talente ihrer Kinder ein oder zwei Jahre lang einzusetzen, aber es bedarf schon ganz besonderer Eltern, die lange genug am Ball bleiben, bis sich in der Adoleszenz oder im Erwachsenenalter herausstellt, ob in Erfüllung geht, was im Kindesalter so vielversprechend begann."

5. *Zielstrebigkeit:* „Ausgeprägter Wunsch, auf dem Gebiet, das sie beschäftigt, der Beste zu sein. Mischung aus Leidenschaft für das je-

weilige Fach und die Herausforderung, die es bietet, gepaart mit einem Eifer, der keine Kompromisse duldet."

6. *Vertrauen in die eigenen Fähigkeiten:* „Gefühl für die Durchschlagkraft der eigenen Fähigkeiten. Schon im Alter von 3 Jahren vorhanden. Solches Verhalten wird oft als Überheblichkeit fehlinterpretiert, es handelt sich dabei aber weniger um Arroganz, als um ein Vertrauen in etwas, das real und echt ist."

7. *„Midlife-Crisis" während der Adoleszenz:* Irgendwann geraten Hochbegabte in eine Krise, wie Bamberger (1982) in ihrer Untersuchung über den Werdegang bei Musikern festgestellt hat. „Diese scheint Ausdruck sowohl innerer wie äußerer Veränderungen zu sein und hat damit zu tun, daß die Kinder verstehen lernen, was in ihnen selbst vorgeht und merken, daß sie bald ihr Leben wie Erwachsene werden meistern müssen."

8. *Eine Zeitspanne von zehn oder mehr Jahren für die Entwicklung der Begabung:* Der Glaube, Wunderkinder kämen mit voll entwickeltem Talent zur Welt und bedürften keines Unterrichts zu dessen Entfaltung, ist falsch. „Die Bedeutung des Lehrers und Erziehers ist enorm wichtig. Ohne andauernde und koordinierte Fürsorge und Aufmerksamkeit werden sich die Fähigkeiten eines Wunderkindes fast mit Sicherheit nicht voll entfalten."

9. *Das Genie erweckt Feindseligkeit und Zwiespältigkeit:* „… in seiner Umgebung werden so viele negative Reaktionen ausgelöst wie positive, oft sogar mehr negative als positive."

10. *Eine Mischung aus Kind und Erwachsenem:* „Bei vielen Wunderkindern geht die ausschließliche Konzentration auf die Entwicklung des Talents einher mit einer allzu behütenden Umgebung. … Die meisten Wunderkinder sind Einbereichswesen, hochdifferenziert in ihrem jeweiligen Spezialgebiet, im übrigen aber ziemlich durchschnittlich. Diese Diskrepanz zwischen ausgeprägter Frühreife, sogar anscheinend wirklicher Reife in Musik, Kunst, Tanz oder Mathematik, und einer normalen oder sogar verzögerten Entwicklung auf anderen Gebieten ließ den Eindruck von Wunderkindern als einem Gemisch aus Kindern und Erwachsenen entstehen."

Resümee

Erfolgt ist eine allgemeine Orientierung auf den gesamten Lebenslauf statt der einseitigen Betrachtung von altersspezifischen Bereichen. Dies zeigt vor allem die Notwendigkeit, Entwicklung in ihren Kontexten zu betrachten und zugleich die Notwendigkeit von mehr längsschnittlichen Untersuchungen.

Entwicklung kann nur als „Ganzes" in bezug auf den Lebenslauf betrachtet werden; frühe Kompetenzen und Erfahrungen eines Menschen finden oft ihren Ausdruck während der gesamten Lebensspanne. Wichtig im vorliegenden Kontext ist es, auch das Erwachsenenalter und das spätere Erwachsenenalter bei Begabungsfragen mit einzubeziehen.

Wichtig ist auch die Frage, wie Kompetenz entsteht. Es handelt sich um ein Geflecht von „konstitutionellen" Merkmalen, elterlicher Anleitung und Führung, sozialem Kontakt – und hier ist die Rolle der Schule besonders wichtig.

Weiterführende Literatur

Deutschsprachige Veröffentlichungen, die sich mit dem Thema 'Entwicklung' und 'Hochbegabung' befassen, nehmen in den letzten Jahren ständig zu, allerdings ist ihre Anzahl noch relativ gering. Bei Heller (1992) und Rost (1993) werden die Ergebnisse ihrer Untersuchungen dargestellt; es handelt sich hier um die einzigen längsschnittlichen Hochbegabtenstudien in Deutschland. Trost u. Sieglen (1992) befassen sich mit biographischen Frühindikatoren herausragender beruflicher Leistungen. Oerter (1992) äußert sich über die Entwicklung von Hochbegabten aus ökologischen Perspektiven. Bei Weinert u. Helmke (1997) geht es zwar nicht ausschließlich um Hochbegabte, doch wir haben es mit der neuesten und umfassendsten Längsschnittstudie zur Entwicklung von Grundschulkindern zu tun. Allgemeine Fragestellungen der Entwicklungspsychologie – bezogen auf die Identifikation von Hochbegabten in der frühen Kindheit – behandelt Horowitz (1992). Über Hochbegabung aus einer entwicklungspsychologischen Perspektive schreiben Piirto (1994) und Horowitz u. O'Brien (1985). Aus dem Buch von Sternberg u. Davidson (1986) sei hier insbesondere auf die Beiträge von Gruber, Csikszentmihalyi u. Robinson, Feldman, Walters u. Gardner und Albert u. Runco hingewiesen, die Hochbegabung anhand unterschiedlicher entwicklungspsychologischer Perspektiven darstellen. Das von Subotnik u. Arnold (1993) herausgegebene Buch gibt eine Übersicht über die Längsschnitt-Studie zur Hochbegabung, die gegenwärtig weltweit durchgeführt werden.

Hochbegabung und Beratung

Die Beratung Hochbegabter unterscheidet sich in ihrem Kern nicht von der Beratung anderer Studenten, aber sie unterscheidet sich doch in ihren Anforderungen an den Berater.

J. W. Rothney u. N. E. Koopman 1958, S. 348

Als die Mitglieder meiner Hochbegabtengruppe vor dreißig Jahren in der Oberstufe (High School) oder in der Hochschule (College) waren, wurden sie wenig beraten; was sie erhielten, war in der Regel unzulänglich. Seitdem ist das Beratungsangebot besser geworden, aber in Quantität und Qualität ist es noch weit davon entfernt, hinreichend zu sein. Tatsache ist, daß Beratung ein notwendiges Muß für die Ermutigung von Talenten auf *allen* Ebenen ist.

L. M. Terman 1958, S. 19

Einleitung

Die Situation in der Hochbegabtenberatung hat sich seit der Einrichtung der ersten speziellen Beratungsstelle in Deutschland im Jahre 1984 deutlich verändert. Weitere Beratungsstellen in öffentlicher und auch in privater Trägerschaft wurden eröffnet, Modellversuche wurden durchgeführt, reguläre Beratungsstellen beschäftigen sich ebenfalls schwerpunktmäßig mit Begabungsfragen, die Anzahl der Veröffentlichungen zur Hochbegabtenberatung hat zugenommen usw. Weitgehend unverändert blieben jedoch die Meinungen über die Notwendigkeit der Beratung Hochbegabter, die nach wie vor sehr gespalten sind. Die Diskussion über einen spezifischen Beratungsbedarf kreist hauptsächlich um soziale und emotionale Schwierigkeiten Hochbegabter, Probleme und Störungen werden dabei besonders betont.

Auf der einen Seite gibt es immer noch diejenigen, die grundsätzlich eine sozial-emotionale Unauffälligkeit bei Hochbegabten voraussetzen. Sie gehen davon aus, daß Hochbegabte – entsprechend der Harmonie-Hypothese – glücklicher, erfolgreicher und gesunder

sind. Auf der anderen Seite pochen einige auf das Bild des im hohen
Maße gefährdeten hochbegabten Kindes, das psychologische Beratung unbedingt nötig hat, um es vor den Gefahren eines Schulver-
sagens bzw. einer Fehlentwicklung zu bewahren. Zu diesen beiden
Positionen hat sich mittlerweile eine weitere gesellt: Sie wird von
denjenigen vertreten, die unter Berufung auf nicht genannte Experten davon ausgehen, daß 50% (!) der hochbegabten Schüler in
Deutschland an schulischen, psychischen und sozialen Schwierigkeiten leiden, weil sie nicht erkannt und daher nicht gefördert werden.
Demnach hat mindestens die Hälfte aller hochbegabten Schüler
eine Beratung besonders nötig, wozu offensichtlich noch diejenigen
kommen, die Hilfe bei Entscheidungen brauchen.

In diesem Kapitel werden wir uns mit diesen sehr unterschiedlichen Meinungen auseinandersetzen. Denn in der Beratungsstelle
können wir in der Tat Hochbegabte beobachten, die ständig Probleme haben. Es gibt aber auch solche, die situationsbedingt ab und zu
Probleme haben, und schließlich noch diejenigen, die keine Probleme haben.

Warum Beratung?

Hochbegabte stellen ihre familiäre und soziale Umwelt aufgrund
ihrer ungewöhnlichen Interessen, ihres Lerntempos, ihrer hartnäcki-
gen Neugier, ihres hervorragenden Gedächtnisses usw. vor eine
Herausforderung, die mit Freude verbunden ist, aber auch als Bela-
stung empfunden werden kann. So möchten wir mit einer Fallbeschreibung aus unserer Beratungspraxis beginnen:

Luca war 9 Jahre alt, als seine Eltern vor ca. zehn Jahren (1987) die
Beratungsstelle aufsuchten. Eigentlich hatten sie selbst keine Probleme mit dem Kind, dem ältesten ihrer beiden Söhne. Freunde waren
es, die die Eltern regelrecht dazu gedrängt hatten, „sich doch mal
Klarheit zu verschaffen". Etwas Sorgen bereiteten ihnen die „letzten
Ereignisse in der Schule". Disziplinarische Probleme und Kompe-
tenzreibereien, die seit Schulbeginn vorhanden waren, schienen im
letzten Halbjahr eine eigene Dynamik entwickelt und drastisch zugenommen zu haben. Da das 4. Schuljahr bald zu Ende ging und ein
Schulwechsel sowieso bevorstand, wollten die Eltern den „Neube-
ginn" abwarten. Leistungsmäßig gehörte Luca zu den Klassenbesten
und hatte daher die Empfehlung bekommen, ein altsprachliches
Gymnasium zu besuchen. „Mit Griechisch und Latein wird er endlich
klein beigeben müssen", so die Lehrerin zu den Eltern.

Lucas Entwicklung war – nach dem Bericht der Eltern – sehr auffällig, „er war so, als ob er es immer eilig hätte": Er lief ziemlich früh, mit 11 Monaten machte er die ersten Schritte. Mit 12 Monaten bildete er bereits kleine Sätze, danach „entdeckte er die Sprache und versuchte, mit dieser immer aufs Neue zu experimentieren". Auch als er in die Beratungsstelle kam, galt seine Vorliebe den Sprachen. Er schrieb viele Geschichten und Gedichte; Englisch lernte er aus eigenen Antrieb, dafür hatte er sich extra einen Sprachkurs auf Tonbändern gewünscht, den er auch von den Großeltern bekommen hatte. Lesen und Schreiben lernte er vor seiner (vorzeitigen) Einschulung. Die Eltern konnten sich das nicht erklären, denn Luca hatte keinen Kindergarten besucht, unterrichtet hatte ihn niemand. Sie waren doch sehr überrascht, als Luca dem Vater plötzlich die Fußballmeldungen aus der Zeitung vorlas. Rechnen konnte und kann er zwar gut, er hatte sich aber nie sonderlich dafür interessiert.

Zu Hause ist Luca ein „sehr lebhaftes, aber kein unruhiges, unordentliches Kind". Er spielt gern mit Freunden und ist in der Nachbarschaft – bei Kindern und auch Erwachsenen – sehr beliebt. Mit dem jüngeren Bruder versteht er sich gut. Die Eltern vermuten, daß das gute Verhältnis dadurch zu erklären ist, daß sie entgegengesetzte Interessen haben – der Bruder hat eine starke Vorliebe für Mathematik. Das Familienleben wird von den Eltern als ausgeglichen beschrieben. Beide Elternteile unternehmen viel mit den Kindern (Kinderkonzerte, Sternebeobachtung usw.) und haben große Freude daran. Sie meinen, sie tun das gerne, beide Kinder sind „so sehr Wunschkinder, sie kamen unverhofft nach einer langjährigen Ehe". Lucas Lieblingsbeschäftigungen sind zum einen das Klavierspiel, das er zunächst bei der Mutter gelernt hat, doch wenig später mußte er von einem Musikpädagogen unterrichtet werden. „Er machte zu schnelle Fortschritte", so die Mutter. Das Komponieren gehört ebenfalls dazu: Einige Menuette hat er bereits komponiert – „in Anlehnung an einige Stücke von Leopold Mozart", so das Kind. Zum anderen spielt er leidenschaftlich gern Schach. „Er spielt sehr gut, und es ist nur eine Frage der Zeit, bis er mich schlägt", so meint der Vater. Wie fühlen sich die Eltern dabei?

In der Schule hat Luca die besten Noten, doch zum Glück wird das Betragen nicht benotet. Die Kommentare auf seinen Zeugnissen sprechen für sich und sehen durchgängig folgendermaßen aus:

„Luca muß lernen, Rücksicht auf seine Mitschüler zu nehmen."

„Den Unterricht bereicherte Luca durch seine differenzierten

Beiträge. Er muß aber lernen, sein umfangreiches Wissen zu zügeln, um so anderen Schülern eine Chance zu geben."

„Es fällt Luca schwer, mit der Lösung eines Problems abzuwarten; er verkündet der Klasse die Lösung unmittelbar nach der Aufgabenstellung."

Im Elterngespräch hat die Lehrerin das „rücksichtslose, unordentliche und unruhige Verhalten" von Luca bemängelt und darauf hingewiesen, daß „Wissen allein nicht sehr viel hilft. Er sollte lieber lernen, sich anzupassen und bescheiden mit seinem enzyklopädischen Wissen zu sein." Ende der 4. Klasse verbrachte Luca die Stunde häufiger auf dem Schulhof. Diese Maßnahme sei notwendig – so die Begründung der Lehrerin –, da er die Gestaltung des Unterrichts durcheinander bringe und häufiger als in den ersten beiden Jahren ständig störe. Daß er aus der Klasse verwiesen wird, erklärt Luca damit, „er habe einige Vorschläge für die Verbesserung des Unterrichts gegeben, was der Lehrerin natürlich nicht gefallen hat; außerdem könne er auch nicht ewig warten, bis die anderen mit den Aufgaben fertig waren." Doch wie fühlt sich die Lehrerin in einer heterogenen Klasse von 22 Schülern?

Wie fühlt sich Luca dabei, der sich ständig zurücknehmen muß?

In der Beratungsstelle ging Luca interessiert, zielstrebig und überlegt auf die Tests ein. Er arbeitete sehr konzentriert und ausdauernd mit. Im Kontakt mit der Psychologin zeigte er sich aufgeschlossen. Auf die Frage nach seinen Hobbys gab Luca zunächst vorsichtig und erkundend an, daß er gerne Musik höre, allerdings klassische Musik. Durch die anschließende Frage nach den Lieblingskomponisten fühlte er sich offensichtlich ermuntert und antwortete sehr ausführlich: „Bach, aber nicht der Karl Philipp Emanuel, der Kantor in Hamburg war, auch nicht der Wilhelm Friedhelm, auch nicht der Johann Christian, sondern der Johann Sebastian". Wie fühlt sich die Psychologin in einer solchen Situation?

Kinder wie Luca, ein in der Tat hervorragend begabter Junge, beeindrucken und überraschen ihre Umwelt. Ihre ungewöhnliche, z. T. altersuntypische Verhaltensweise wird von Eltern, Lehrern und Gleichaltrigen relativ schnell wahrgenommen. Allerdings wird dabei nicht nur ihre „Andersartigkeit" beobachtet und registriert, sondern es werden auch Einschätzungen und Bewertungen vorgenommen. Vermutungen über das kindliche Verhalten werden angestellt; es folgen weitere Beobachtungen, die schließlich zu einem festen Bild des Kindes führen: Das Kind wird entsprechend als intelligent, als komisch, als arroganter Besserwisser usw. eingestuft.

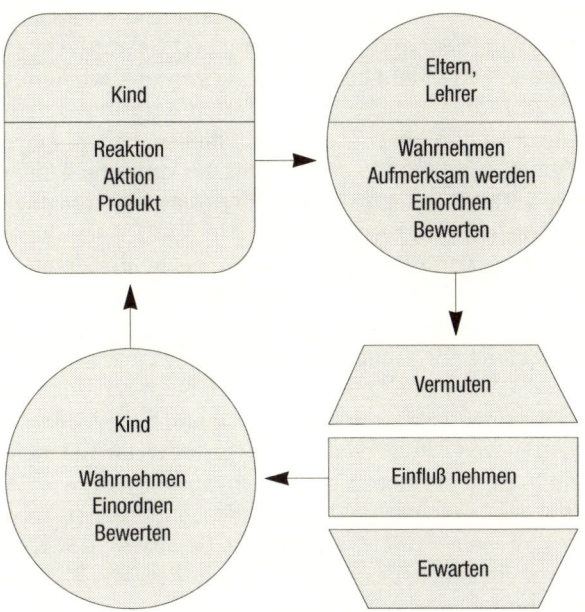

Graphik 3: Verhaltensregulierender Wahrnehmungskreis (Wieczerkowski u. Prado 1994, hier in der erweiterten Fassung von Wieczerkowski 1996).

Vermutungen darüber, daß das Kind hochbegabt ist, sind im allgemeinen ambivalent. Auf der einen Seite stehen die Fähigkeiten des Kindes, die anfänglich Begeisterung, oft auch Erstaunen hervorrufen. Auf der anderen Seite werden dieselben Fähigkeiten und Verhaltensweisen häufig auch als anstrengend, als merkwürdig oder als seltsamfremd bewertet. Von diesen – positiven oder negativen – Einschätzungen werden Erwartungen abgeleitet; diese bestimmen das weitere Verhalten und die Reaktionen der Umwelt dem Kind gegenüber. Ein Kind reagiert aber nicht nur auf das Verhalten seiner sozialen Umwelt; ein ähnlicher Prozeß findet auch bei ihm selbst statt. Durch seine darauf folgenden Reaktionen beeinflußt es ebenfalls die Wahrnehmungen, Einstellungen und Erwartungen seiner Umwelt.

Das Erkennen einer Hochbegabung läßt sich daher in einem Regelkreis modellhaft darstellen (siehe Graphik 3), indem sich die auf Wahrnehmung-Einordnung-Bewertung basierenden Vermutungen von Eltern, Lehrern und Gleichaltrigen in eine konkrete Erwartungshaltung verfestigen (Wieczerkowski u. Prado 1994; Wieczerkowski 1996).

Eine Beobachtung in der Beratungsstelle ist die, daß *Diskrepanzen* in der Wahrnehmung, Einordnung und Bewertung bei Eltern auf der einen Seiten und beim Kind auf der anderen Seiten bestehen, und zwar unabhängig vom konkreten Beratungsanlaß. Da Eltern und auch Lehrer bestimmte Vorstellungen haben, welches Verhalten für ein Kind altersgemäß ist, ruft die Vermutung einer Hochbegabung in der Regel ein „Gefühl der eigenen Begrenztheit", aber auch der Unsicherheit hervor. Mönks (1987, S.218) spricht von einer Überforderung von Eltern und Lehrern, die häufig zu inadäquaten Erziehungsmaßnahmen, wie „Negieren, Überbewerten oder Herunterspielen" der Begabung des Kindes führt und die sich negativ auf die Entwicklung des Kindes auswirkt. Es ist in der Tat so, daß viele Eltern und Lehrer aus Unkenntnis – einige wenige aus ideologischen Überzeugungen – die Fähigkeiten und Fertigkeiten des Kindes unterschätzen bzw. verkennen. Entsprechend wird einerseits die Notwendigkeit übersehen, dem Kind ein ausreichendes und sinnvolles Lernangebot zur Verfügung zu stellen; andererseits werden andere Verhaltensmerkmale, die mit der Begabung des Kindes gar nichts zu tun haben, in der Erwartung gefördert, das Kind auf diese Weise zu „normalisieren".

Problematisch wird es insbesondere dann, wenn unterschiedliche Perspektiven in einem Regelkreis anzutreffen sind. Konflikte dürften in diesem Fall kaum zu vermeiden sein. Der Perspektive von Lucas Eltern, die seine Neugier, seine Interessen usw. akzeptierten und nach Möglichkeiten förderten, war die der Lehrerin genau entgegengesetzt. Bei ihr war ein leichtes „Genervtsein" festzustellen. Die anfängliche Beachtung von Lucas Wissen und Können war schnell dem Gefühl einer fachlichen Konkurrenz gewichen. In der Beurteilung der Eltern und der Lehrer von Lucas Verhalten lassen sich kaum Gemeinsamkeiten feststellen. Das Verhalten von Luca entsprach tatsächlich den jeweiligen Erwartungen.

Eine wichtige Aufgabe der Beratung liegt darin, die jeweils einseitigen Perspektiven zu relativieren und zu einer Restrukturierung eines gestörten Wahrnehmungskreises zu verhelfen. Sowohl bei Lehrern als auch bei Eltern sind nach einer Beratung Veränderungen in Wahrnehmung, Einordnung und Bewertung des kindlichen Verhaltens zumindestens ansatzweise zu beobachten. Mit dem neu gewonnenen Verständnis wächst dann fast immer auch die Bereitschaft, das Kind zu unterstützen und zu fördern.

Das ist jedoch nur die eine Seite der Medaille. Die andere betrifft das Problem der *Etikettierung* Hochbegabter, die dem gleichen Prozeß unterliegt. Auch hier ist eine Überprüfung von Wahrnehmung, Einordnung und Bewertung notwendig. Hochbegabte können leicht dem Erwartungsdruck von Erwachsenen ausgesetzt werden, „sich wie ein hochbegabtes Kind zu verhalten", wobei nichts darüber gesagt wird, wie sich ein hochbegabtes Kind tatsächlich zu verhalten hat. Die Etikettierung kann ebenfalls dazu führen, daß das hochbegabte Kind mit fachlichen und persönlichen Anforderungen konfrontiert wird, denen es nicht gewachsen ist. Es kann aber auch leicht passieren, daß Eltern und Lehrer mit der Begabung des Kindes zu großzügig umgehen und gravierende Defizite bei der Arbeitshaltung des Kindes, z. B. Lustlosigkeit bei notwendigen Übungen, als Unterforderung durchgehen lassen. Einige dieser Aspekte und Auswirkungen des Etikettierens werden von Freeman u. Urban (1983) in ihrem kurzen deutschsprachigen Überblick behandelt.

Die verhaltensregulierende Funktion von Wahrnehmungskreisen wurde in der Hochbegabtenberatung bisher wenig berücksichtigt. Der Kölner Modellversuch, der im Kapitel ›Fördermaßnahmen‹ beschrieben wird, bildet hier eine vorbildliche Ausnahme. Im Rahmen des Projekts wurde für Lehrer neben der regulären Fortbildung zusätzlich themenzentrierte Gruppenarbeit über die soziale Situation hochbegabter Grundschulkinder angeboten, um dabei „eigene Wahrnehmungen, Gefühle, Verhalten zu reflektieren und zu verstehen" (Kubovsky 1992, S. 174).

Eng verbunden mit verhaltensregulierenden Wahrnehmungskreisen ist das Konzept der *Spirale der Enttäuschungen.* Bei einem großen Teil der vorgestellten Kinder in der Beratungsstelle sind ähnliche Schwierigkeiten wie bei Luca zu beobachten: Einerseits werden Auffälligkeiten bereits in der frühkindlichen Entwicklung (frühes Lesenlernen, hervorragendes Gedächtnis, u. a.) von den Eltern durchgängig berichtet (Wieczerkowski u. Prado 1991, Wieczerkowski 1994). Andererseits wird schon zu Beginn der Grundschule über Langeweile, Unlust, fehlende Anpassungs- und Anstrengungsbereitschaft geklagt. In den Zeugnissen findet man die Aussagen der Eltern zum größten Teil wieder. Neben hervorragenden Leistungen (schnelle Auffassungsgabe, differenzierte Beiträge im Unterricht) wird jedoch oftmals die unzureichende soziale Anpassung, schwankende Konzentration, fehlende Rücksichtnahme auf langsamere Lerner usw. bemängelt.

Schwierigkeiten dieser Art sind bei Hochbegabten meistens Ausdruck erlebter Diskrepanzen zwischen Fähigkeiten und bereitge-

Tab. 3: Konstituierende Elemente einer Spirale der Enttäuschungen
(nach Wieczerkowski u. Prado 1993)

Erlebte Diskrepanz zwischen Erwartung und Erfüllung (Hoffnung und Realität)	Erwartungen Hochbegabter, Neues zu lernen, sich mit anderen austauschen zu können, korrespondieren selten mit den Angeboten der Umwelt. Sie erleben, daß das, was sie sich erhoffen, der Realität kaum entspricht.
Erfahrene Diskrepanz zwischen Lernfähigkeit und erzwungener Lerngeschwindigkeit	In alltäglichen Lernsituationen erfahren Hochbegabte, daß der Anpassung an das Lerntempo der Bezugsgruppe eine höhere Bedeutung beigemessen wird; eine erzwungene Rücksichtnahme auf langsamere Lerner ist meistens die Folge.
Erzwungene Diskrepanz zwischen Anstrengungsbereitschaft und Anforderung	Inhaltliche Anforderungen des Lehrstoffes erzwingen geradezu eine „Durchschnittspädagogik" (Gleiche Chance für alle!); individuelle Bereitschaft, sich mit einem Wissensgebiet vertieft zu beschäftigen, wird kaum berücksichtigt.

stellten Anforderungen bzw. Angeboten, die sich als Enttäuschungen im Laufe der Zeit in eine *Spirale* steigern und immer wieder vorkommen (Wieczerkowski u. Prado 1993, 1994; Wieczerkowski 1994). So wird z. B. das wißbegierige Kind, das im Kindergarten nicht nur spielen möchte, in der Regel auf die Einschulung vertröstet. In der Schule werden jedoch weiterhin Enttäuschungen erlebt, da es dort erst lernen muß, seine Wünsche zurückzustellen, um mit der Klasse auszukommen. Solche Erfahrungen wiederholen sich; die Möglichkeit einer wirklichen Herausforderung, in der das hochbegabte Kind seine Fähigkeiten ausleben darf, wird immer wieder verschoben. Die Elemente, die für eine solche Spirale grundlegend sind, werden in Tabelle 3 dargestellt.

Spiralen der Enttäuschungen entstehen meistens, ohne daß die Umwelt es bemerkt; sie lassen sich schon zu früheren Zeitpunkten zurückverfolgen. Sie nehmen in ihren Äußerungen unterschiedliche Formen an (vgl. Graphik 4), wie wir sie in der Beratungsstelle immer wieder feststellen können; sie können beispielsweise in einem störenden bzw. aggressiven Verhalten ihren Ausdruck finden. Eine weitere Form – bei Mädchen häufiger als bei Jungen –, äußert sich in der Bereitschaft, sich stärker an die schulischen Erwartungen an-

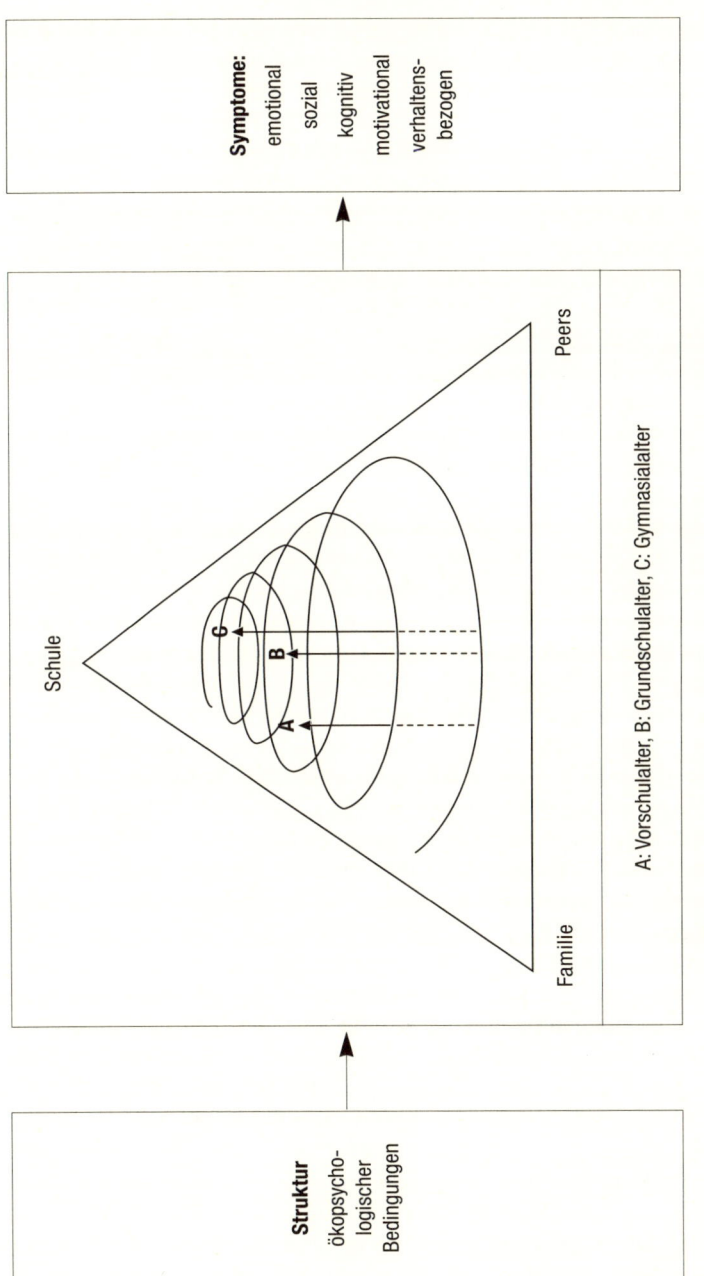

Graphik 4: Spirale der Enttäuschungen (Wieczerkowski u. Prado 1993).

zupassen. Schließlich kann sie sich auch durch ein In-sich-Zurück-
ziehen bzw. durch somatische Beschwerden bemerkbar machen.

Insbesondere bei älteren Schülern läßt sich folgende Entwicklung
beobachten: Weil sie für die Schule sehr wenig tun müssen, aber
doch gute bis sehr gute schulische Leistungen haben, eignen sich
Hochbegabte ein Selbstkonzept der eigenen Fähigkeiten an, das relativ unrealistisch ist. Sie meinen zwar einiges zu können bzw. zu beherrschen; elementare Lerntechniken, wie Üben, Konzentrationsfähigkeit, disziplinierte Arbeitshaltung, werden aber kaum gelernt,
was zum späteren Zeitpunkt der schulischen Laufbahn zu erheblichen Schwierigkeiten führen kann. Kommt es tatsächlich dazu,
dann werden meistens äußere Faktoren für die eigenen Schwierigkeiten verantwortlich gemacht. Ein solchermaßen entstandener *cir-
culus vitiosus* ist nicht einfach zu durchbrechen. Je länger eine Spirale anhält, desto schwieriger wird es, eine befriedigende Lösung zu
finden.

Nicht alle Hochbegabten geraten in solche Schwierigkeit oder lassen eine „latente" *Spirale der Enttäuschungen* in ihrem Verhalten
erkennen. Viele finden die Möglichkeit, anderswo und irgendwie
entsprechend ihren Interessen ausreichende Anregungen zu finden
bzw. kommen mit einer ständigen Unterforderung zurecht.

Sowohl die *Spirale der Enttäuschungen* als auch der *Regelkreis der
Wahrnehmung* sind kein spezielles Problem Hochbegabter, sondern
ein grundsätzliches Problem mit spezifischer Ursache (Wieczerkowski u. Prado 1993, 1994; Wieczerkowski 1994). Schulunlust, Motiva-
tionsverlust, Leistungsverweigerung, aggressives Verhalten lassen
sich bei Schülern aller Begabungsniveaus beobachten. Dies sind in
der Regel Reaktionen des Kindes, um auf eine für das Kind unbe-
friedigende Situation hinzuweisen. Bei Hochbegabten treten solche
Reaktionen vielfach in enger Verbindung mit einer lang andauern-
den Unterforderung auf. Während die *Spirale* sich auf die Auswirkungen einer solchen Unterforderung sowie sich wiederholender
Enttäuschungen beim Kind bezieht, steht im *Wahrnehmungskreis*
die Interaktion zwischen dem Kind und den Erwachsenen im Vordergrund, die bei einer falschen Einschätzung der Fähigkeiten des
Kindes zu Schwierigkeiten führen kann. Im Regelkreis der Wahrnehmung wird aber zusätzlich deutlich, daß Erwachsene durch das
eigene Verhalten und persönliche Einstellungen einen wesentlichen
Einfluß auf das Verhalten und die Einstellungen des Kindes ausüben. Die Vermutung einer besonderen Begabung und eine anschließende Bereitstellung von Fördermaßnahmen sind im Grunde

wenig hilfreich, wenn Eltern und Lehrer nicht bereit sind, Inkonsistenzen im eigenen Verhalten zu überdenken. So hat es wenig Sinn, dem hochbegabten Kind ein positives Bild der eigenen Fähigkeiten zu vermitteln, wenn die Eltern diese Fähigkeiten, die sich etwa in den vielen Fragen, der Energie oder der Neugier des Kindes äußern, selbst als lästig oder anstrengend betrachten.

Bisher haben wir uns hauptsächlich mit der Notwendigkeit einer Hochbegabtenberatung im Zusammenhang mit Diskrepanzen zwischen Erziehungszielen, Fähigkeiten, Anforderungen und Angeboten, zwischen Anerkennung und Akzeptieren der Begabung des Kindes befaßt. „Andersartigkeit", spezielle Bedürfnisse und spezifische Probleme wurden dabei ebenfalls erwähnt. Das suggeriert, daß eine Hochbegabung automatisch einige Schwierigkeiten mit sich bringt.

Vor allem in der anglo-amerikanischen Literatur, aber auch in deutschsprachigen populärwissenschaftlichen Veröffentlichungen wird eine Fülle von besonderen Bedürfnissen aufgelistet, die mit typischen Problemen verbunden sind. Silverman (1997) berichtete 1995 in Hong Kong in einem der Hauptvorträge bei der *11. Weltkonferenz über hochbegabte und talentierte Kinder* sehr ausführlich über die „universelle" Erfahrung bzw. das Gefühl aller Hochbegabten, ständig *Out-of-Sync* zu sein, d. h. nicht auf der gleichen Wellenlänge mit Gleichaltrigen bzw. mit kulturellen Altersnormen zu sein. Diese Erfahrung sei durch folgende Merkmale verursacht: Ausgeprägte Sensitivität für moralische/ethische Werte, emotionale Intensität, Neugier, Wahrnehmungsfähigkeit, kognitive Komplexität, Reflexivität und Perfektionismus. In seinem Artikel im ›Internationalen Handbuch zur Hochbegabung‹ führt Webb (1993) ähnliche Merkmale auf. Allerdings unterscheidet er die Probleme Hochbegabter zwischen endogenen (u. a. Asynchronien, Kontaktschwierigkeiten aufgrund eigener moralischer Strenge, Perfektionismus, exzessive Selbstkritik, existentielle Depression) und exogenen (u. a. Erwartungsdruck, Zwang zum Konformismus, Kontaktschwierigkeiten mit Gleichaltrigen, soziale Isolation, Geschwisterrivalität).

Merkmale und Probleme dieser Art werden in der Regel mit sehr viel Pathos und ohne jegliche empirische Grundlage präsentiert, was eine breite Resonanz findet; dies geschieht vermutlich deshalb, weil sie eine grundsätzliche „Verwundbarkeit" (*vulnerability*) Hochbegabter voraussetzen und sich hervorragend eignen, den vermeintlichen Leidensweg Hochbegabter überzeugender darzustellen.

Eine kurze, differenzierte Begründung über die Notwendigkeit

einer Beratung bringt Terman (1958), dessen „Kinder" bekanntlich
eine harmonische Entwicklung aufwiesen, in seinem letzten Vortrag
kurz vor seinem Tod. Terman meinte, daß eine begleitende Beratung
– über die in den USA übliche, ohnehin sehr intensive Schullauf-
bahn- und Berufsberatung hinaus – im Grunde Teil jeder sinnvollen
Förderung hochbegabter Kinder sein sollte. Erforderlich wäre eine
Beratung vor allem deswegen, um dem Kind seine Fähigkeiten bewußt zu machen, das Kind bei der Bewertung und Auseinandersetzung mit den eigenen Interessen zu unterstützen und dem Kind Anregungen zu geben, die zur Erhaltung der Lern- und Leistungsmotivation beitragen. In diesem Zusammenhang wollen wir Michael
vorstellen:

Michael, ein junger Mann aus einer Großstadt in Baden-Württemberg, hat
eigentlich eine „Bilderbuchentwicklung" gehabt, so unproblematisch, daß
man diese nahezu als Erfolgsgeschichte bezeichnen könnte. Neben der
Schule, die er ohne jegliche Mühe bewältigte, lernte er Klarinette, spielte
Schach und Fußball im Sportverein. Zusammen mit seiner Schachmann-
schaft hat er an verschiedenen Meisterschaften mit großem Erfolg teilgenommen. Praktisch alles, was er sich vornahm, gelang ihm auch. Abgesehen
von den üblichen, „normalen" Reibereien, gab es in der Familie keine nen-
nenswerten Schwierigkeiten; als Einzelkind wurde er von der Eltern bei
allen möglichen Unternehmungen unterstützt.
   Die Zeit auf dem Gymnasium verlief ebenfalls problemlos: Er war rund-
um beliebt, wurde in den ersten vier Jahren zum Klassensprecher gewählt;
danach hatte er sich nicht mehr zur Wahl gestellt. Leistungsmäßig hatte er –
„bis auf ein paar Dreien zur Abwechslung" – ebenfalls keine Probleme;
während seine Mitschüler sich mit Lateinübungen plagten, hatte er daran
sogar Spaß. Der Vorschlag der Lehrerin, die Mathematik-Arbeitsgemein-
schaft für besonders Begabte zu besuchen, nahm er begeistert entgegen.
Nach kurzer Zeit stellte er seine Leidenschaft für Mathematik dann endgül-
tig fest. Entsprechend handelte er auch: Er verschaffte sich die Möglichkeit,
im Mathematikunterricht der nächsthöheren Klasse zu hospitieren, nahm
mit Erfolg am *Bundeswettbewerb Mathematik* teil, usw. Auch eine Arbeitsgemeinschaft für jüngere Kinder durfte er selbst leiten.
   Das Abitur hatte Michael mühelos mit dem für viele magischen 'Eins-
Komma-Null' bestanden. Als Stipendiat der Studienstiftung studierte er
Physik und schloß das Vordiplom mit einem 'sehr gut' ab. Unmittelbar danach brach Michael jedoch das Studium ab und entschied sich für eine Ausbildung zum Automechaniker. In die Beratungsstelle kam Michael weniger,
um sich beraten zu lassen, sondern vielmehr, um sich über das Mathematik-
Projekt zu informieren (siehe ›Fördermaßnahmen'), da er von einer Eltern-
initiative wegen der Durchführung von Mathematik-Kursen für hochbegabte Grundschulkinder angesprochen wurde. Bei der Schilderung seines

Lebenslaufs ließ Michael einen Hauch Genugtuung und Stolz erkennen. Dabei merkte er selbst an, daß der Meister gar nicht erfahren darf, er habe das große Latinum und sei in der Studienstiftung gewesen; das sei ihm aber gleichgültig, denn die Leute im Betrieb können sowieso gar nichts damit anfangen.

In Michaels Bericht ist weder von Langeweile, Unterforderung noch von emotionalen oder sozialen Schwierigkeiten die Rede. Es stellt sich die Frage, ob hier überhaupt ein Problem vorliegt, schließlich ist Michael immer angemessen gefördert worden und hat sich für das entschieden, was ihn interessiert, bzw. ihm Spaß macht. Seine Entscheidung ruft jedoch unterschiedliche Reaktionen hervor. Sie reichen von völliger Zustimmung bis zu absolutem Unverständnis. Für die Bewertung dieser Entscheidung können unterschiedliche Maßstäbe angelegt werden – individuelle, ökonomische oder auch gesellschaftliche. Ist seine Entscheidung für ihn selbst die optimale gewesen? Ist sie für die Gesellschaft, die Michael stärker gefördert hat, die beste? Ist sie ökonomisch wirklich zu vertreten? Wir wollen uns einer Stellungnahme enthalten, möchten hingegen die von Michael bringen. Inzwischen hat er seine Lehre erfolgreich abgeschlossen und meint: „Es ist durchaus möglich, daß ich mich heute anders entscheiden würde. Auf jeden Fall bedeutet meine Entscheidung eine Einschränkung meiner Zukunftsperspektiven."

Abschließend möchten wir noch einige Argumente für eine Beratung von Hochbegabten anführen: Wegen der Vielfalt der Interessen, Neigungen und Fähigkeiten benötigen Hochbegabte in besonderem Maße Entscheidungshilfe. In diesem Zusammenhang ist auf die Berufswahl besonders hinzuweisen.

Hochbegabte können häufig in einem frühen Alter eine genaue Einschätzung über ihr Können vornehmen. Da sie ebenso früh lernen, sich zu artikulieren, ergibt sich daraus ein gewisses Konfliktpotential. Aufgrund ihrer schnellen Auffassungsgabe, ihrer originellen Ideen, ihres ausgeprägten logischen Denkens, neben dem Wunsch, Anerkennung ihrer Fähigkeiten zu erfahren, können Hochbegabte unnötigerweise anecken und sich in schwierige Situationen hineinmanövrieren. So z. B. der achtjährige Junge, der in die Beratungsstelle kam. Er hatte sich an der Lehrerin rächen wollen, die ihn kaum drannahm, indem er sie zunächst um ihr Foto bat. Auf die Frage der Lehrerin, wozu er das Foto brauche, antwortete er dann, er sei gerade dabei, sich „eine Sammlung von Naturkatastrophen anzulegen".

Die Notwendigkeit einer Beratung, um Hochbegabten u. U. eine genauere Einschätzung der eigenen Fähigkeiten zu ermöglichen, äußert sich darin, daß viele Kinder sich weigern, von Lehrern konzipierten oder vorgeschlagenen Fördermaßnahmen Folge zu leisten. Im Hamburger Modellversuch zum Überspringen beispielsweise haben Lehrer solche Schüler vorgeschlagen, die sie für geeignet hielten. Rund zwei Drittel der Schüler waren jedoch zu dieser Maßnahme nicht bereit, und zwar aus Gründen, die man getrost als marginal bezeichnen kann. So wurde häufig die eigene Bequemlichkeit in der Vordergrund gerückt, die alte Klasse ist vertraut und „gemütlich", das Überspringen hingegen mit Mühe verbunden, so daß sich die Schüler über die – für jeden einzelnen durchaus gegebenen – Vorteile der vorgeschlagenen Maßnahme gar nicht erst ernsthaft informiert haben. Das bedeutet nicht, daß Hochbegabte gezwungen werden sollten, an einem Förderprogramm teilzunehmen; jedoch sollten sie ausreichend beraten werden bzw. die Möglichkeit erhalten, sich zu informieren, warum eine Förderung für sie sinnvoll bzw. gar notwendig erscheint. Ein entsprechendes Beratungsangebot sollte Eltern ebenfalls zugänglich sein.

Aufgaben der Beratung

Beratung ist kein punktuelles Vorgehen und sollte als ein kontinuierlicher Prozeß betrachtet werden, der sich über die gesamte Schulzeit erstreckt (vgl. Rothney u. Koopman 1958, S.358). Hier sind zunächst die Zielgruppen der Beratung aufgeführt.

Beratung von Kindern
Im Vorschulalter ist die Hochbegabung häufig schon zu erkennen; die Probleme liegen aber oft bei den Eltern, die nicht wissen, ob und wie das Kind gefördert werden soll. Im Kindergarten, also im Umgang mit einer größeren Gruppe von Gleichaltrigen, wird der Entwicklungsvorsprung deutlich, der u.U. zu einer Außenseiterposition führen kann.
In der Grundschule geht es vor allem um folgende Fragen:
a) Feststellung der Bedürfnisse und möglichen Probleme, wobei eine frühe Einschätzung der Merkmale und der potentiellen Fähigkeiten eingeschlossen ist;
b) Lehrern und anderen dabei zu helfen, die persönlichen und familiären Probleme der Schüler zu verstehen;

c) emotionale Unterstützung zu geben und nach günstigen Bedingungen für Lernen und Entwicklung zu suchen;
d) Gespräche mit den Schülern zu führen mit dem Ziel einer Bestandsaufnahme, um weitere Anregungen zu geben.

Während der Mittelstufe ergeben sich folgende Aufgaben:
a) Eine bereits begonnene Beratung mit dem Ziel fortzusetzen, Themen, die mit der Adoleszenz verbunden sind, zu klären;
b) Entdecken und Entwickeln neuer Interessen und fachspezifischer Neigungen.

Während der Oberstufe lassen sich folgende Aufgaben gruppieren:
a) Fortführung des o. g. Prozesses;
b) genauere Planung der weiteren Laufbahn;
c) Entwicklung eines realistischen Selbstkonzepts, aufgrund dessen gegenwärtige und zukünftige Aktivitäten geplant werden können.

Während des Studiums ist Beratung ebenfalls erforderlich, vor allem im Hinblick auf Entscheidungsfragen – wie es bereits bei Michael angedeutet wurde. – Selbstverständlich stehen in fast allen Beratungsprozessen die Kinder und Jugendlichen im Mittelpunkt. Unter der Jugendlichen sind gelegentlich einige zu finden, die den Weg zur Beratungsstelle selbst gefunden haben. Bei den Kindern hingegen geht die Initiative häufiger von den Eltern aus.

Beratung von Eltern

Bei der Beratung von Eltern lassen sich hauptsächlich drei Aufgabenbereiche aufzeigen:
1. *Unsicherheit der Eltern:* Unsicherheit wird von Eltern häufig als belastend empfunden. Wichtige Fragen lauten: Ist das Verhalten des Kindes „normal"?, Sollen die Eltern das Kind fördern oder bremsen? Wie können Eltern etwas über Hochbegabte, Förderung und Erziehungsmaßnahmen erfahren?
2. *Kooperation zwischen Schule und Elternhaus:* Während vor 15 Jahren die Besucher der Beratungsstelle das Verhältnis zwischen Schule und Eltern praktisch immer als gestört empfanden, sieht die Situation heute anders aus. Eine wichtige Beratungsaufgabe liegt hier darin, mit Eltern über ihre Rolle in der Schule zu sprechen und auch darüber zu diskutieren, was und wie sie etwas unternehmen können. Als sehr wichtig erweist sich, daß Eltern die Schwierigkeiten der Lehrer mindestens ansatzweise zu verstehen lernen, regelmäßig Kontakte mit der Schule haben sowie regel-

mäßig mit dem Kind über sein Fortkommen in der Schule sprechen. Eltern sollten nicht gegen die Schule arbeiten, dies erweist
sich als frustrierend für alle Beteiligten, wenig von Erfolg ge-
krönt und problematisch für das Kind.
3. *Konkrete Handlungsvorschläge:* Hier geht es um Unterstützung
und Organisation von Fördermaßnahmen, speziell außerhalb der
Schule. Gerade in diesem Zusammenhang gibt es – zum Glück
ist das nicht die Regel – immer wieder Eltern, die die Beratungsstelle aufsuchen in der Erwartung, daß sie ein Rezept erhalten,
das sie an anderer Stelle einlösen können, und daß danach alle
Probleme schlagartig beendet sind. Wir haben dies die 'Apothe-
kenmentalität' genannt, die sich auch darin äußert, daß eine Förderung nur dann akzeptiert wird, wenn alle Arbeit durch andere
geleistet wird. Solche Fälle sind, wie erwähnt, selten. Jedoch
sehen wir eine Aufgabe der Beratung darin, Eltern zu einer entsprechenden Mitarbeit bzw. zum Handeln zu bewegen.

Beratung von Lehrern
Durch Eltern und Kinder werden häufig Klagen über die Schule
mit einseitigen Schuldzuweisungen geführt. Es ist nicht nur hilfreich, sondern auch wichtig, den Eltern auch die Schwierigkeiten
der Lehrer deutlich zu machen. Die Schulen stehen häufig vor
einer Vielzahl von Problemen: Gewalttätigkeiten unter Schülern,
starke Heterogenität, Etatkürzung usw. Lehrer haben eine Vielzahl
von Problemen und Aufgaben zu bewältigen. Dann darf man ihnen
auch nicht anlasten, wenn sie während des Studiums über Hochbegabung und Hochbegabte gar nichts erfahren haben, wenn ihnen
Handlungsanweisung und Materialien fehlen. Neben einer allgemeinen informierenden Funktion, die zu einen besseren Verständnis von Hochbegabten, deren Identifikation und Förderung beitragen kann, ist hier eine wichtige Aufgabe von Beratungsstellen zu
sehen, Lehrer bei der Erarbeitung von Maßnahmen für individuelle Hilfe zu unterstützen.

Schwerpunkte der Beratungsanlässe

Während Feger (1988b) für die erste Veröffentlichung über die
Beratungswünsche von Eltern auf die anglo-amerikanische Literatur zurückgreifen mußte, hat sich die Situation deutlich verändert. Es gibt inzwischen eine größere Zahl von deutschsprachigen Veröf-

fentlichungen, die das Thema behandeln. 1988 ließen sich folgende Schwerpunkte der Beratungsanlässe ermitteln:

1. Schulversagen oder schlechte schulische Leistung trotz diagnostizierter Hochbegabung,
2. Beratung bei der Wahl zwischen mehreren Alternativen, wie z. B. Schullaufbahnberatung, Wahl des Studienfaches, Berufsentscheidungen, Schwerpunktbildung beim Vorhandensein einer sehr vielseitigen Begabung,
3. Probleme der sozialen Anpassung.

Ähnliche Ergebnisse finden sich nach wie vor in der Hamburger Beratungsstelle. Keller (1990, 1992) kommt zu folgenden Kategorien bei den Beratungsanlässen: Lern- und Leistungsstörungen (50%), Entscheidungsprobleme (30%) und Verhaltensprobleme (20%).

Eine stärkere Differenzierung der Informationen aus der Hamburger Beratungsstelle macht folgende Beratungsanlässe deutlich:

1. Diskrepanz zwischen Begabung und Leistung,
2. Unterforderung,
3. Wahl zwischen mehreren Alternativen bzw. Wunsch nach relevanter Information, wie z. B. Überspringen, vorzeitige Einschulung,
4. Soziale Isolierung,
5. Reibereien mit Lehrern,
6. Schwierigkeiten bei manchen Kinder, bessere Leistungen eines anderen zu ertragen,
7. zwei Gegenpole, die in der Regel vor allem die Eltern verunsichern: die einseitig interessierten Kinder (die durchaus nicht einseitig begabt sind) sowie die vielseitig Begabten, die zu einer zu starken Verzettelung neigen.

Oft noch in landläufigen Meinungen zu finden ist die Überbetonung von „Genie und Irrsinn" bzw. sind die psychiatrischen Aspekte der Hochbegabung. Diese Aspekte haben sich in den Beratungsstellen in keiner Weise bestätigen lassen und stellen eine seltene Ausnahme dar. Hervorzuheben ist vielmehr, daß die Probleme bei den Hochbegabten in einer (manchmal extremen) Diskrepanz zwischen Begabung und Leistung zu beobachten sind und aus einer in der Regel langjährigen Unterforderung entstehen. Hier werden die Schwierigkeiten der Lehrer deutlich, die unter einer so großen Zahl von Schülern, mit denen sie täglich zu tun haben, erkennen müssen, welche ihrer Schüler hochbegabt sind und welche nicht. Hier wird ebenfalls deutlich, daß weniger die Psychiatrie gefragt ist als die Schule, mit der sich das Kapitel ›Schule und Hochbegabung‹ ausführlich beschäftigen wird.

Im Laufe von 15 Jahren Beratungstätigkeit haben wir eine Verschiebung der Schwerpunkte der Beratungsanlässe beobachten können, die den Zeitgeist widerspiegelt. Während sich die Gesellschaft dem Themenkreis 'Hochbegabung' öffnete und Eltern zunehmend besser informiert waren, trat das diagnostische Interesse in den Vordergrund. So häufen sich in letzter Zeit die Fragen, ob wir in der Beratungsstelle ein Kind „auf Hochbegabung" testen und ob wir auch eine Bescheinigung darüber ausstellen.

Spezielle Probleme

Häufig wird Hochbegabten eine „professorale Zerstreutheit" unterstellt, da sie wegen ihrer vielen Ideen und Gedanken Alltägliches kaum beachten. Ebenfalls häufig ist davon die Rede, daß Hochbegabte eine Abneigung gegen simple, einfache Sachverhalte zeigen. In einer Vielzahl der Fälle läßt sich jedoch feststellen, daß hochbegabte Kinder die Erledigung einer Aufgabe mit der Begründung, „es sei alles Baby-Kram", ablehnen, um so eine notwendige, aber unangenehme Tätigkeit erfolgreich zu vermeiden. Dahinter verbergen sich häufig gravierende Mängel ihrer Arbeitshaltung. Unter den vielen Problemen mit Lern- und Arbeitstechniken kommen die folgenden Bereiche besonders häufig vor:

Wiederholung und Üben: Zur Verfestigung von Unterrichtsmaterial ist Wiederholung und Üben erforderlich. Hochbegabte Kinder kommen mit wenigen Übungen und wenigen Wiederholungen aus. Manche hochbegabten Kinder setzen diese Tatsache jedoch sehr bewußt ein und drücken sich vor Wiederholungen auch dann, wenn diese ihnen ebenfalls helfen würden. Der Weg von der Begabung zur Leistung setzt jedoch auch jahrelanges Üben voraus.

Problematisch wird es dann, wenn in diesem Zusammenhang diese Schüler auch noch die Unterstützung ihrer Eltern erhalten, die fälschlicherweise die Wiederholung für überflüssig halten und dann gleich von Unterforderung ihrer Kinder sprechen.

Sprunghaftigkeit und häufiges Wechseln von Interessen: Es wird häufig behauptet – etwa auch in Checklisten –, daß hochbegabte Kinder ein großes Spektrum von Interessen zeigen. Nach unseren Erfahrungen trifft dies auf viele Kinder zu, die in der Beratungsstelle waren, aber wir möchten auf jeden Fall auf eine Gefahr hinweisen, die wir in diesem Zusammenhang ebenfalls erleben mußten. Es handelt sich dann nicht um eine einfache Vielzahl von Interessen, sondern um ein häufiges, manchmal schon hektisches Wechseln von einem Gebiet zum anderen.

Bei manchen Kindern führt fast jede Anregung in den Medien oder durch Freunde dazu, sich ebenfalls für einen bestimmten, für das Kind neuen Bereich zu interessieren. Das kann nur zur Verzettelung und Sprunghaftigkeit führen, auch wenn das manche Eltern nicht so sehen, weil das Kind zu jedem neuen Bereich etwas mehr Material zusammen trägt, als seine Freunde das tun. Manche Eltern sind so begeistert über die Kenntnis oder das Wissen in exotischen Bereichen, über das ihre Kinder verfügen, daß sie gar nicht merken, wie sehr ihre Kinder im Laufe der Zeit Ausdauer, Beharrlichkeit, ernsthafte Vertiefung und wirkliche Auseinandersetzung mit dem Stoff gar nicht erst lernen. Irgendwann kommt dann der Punkt, an dem insbesondere die Eltern feststellen, daß das Kind über gar keine oder nur sehr rudimentäre Lern- und Arbeitstechniken verfügt. Die hochbegabten Kinder, die über bessere Lern- und Arbeitstechniken verfügen, erhalten häufig die Empfehlung, an speziellen Kursen für hochbegabte Schüler teilzunehmen. Diese Kurse haben fast immer nur eine relativ kurze Dauer, manche laufen über nur sechs Wochen oder wenige Monate, oder auch solange es Interessenten gibt. Damit wird u.U. einer weiteren Verzettelung Tür und Tor geöffnet oder – wie wir aus der Sicht der Beratungsstelle sagen können – es werden weitere Klienten für die Beratungsstelle produziert, denn keine Schule kann mit einem solchen Angebot konkurrieren und kaum das einmal Angefangene weiter führen.

Ehrgeizige Eltern kommen zwar vor, allerdings seltener als in der Literatur behauptet wird. Aufgefallen ist uns jedoch die Tendenz einiger Eltern, durch die Unterstützung ausgefallener Vorstellungen und Wünsche die Sonderrolle ihrer Kinder noch mehr zu verstärken.

Qualifikation der Berater

Schon kurz nach der offiziellen Eröffnung der Beratungsstelle haben wir darauf hingewiesen (Feger u. Prado 1986), daß die Hochbegabtenberatung spezielle Qualifikationen der Mitarbeiter voraussetzt. Dies erschien uns – nachdem wir Neuland in Deutschland betreten hatten – besonders notwendig, u.a. auch wegen der vielen Nachfragen von interessierten Kollegen, die beabsichtigten, ähnlich gelagerte Beratungsstellen einzurichten. Damals führten wir folgende Voraussetzungen auf:

1. Gute Kenntnis der Fachliteratur zur Hochbegabung, um sinnvoll und problemspezifisch beraten zu können;
2. gute Kenntnis des deutschen Schulsystems, der Schulgesetze der Bundesländer, der Richtlinien und Lehrinhalte usw., da Entscheidungen zur schulischen Laufbahn (u. a. Überspringen von Schulklassen, Hospitationen) von den jeweiligen Gegebenheiten abhängen können. Allein aus diesem Grund sollten auch Pädagogen an einer solchen Beratungsstelle mitarbeiten;
3. guter Kontakt zu Fachkollegen, um Erfahrung bei „Grenzfällen" oder besonders schwierigen Problemen auszutauschen bzw. um u. U. Klienten weiter verweisen zu können. Erforderlich ist auch guter Kontakt zu Institutionen und Personen, die sich für Fragen der Hochbegabung interessieren, um ein interdisziplinäres Zusammenarbeiten sicherzustellen.

Mit zunehmender Akzeptanz des hochbegabten Kindes hat sich das Beratungsangebot erweitert, aber leider blieb es nicht von negativen Begleiterscheinungen frei. Aus heutiger Sicht halten wir nach wie vor Kenntnisse über Hochbegabung und hochbegabte Kinder für unbedingt erforderlich, müssen jedoch eine fundierte und fachliche Kompetenz zunächst voraussetzen.

Erschreckend ist die Anzahl selbsternannten Experten, die nicht einmal über das psychologische Grundwissen verfügen. Bereits bei der Diagnose häufen sich Mißstände, und eine Fülle von fehlerhaften Auswertungen bis hin zu haarsträubenden Interpretationen von Testergebnissen liegen der Beratungsstelle vor. Eines der vielen Beispiele aus jüngster Zeit:

> Die Dipl.-Psychologin, Frau [...], bescheinigt ihm im logischen und allgemeinen Verständnis 14 Wertpunkte, was auf meine Rückfrage hin und auch gemäß den Unterlagen der [Name eines Hochbegabtenvereins] einem IQ von 140 entspricht (Brief einer Mutter im Januar 98).

Jeder Vordiplom-Student (Psychologie) müßte sofort erkennen, welch ein gravierender Fehler hier vorliegt. Ohne ins Detail zu gehen, müssen wir hier erklären, daß bei dem verwendeten Test der *genaue* Durchschnittswert bei 10 Wertpunkten liegt; ± 3 Punkte gelten als Standardabweichung; d. h. alle Werte zwischen 7 und 13 liegen ebenfalls im Durchschnittsbereich. Daraus kann man folgern, daß die erreichten Wertpunkte auf eine leicht überdurchschnittliche Leistung hinweisen; man könnte aber auch sagen, daß diese knapp über der Grenze des durchschnittlichen Bereichs liegt. Um einen IQ von 140 zu erreichen, muß ein Kind schon deutlich höhere Wertpunkte erzielen, und zwar in mehreren Untertests.

Diagnose ist nicht ein Geschäft, das man nebenbei erledigen kann; eine falsche Diagnose führt in der Regel zu einer falschen Vorgehensweise; Nebenwirkungen bleiben nur in wenigen Fällen aus. Vor dem Hintergrund des „Regelkreises der Wahrnehmung" bedeutet dies für Familie und Kind, sich erneut umzustellen, wie aus dem Brief der Mutter abzulesen ist:

Daß [Name des Kindes] in den anderen Tests teilweise so schlecht abgeschnitten hat, senkt selbstverständlich den allgemeinen IQ; ist dies jedoch eventuell auf Frustration, mangelndes Selbstbewußtsein, Unverständnis von Lehrern und Mitschülern und nicht zuletzt auch von uns als Eltern, die wir das ja erst neuerdings in unseren Köpfen bewegen, zurückzuführen?

Noch einige weitere Beispiele: Da finden sich völlig veraltete Testversionen, die ein Heilpraktiker eingesetzt hat, da werden völlig subjektive Vorgehensweisen (bis hin zum „ersten Eindruck") in Intelligenztestwerte eingesetzt („der Junge guckt so klug, da weiß man gleich, daß der IQ über 130 liegt"); da werden bei der Testdurchführung Hilfen gegeben. Deshalb ist es Eltern (und auch Lehrern) dringend anzuraten, zunächst nach Qualifikation und Erfahrungen zu fragen, wenn sie einen „Spezialisten" für Hochbegabtenfragen aufsuchen.

Eltern beraten Eltern

Wenn man mit Situationen konfrontiert wird, die neu, aufregend, beängstigend oder bedrohlich wirken, – und so erleben es Eltern oft, wenn sie erkennen, daß ihr Kind hochbegabt ist – dann ist es schon eine enorme Hilfe, mit anderen Menschen zu sprechen, die sich in einer ähnlichen Situation befinden. Wenn es über informelle, häufig eher zufällig Gespräche hinausausgeht, dann denkt man unmittelbar an die Selbsthilfegruppen, die es inzwischen zu so vielen Bereichen gibt.

Auch bei diesen Gruppen ist aber in der Regel eine Voraussetzung, eine bestimmte Qualifizierung zu durchlaufen – so sollte es jedenfalls sein. Ein vorbildliches Trainingsprogramm für beratende Eltern bietet die NAGC (*National Association for Gifted Children*) in England, über das Sieghart (1981) berichtet. Die Kandidaten müssen sich einer relativ umfassenden Auswahlprozedur unterziehen, die angenommenen Kandidaten erhalten eine Kurzausbildung und sind zu weiteren Fortbildungsmaßnahmen verpflichtet, bei denen auch eine Kontrolle der Qualität der Arbeit dieser Laien-Berater stattfindet.

Selbst mit diesem Hintergrund bleibt man ein Laienberater – der zwar eine sehr wichtige Funktion erfüllt – aber ständig seine Grenzen vor Augen haben muß. Andere Eltern sind wichtige Ansprechpartner. Allerdings haben sie sehr subjektive, vom eigenen Kind ausgehende Erfahrungen; diese lassen sich kaum verallgemeinern.

Webb, Meckstroth u. Tolan (1985, S. 45) warnen im Zusammenhang mit Treffen von Selbsthilfegruppen:

Eine bestimmte Vorsichtsmaßregel hat sich bereits als notwendig erwiesen: Es ist wichtig, daß ein einschlägig qualifizierter Fachmann für Psychohygiene die Gruppe beaufsichtigt. Man braucht einen solchen Experten, der überwacht, kontrolliert und gelegentlich eingreift, denn es gilt bei manchen Zusammenkünften zu verhindern, daß sie in Gruppentherapie- oder 'Mecker'-Sitzungen umkippen. Mitunter werden Eltern von ihren Gefühlen überwältigt und schildern ihre niederschmetternden Lebenssituationen derart quälend bis ins letzte persönliche Detail, daß es manchen Gruppenmitgliedern entschieden peinlich wird ...

Die Situation in Deutschland

Wenn die Rede von Hochbegabung und Beratung ist, dann ist meistens die Beratung von Eltern gemeint. Beratung von Kindern selbst findet selten statt, und über Beratung von Lehrern wird ebenfalls nicht sehr viel berichtet.

Es gibt inzwischen eine Reihe von Beratungsstellen. Hier werden folgende genannt, die institutionsgebunden sind: Die Hamburger Beratungsstelle (Prof. Dr. Wieczerkowski), die Tübinger Beratungsstelle (Frau Dr. Stapf), die Beratungsstelle in München (Prof. Dr. Heller). In den letzten Jahren zählen auch die Begegnungsstätte der Karg-Stiftung in Hannover und die Beratungsstelle der Hamburger Schulbehörde dazu.

In manchen Beratungsstellen sind die Hochbegabten ganz drastisch in der Minderzahl, beispielsweise in München (Elbing u. Heller 1996, S. 65–67), in anderen wird in den meisten Fällen auf eine testpsychologische Untersuchung verzichtet (die Beratungsstelle der Hamburger Schulbehörde). Ebenfalls gehen die Beratungsstellen sehr unterschiedlich mit Informationen über ihre Arbeit um, einige sind sehr freigiebig, während man von anderen kaum etwas erfährt.

Es gibt allgemeine Beratungsstellen, wie die Bildungsberatungsstelle in Ulm, die sich seit langem mit Hochbegabtenfragen beschäftigen. Andere dagegen haben immer noch einen Vorbehalt, Hochbegabung als pädagogische Herausforderung zu verstehen.

In keinem Bundesland (auch nicht dort, wo Projekte vom Bundesministerium für Bildung, Forschung und Technologie gefördert
wurden) wurden aus der Beratungstätigkeit systematische Konsequenzen für die Fortbildung von Lehrern bzw. Beratungslehrern gezogen, jedenfalls nicht solche, die auf eine Integration der vorhandenen Ergebnisse hinweisen.

Inzwischen wird jedoch von fast allen Bundesländern die Notwendigkeit der Beratung gesehen. Diese ist aber oft nur mit diagnostischen Aufgaben verbunden, um eine spezifische, schulische Förderung einleiten zu können. Wenn man als Berater nach kontinuierlichen und konkreten Angeboten sucht, bleiben nicht sehr viele
Möglichkeiten offen.

In Sinne einer begleitenden Beratung, wie sie z. B. von Terman
(1958) oder jüngst von Colangelo (1991) gefordert wird, lassen sich
erst seit kurzem einige Bemühungen feststellen. Bei vielen Fördermaßnahmen ist qualifizierte Beratung nicht vorgesehen, obwohl die
Maßnahmen durchaus zu weitreichenden Veränderungen bei den
Geförderten führen können und die Notwendigkeit von Beratung
oft unmittelbar einsichtig ist.

Eine auffällige Tatsache ist die, daß Mädchen bei der Hochbegabtenberatung sehr stark unterrepräsentiert sind. Dies wurde schon in
den ersten Daten über die Hamburger Beratungsstelle deutlich
(Feger u. Prado 1986) und ist seitdem immer wieder bestätigt worden, so auch in München (Elbing u. Heller 1996, S. 62) und Nijmegen, Niederlande (Mönks 1996, S. 17). Diese Information muß man
jedoch im Zusammenhang mit Informationen aus Beratungsstellen
generell sehen; auch in anderen Beratungsstellen sind Mädchen unterrepräsentiert. Langenmayr spricht sogar von einer ›Diskriminierung von Mädchen in Erziehungsberatungsstellen‹ – so der Titel seines 1980 erschienenen Buches.

Resümee

In diesem Kapitel haben wir vor allem versucht, das verbreitete
Bild des hochbegabten Kindes, das aufgrund seines „Andersseins"
von vornherein zu einen Leidensweg prädestiniert ist, zu vermeiden

und eher für eine „Normalisierung" zu plädieren. Insbesondere weil die soziale Umwelt nicht in dem erwünschten Maße vorbereitet ist, sich „mit einem aus der Norm fallenden Kind" auseinanderzusetzen, ist die Entwicklung Hochbegabter zwar risikobehaftet, aber das bedeutet nicht zugleich, daß sie immer eine problematische Wendung nehmen muß.

Die Beratung Hochbegabter erfüllt sehr unterschiedliche Funktionen. Diese lediglich auf den diagnostischen Prozeß (Testung) oder auf ein Aufzeigen von Fördermaßnahmen zu reduzieren – eine Tendenz, die neuerdings erschreckend häufig zu beobachten ist – bedeutet vor allem, die „Bedürfnisse" Hochbegabter zu verkennen.

Viel wichtiger wäre es, den hochbegabten Kindern und deren Eltern Kompetenzen zu geben, die es ihnen ermöglichen, verantwortungsvoll mit den Begabungen umzugehen. Auch nicht zu vergessen ist dabei die Aufgabe der Beratung von Lehrern.

In diesem Kapitel haben wir uns ausschließlich mit allgemeinen – jedoch immer noch sehr wichtigen – Themen der Hochbegabtenberatung befaßt. Hätte man die Bedürfnisse von speziellen Populationen berücksichtigt, so hätte man ein ganzes Buch füllen können.

Weiterführende Literatur

Eine der ersten Informationen über die Hochbegabtenberatung in Deutschland, allerdings in englischer Sprache, findet sich bei Feger u. Prado (1986), in deutscher Sprache bei Feger (1988b). Im Projekt des Kreises Neuss ging es neben Förderung um Beratung (Abschlußbericht 1989, Dokumentation 1989). Kubovsky (1992) berichtet über das Projekt mit Kölner Grundschülern; im selben Band äußert sich auch Breitenbach (1992). Keller (1990, 1992) berichtet aus der Bildungsberatungsstelle Ulm, die als Schulpsychologischer Dienst für alle Schüler zuständig ist. Neuere Literatur aus der Hamburger Beratungsstelle kommt von Wieczerkowski (1994, 1996) und von Wieczerkowski u. Prado (1991, 1993, 1994).

Zur Begabungsdiagnostik in der Schul- und Erziehungsberatung hat Heller (1991) ein Buch herausgegeben.

Alle Ratgeberliteratur wird natürlich in Beratungsabsicht herausgegeben. Weitere Literatur zur Beratung: Colangelo u. Zaffrann (1979), Colangelo u. Davis (1991), Drews (1961), Gowan u. Bruch (1971), Kerr (1991), Milgram (1991) und Silverman (1993). Zur Rolle der Eltern liegt u. a. das Buch von Perino u. Perino (1981) vor.

Über hochbegabte Mädchen und Frauen schreiben Kerr (1987), Wieczerkowski u. Prado (1990), das gesamte Heft 2 des 13. Bandes des Journal for the Education of the Gifted (Gallagher 1989) beschäftigt sich ebenfalls mit dieser Frage. Schließlich sei noch auf Amos u. Grambs (1968) verwiesen, die sich gezielt der Beratung für Behinderte und Benachteiligte widmen.

Schule und Hochbegabung

> Unter der riesigen Zahl von Begabungen, die es in der Welt gibt, fällt die intellektuelle Begabung in den besonderen Zuständigkeitsbereich der Schule.
>
> *M. J. Gold 1965, S. 24*

> Man sieht leicht, wie stark externe – „unpädagogische" – Vorgaben pädagogische Prinzipien bestimmen. Bürokratische Abläufe, hierarchische Kompetenzen und administrative Verfahrensweisen stehen nicht selten im Widerspruch zu pädagogischen Prinzipien.
>
> *H. Gudjons 1993, S. 44*

Die Schulpflicht – ein Grund für die besondere Verantwortung der Schule

Das Zitat von Gold weist auf die besondere Verantwortung der Schule hin. Es gibt viele öffentliche Einrichtungen zur Förderung von Sonderbegabungen, zum Beispiel die Musikschulen der Kreise und Kommunen. Als flächendeckende Einrichtung zur Förderung intellektueller Begabungen in öffentlicher Trägerschaft aber haben wir nur die ganz normale Schule. Wir müssen deshalb die Einrichtung Schule genauer betrachten, ermitteln, wo Probleme für hochbegabte Schüler liegen, und nach Alternativen fragen.

Thomas ist aus der Schule geflohen, seine Mutter hat ihn anschließend unterrichtet. In anderen Ländern ist die Unterrichtung durch die Eltern oder durch Privatlehrer durchaus nicht ungewöhnlich. Bekannt wurde der Fall von Ruth Lawrence in England, die von ihrem Vater als Privatlehrer unterwiesen wurde und bereits im Alter von zwölf Jahren zum Studium der Mathematik zugelassen wurde. In den USA ist das *Home Schooling*, die Unterweisung der Kinder durch die eigenen Eltern, zu einer Massenbewegung geworden.

In Deutschland jedoch besteht die Schulpflicht; dadurch wird aber auch die Schule stärker in die Verantwortung genommen, als das ohne die Schulpflicht der Fall wäre. In unserem Fall lautet die Frage: Ist die Schule ein guter Ort für Hochbegabte? Diese Frage

sollte eigentlich in der umfassenderen Form gestellt werden: Ist die
Schule ein guter Ort für die Schüler generell? Oder spezieller: Wie
sollte die Schule aussehen? Wie sollte der Unterricht beschaffen
sein? Was kann man von den Lehrkräften erwarten?

Die Schule ist heute etwas sehr Selbstverständliches, ein Bestandteil des Lebens jedes Menschen in Deutschland. Ebenso selbstverständlich ist auch der Ärger über die Schule und die Kritik an der
Schule – das gehört einfach dazu. Ärger über Lehrer, Unzufriedenheit mit den Noten, Unzufriedenheit von Eltern und Schülern mit
dem Unterrichtsausfall, Probleme mit Gewalt an Schulen. Probleme
mit der Schule hatten auch „Genies" – Churchill, Einstein und
Kafka (Prause 1976).

Umgekehrt haben aber auch Lehrer Probleme mit den Schülern,
mit den Eltern, dem Schulleiter, aber auch mit der Kultusbürokratie.
Bei der Beschäftigung mit der Schule muß man sehen, welche
großen Schwierigkeiten Lehrer zu bewältigen haben, die vor einer
heterogenen Klasse stehen, in der viele Schüler eine Sonderstellung
für sich beanspruchen. Auch hochbegabte Schüler bilden da oft
keine Ausnahme. Für Lehrer ist ein „frecher Schüler" unangenehm,
ein frecher hochbegabter Schüler kann durch seinen überlegenen
Intellekt dem Lehrer das Leben zur Hölle machen. Eine solche
Situation ist zwar selten, aber sie kommt vor.

Zu der so selbstverständlichen Tatsache der Schulbesuchs stellt
Gudjons (1993, S. 44) die grundsätzlichen Fragen: „Warum gehen
eigentlich Millionen Schüler und Schülerinnen regelmäßig zur Schule? Warum gibt es überhaupt Schulen? Warum wissenschaftlich aus-
gebildete Lehrkräfte, warum unterschiedliche Schulen, warum Hier-
archien, warum Dreigliedrigkeit?" Er meint:

Die Institutionalisierung der Unterweisung des Nachwuchses in einer orga-
nisierten Form hat einen *Januskopf*: Auf der einen Seite (das ist die lachen-
de) bedeutet dies einen großen Fortschritt (Bildungsrecht für alle), auf der
anderen Seite (und dies ist die weinende) können nun Machtansprüche im
moralischen Gewand durchgesetzt werden: Pflicht zum Schulbesuch, Zwang
zur Unterordnung und Beschneidung der persönlichen Freiheit.

Gudjons schildert verschiedene Schultheorien, darunter die histo-
risch-materialistische, die psychoanalytische und die interaktionistische Schultheorie. Zu „Schule in organisationssoziologischer Sicht"
(S. 44) heißt es:

1. Bevor der Unterricht konkret stattfindet, sind jene grundlegenden Bedingungen schon vorgeplant und organisiert, die den Lernprozeß beein-

flussen (Lehrplan, Stundentafel, Jahrgangsklassen, Facheinteilung, Anzahl der Klassenarbeiten u. a. m.) – *die Lernorganisation ist weitgehend formalisiert.*

2. Den pädagogischen Ideen sind deutliche Grenzen gesetzt, es gibt z. B. Raumzuteilungen, Mittelverwaltung, Dienstvorschriften, Arbeitszeitbestimmungen – *die Schule ist bestimmt durch Verwaltungsorganisation.*

3. Es gibt die Aufgliederung in Schulformen und Bildungsgänge, Abschlußberechtigungen, Übergangsmöglichkeiten – *die einzelne Schule ist eingebunden in die Makroorganisation des Bildungswesens* (alle Hervorhebungen im Original).

Diese Feststellungen Gudjons sollten wir uns bei den Überlegungen zur Schule auch im Zusammenhang mit hochbegabten Schülern ständig vor Augen halten.

Die Probleme der Hochbegabten in unseren Schulen

Immer wieder findet man Behauptungen, die besagen, daß hochbegabte Schüler in der Schule besondere Probleme haben. Spahn (1997, S. 10) etwa meint: „Psychologische Experten gehen davon aus, daß die Hälfte der Hochbegabten ihr Begabungspotential keineswegs entfalten kann, nicht gefördert wird und deshalb scheitert." Für diese Zahl und für die Art des Scheiterns fehlen allerdings bei Spahn die Belege.

Es gibt wohl keinen Schüler auf der Welt, der mit seiner Schule immer zufrieden ist. Die Frage ist nur: Sind die Hochbegabten mit ihren Schulen unzufriedener als andere Schüler? Ist diese Unzufriedenheit begründet? Welche Konsequenzen hat sie? Haben Hochbegabte mehr Probleme? Haben sie andere Probleme?

Wie bereits im Beratungskapitel erwähnt, haben sich in Beratungsstellen in unmittelbarem Zusammenhang mit der Schule Schwerpunkte der Beratungsanlässe ermitteln lassen, die hier noch einmal angeführt werden sollen (Keller 1990, Feger 1995):

1. Schulversagen oder schlechte schulische Leistung trotz diagnostizierter Hochbegabung (50 %),

2. Probleme der sozialen Anpassung (20 %). Die Prozentangaben beziehen sich nur auf die Klienten, die eine Beratungsstelle aufgesucht haben; sie dürfen keinesfalls so interpretiert werden, daß 50 % aller Hochbegabten in der Schule schlechte Leistungen zeigen oder gar in der Schule versagen.

Wieczerkowski u. Prado (1988) bzw. Prado (1998) nennen vier Kategorien im Zusammenhang mit den Schwierigkeiten der Kinder in der Institution Schule im weitesten Sinne:
1. Lernmotivation (Lustlosigkeit, Desinteresse, Langeweile);
2. schulische Probleme (Konzentrationsschwäche, Unterforderung, Leistungsverweigerung);
3. Probleme mit Lehrern (mangelndes Verständnis, mangelnde Bereitschaft, auf das Kind einzugehen);
4. soziale/emotionale Probleme (Anpassungsprobleme, Isolierung, Aggressionen, Verhaltensstörungen).

Zunehmend Probleme bereiten auch das (sinkende) Niveau in den Schulen und die große Heterogenität der Gruppen. Selbst auf dem Gymnasium empfinden einige hochbegabte Schüler, wenn auch längst nicht alle, die Anforderungen als zu gering; Klagen über das Niveau kamen vor allem von Waldorfschülern.

Wir wollen uns deshalb mit Alternativen, mit Verbesserungs- und Fördermöglichkeiten usw. beschäftigen.

Alternativen zur Schule

Die Alternativen zum Besuch einer ganz normalen Schule bestehen in
1. Verzicht auf den Schulbesuch,
2. Privatunterricht und schließlich
3. das *Home Schooling*.

Wegen der Schulpflicht ist die erste Alternative in Deutschland gar nicht möglich. Zwar hat es auch so radikale Schulkritik gegeben, daß die Abschaffung der Schule gefordert wurde (Gudjons 1993, S. 46), aber eine ernsthafte Alternative war dies nie. Für Privatunterricht braucht man die Genehmigung des Kultusministeriums; diese Genehmigung wird äußerst selten erteilt, etwa für jugendliche Spitzensportler. Der Wunsch der Mutter, ihren hochbegabten Sohn selbst unterrichten zu dürfen, ist ebenfalls schon vor bundesdeutschen Gerichten verhandelt und abschlägig beschieden worden. Aus dem Ausland ist dieses Vorgehen, bei dem die Rolle des Privatlehrers durch ein Elternteil übernommen wird, durchaus üblich.

Die Unzufriedenheit mit dem öffentlichen Schulsystem, viel zu lange Schulwege oder auch der Wunsch nach einer religiösen Erziehung haben in den USA manche Eltern veranlaßt, ihre Kinder selbst zu Hause zu unterrichten. Seit 1993 ist *Home Schooling* in

allen Bundesstaaten der USA möglich; die Zahl der so unterrichte-
ten Kinder beträgt zwischen einer halben Million und anderthalb
Millionen (›Unter Mutters Anleitung am Küchentisch pauken‹,
Frankfurter Allgemeine Zeitung 22. 1. 1998, S. 7).

Die gesetzlichen Vorgaben sind beim *Home Schooling* nicht völlig
einheitlich; so müssen sich die Eltern beispielsweise verpflichten,
den Unterricht für eine bestimmte Zeit (etwa 180 Tage im Jahr und
fünf Stunden täglich) in bestimmten Fächern (Englisch, Mathematik, Naturwissenschaften, Geschichte) durchzuführen.

Viele Eltern belassen es nicht bei diesen Fächern, ganz abgesehen
davon, daß in den meisten Fällen ohnehin nicht kontrolliert wird, ob
diese Vorschriften eingehalten werden. Sie schließen sich auch mit
anderen Eltern zusammen, um die Kinder – jedenfalls in einzelnen
Fächern – gemeinsam zu unterrichten, wobei unterschiedliche be-
rufliche Tätigkeiten, aber auch Interessen eingesetzt werden. Eine
Mutter unterrichtet in Literatur, eine andere in Kunst, eine dritte in
Naturwissenschaften – je nach Kenntnissen und Neigung.

Es zeigt sich, daß die Grenzen zwischen Privatunterricht und
Home Schooling fließend sind. In der Regel ist der Privatlehrer ein
ausgebildeter Lehrer, der nur für ein Kind zuständig ist, während
beim Home Schooling durchweg alle Kinder einer Familie von
einem Elternteil oder von beiden Eltern unterrichtet werden.

Ein wesentlicher Ausgangspunkt für das *Home Schooling* war ein
bestimmtes, positives Bild vom Kind. Danach ist das Kind von sich
aus lernbegierig, hat ein Interesse an allem Unbekannten usw.
Genau dies sind die Merkmale, die sich – wie wir im Kapitel ›Hochbegabung und Entwicklung‹ gesehen haben – bei hochbegabten
Kinder schon sehr früh zeigen. Insofern könnte *Home Schooling*
gut für hochbegabte Kinder geeignet sein.

Home Schooling ist bei uns nicht möglich; Privatunterricht ist eine
extrem seltene Ausnahme. Ebenso ist es normalerweise nicht möglich, ungestraft der Schule fernzubleiben. Alle diese Alternativen sind
folglich für Deutschland *de facto* bedeutungslos, obwohl ein Versuch
mit *Home Schooling* auch in Deutschland durchaus seine Reize hätte.

Alternativen innerhalb der Schule für alle Schüler

Reformpädagogische Ansätze
Immer wieder findet sich der Hinweis auf reformpädagogische
Ansätze im Zusammenhang mit der Begabtenförderung. Die Re-

formpädagogik umfaßt eine Vielzahl von Bestrebungen in der Zeit von etwa 1890 bis 1933.

Die Reformpädagogik stellte eine Bewegung gegen die Mängel der „alten Schule" dar, gegen Zwang und Drill, gegen die beherrschende Rolle des Lehrers, gegen staatsbürgerliches Defizit und Standesschulen, gegen fehlende Individualisierung. Im Mittelpunkt sollte das Kind stehen. Die Vorschläge, wie die alte Schule zu verändern oder zu ersetzen sei, sahen sehr unterschiedlich aus – von der Kunsterziehungsbewegung über die Arbeitsschule (nach Kerschensteiner) bis hin zur Glorifizierung der Internatserziehung. Wenn es um die Begabtenförderung geht, sind besonders häufig die Namen Montessori, Peter Petersen und Rudolf Steiner bzw. Waldorfpädagogik zu hören. Bei Maria Montessori stehen Sinnesschulung, Entwicklung zur Selbsttätigkeit und Selbsterziehung im Vordergrund. Sie entwickelte spezielle Materialien, die noch heute verwendet werden; die Altersgruppe umfaßte Kindergarten und Grundschule. Es existieren jedoch auch Hauptschulen und Gymnasien auf Montessori-Basis, die dann allerdings recht unterschiedlich aussehen können.

Peter Petersen hat sich u. a. für die Abschaffung der Jahresklassen eingesetzt und statt dessen jahrgangsübergreifende Stammgruppen eingerichtet; wobei die eigentliche Unterrichtsarbeit in kleinen Gruppen oder Kursen stattfand. Nach diesen Prinzipien werden auch heute eine Reihe von Schulen geführt.

Einige der reformpädagogischen Ansätze werden auch als Möglichkeiten im Zusammenhang mit der Hochbegabung genannt. Besonders häufig wird dabei die Waldorfschule erwähnt, über die deshalb im folgenden ausführlicher berichtet werden soll.

Waldorfschulen

Die Meinung, daß Waldorfschulen Begabungen fördern und auf die Individualität des Kindes eingehen, wird besonders von Vertretern der Waldorfpädagogik vorgetragen.

Wir wollen kurz auf einige Prinzipien der Waldorfschulen eingehen, die einerseits sehr grundlegend sind, die aber andererseits erhebliche Auswirkungen auf besonders begabte Schüler haben (vgl. die ausführlichere Darstellung bei Feger u. Prado 1989).

Die Waldorfschulen wurden von Rudolf Steiner begründet; auf ihn geht die Anthroposophie zurück. Anthroposophie ist eine Lehre, die aus sehr vielen Quellen schöpft. Sie hat Anleihen bei anderen Reformpädagogen gemacht (Kerschensteiner, Gaudig, Petersen), bezog aber auch hinduistisch-buddhistisches Gedankengut mit ein sowie Elemente der Mysterienfrömmigkeit.

Eine wichtige Rolle für die Schulpraxis spielen Steiners Überlegungen zu den *Hebdomaden* (Lebensjahrsiebten), die *Temperamente* sowie das *Karma* und okkulte Vorstellungen.

Die ersten drei Hebdomaden sind in der Pädagogik von besonderer Bedeutung. Im ersten Lebensjahrsiebt erfolgt das Lernen durch Nachahmung, die Anregung durch die Sinne. Intellektuell-Abstraktes und Technisch-Vorgefertigtes sind äußerst verpönt. Wichtig sind in dieser Zeit die Vorbilder. Im zweiten Lebensjahrsiebt sollen Autorität – insbesondere die Autorität des Lehrers – und Nachfolge bzw. Gehorsam das Lernen bestimmen. In dieser Zeit geht es vor allem um die Schulung des Gedächtnisses und die Pflege des ästhetischen Empfindens. Im dritten Jahrsiebt kommt es zu einer stabilisierenden Wirkung der Erziehung. Alle Aussagen sollen in Frage gestellt und sinnvoll begründet werden.

Eine hervorragende Bedeutung erhalten die verschiedenen Temperamente, cholerisch, melancholisch, phlegmatisch, sanguinisch; diese Vorstellungen gehen auf Hippokrates und Galen (Lehre von den Körpersäften) zurück. Nach den Temperamenten nehmen die Lehrer die Sitzordnung der Schüler vor; welches Temperament vorliegt, erschließen die Lehrer durch die Beobachtung der Schüler, vor allem durch das Malen und etwa durch die Vorliebe eines Kindes für bestimmte Farben. Auch die Ärzte an Waldorfschulen sind an der Bestimmung des Temperamentes beteiligt. Die Temperamente legen die Behandlung des Kindes fest, die Lehrmethoden usw.

Feger u. Prado haben schon 1989 in Beratungsstellen beobachtet, daß sich unter den begabten Schülern mit Schulproblemen besonders viele Waldorfschüler befinden. Nun hatte schon Beckmannshagen (1984) im schulpsychologischen Dienst der Stadt Wuppertal festgestellt, daß besonders viele Schüler (aber auch besonders viele Lehrer) von Waldorfschulen Rat und Hilfe benötigen. Wir haben leider den Eindruck gewinnen müssen, daß die hochbegabten Schüler in besonderem Maße unter Waldorfprinzipien leiden, etwa unter den sehr heterogenen Klassen, die mit dem Alter der Kinder zunehmend heterogener werden. „In den Altersklassen sitzen hochbegabte Kinder neben solchen, die an der untersten Grenze der normalen Schulfähigkeit stehen" (Rauthe 1970, S. 14–15). Besonders aber leiden sie an den irrationalen Elementen der Anthroposophie. Wenn sie hören, daß die Gedächtnisbelastung im Alter von 8 oder 9 Jahren zu Sklerose im Alter von 50

Jahren führen kann oder Gedächtnisbelastung zwischen Zahn-
wechsel und Geschlechtsreife Diabetes zur Folge hat, dann führt
das zu Ängsten und zu Schuldbewußtsein (Feger u. Prado 1989,
S. 223). Ein wörtliches Zitat aus dem Quellenbuch von Rittersbacher (1975, S. 106) sei hier angefügt:

Es verdichtet sich der Ausatmungsvorgang, und das Kind hat ein unterbe-
wußtes Alpdrücken, wenn der Intellektualismus zwischen dem 7. und 14.
Jahre zu stark an das Kind herangebracht wird. Es kommt ein innerlich, ich
möchte sagen, intimes Alpdrücken zustande, das bei der Organisation ver-
bleibt und das in einem späteren Alter zu asthmatischen Zuständen oder al-
lerlei Krankheiten treibt, welche zusammenhängen mit einem nicht flotten
Atmungsprozeß.

Die Bedürfnisse und Wünsche hochbegabter Kinder entsprechen
nicht dem, was nach den Vorstellungen der Anthroposophie richtig
und zulässig ist. So kann es bei einem solchen Kind leicht zu Selbst-
vorwürfen und Ängsten kommen.
Hochbegabte Kinder in Waldorfschulen werden vielfach als Lehrer für ihre langsameren Mitschüler eingesetzt – dies wird ausdrücklich als Maßnahme der Begabtenförderung in der Waldorfliteratur
erwähnt. In fast allen Fällen in der Beratungsstelle haben sich die
Kinder darüber beklagt, wie sehr sie diese Verantwortung belastet
und machmal sogar in eine Außenseiterposition drängt.
Zum Abschluß möchten wir einige Zitate zur Waldorfpädagogik
bringen; zunächst das von Günther (1988, S. 226):

Es gibt viele Wege ins 'New Age'... Von herausragender Bedeutung für die
religiöse Formation des 'New Age' sind aber nicht die dubiosen und in der
Öffentlichkeit so deutlich kritisierten Jugendreligionen, es ist viel mehr die
Anthroposophie des Rudolf *Steiner*. 'New Age' in der Bundesrepublik
Deutschland ist weitgehend Anthroposophie.

Die Nordelbische Kirche (Ausschuß der Kirchenleitung) stellt in
ihrer Broschüre ›Die Waldorfschulen‹ fest:

Was in den letzten hundert Jahren an psychologischen und vor allem an entwicklungspsychologischen Erkenntnissen international gewonnen wurde, hat
bis heute noch keinen Eingang in die Waldorfpädagogik gefunden. Vielmehr
gilt dort nach wie vor der Siebenjahresrhythmus der kindlichen Entwicklung, trotz einer umfangreichen allgemein anerkannten pädagogisch-psychologischen Literatur, ohne deren Kenntnis kein Lehrer seine Staatsprü-
fung ablegen kann ...
... [man] steht ... verblüfft vor dem Rätsel, wie ein Schulsystem ohne
Einbeziehung der Entwicklungspsychologie möglich ist und sich statt dessen

lediglich auf eine antiquierte Temperamenten-Lehre gründet, die auf die Kinder generalisierend übertragen wird (1986, S. 15–16).

Der Pädagoge Otto Lange schließlich kommt zu dem Fazit: „Hochbegabte, die ja häufig ihre geistige Entwicklung besonders schnell durchlaufen, können ihren Weg eigentlich nur gegen diese Pädagogik gehen" (1990, S. 58).

Individualisierung und Differenzierung

Bei Steiner werden der Individualisierung schon durch das, was in einer Hebdomade zulässig ist, Grenzen gesetzt. Entwicklungsvorsprünge, wie sie gemäß entwicklungspsycholgischen Erkenntnissen für hochbegabte Kinder typisch sind, finden keine Berücksichtigung; differenziert wird nach Temperamenten. Dabei unterscheiden sich Schüler durch sehr viele Merkmale voneinander, von denen eine ganze Reihe auch Auswirkungen auf das Lernen in der Schule haben, durch Konzentrationsfähigkeit, durch Motivation, durch ihre Lernerfahrungen und durch unterschiedliche Lernstile, durch ihren Kenntnisstand und durch ihre Einstellung zum jeweiligen Lehrer usw. Dem schematischen Vorgehen, das solchen Unterschieden keine Beachtung schenkt, haben die Reformpädagogen Alternativen entgegengesetzt. In neuerer Zeit spielen aber weniger geschlossene Konzepte wie in der Reformpädagogik eine Rolle, vielmehr sind es einzelne Bereiche, die behandelt werden. Dazu gehören etwa Individualisierung und Differenzierung.

Bei der *Individualisierung* geht man von der Tatsache aus, daß in bezug auf viele (unterrichtsrelevante) Persönlichkeitsmerkmale erhebliche interindividuelle Unterschiede bestehen. Hier bedeutet Individualisierung eine Gestaltung des Unterrichts für einen Schüler unter Berücksichtigung dieser Merkmale. Überlegungen zur Individualisierung gehen im Idealfall von einem einzigen bestimmten Schüler aus. Hier wird schon deutlich, daß dies in keiner Schule zu leisten ist. Es fragt sich nur, in welcher Form eine Annäherung an das Ideal möglich ist.

Differenzierung ist das Bestreben, den Unterricht an die internen Bedingungen der Schüler oder einer Lerngruppe anzupassen. Dies kann durch die Variierung der Lehrziele, der Lehr-/Lernverfahren, der Lernmaterialien, der Lernhilfen und der Lernzeit erreicht und durch schulorganisatorische Maßnahmen unterstützt werden. Differenzierung kann nicht mehr vom einzelnen ausgehen, sondern richtet sich auf Schülertypen, die aufgrund verschiedener Merkmale oder Merkmalskombinationen klassifiziert werden. Unterrichtsdifferenzierung geht von bestimmten Organisationsformen aus, etwa von homogener Gruppierung oder von der inneren Differenzierung. Die Zahl dieser Vorschläge ist in der Regel außerordentlich gering, hält man sich die Vielfalt der Merkmale und Merkmalskombinationen allein in einer Klasse vor Augen (Vorkenntnisse, Vorlieben, Interessen, Leistung usw. in unterschiedlicher qualitativer Ausprägung). Vor einigen Jahren wurde die Binnendifferenzierung besonders häufig gefordert. Wir wollen uns jedoch zwei Bereichen zuwenden, die in den letzten Jahren stärker ins Gespräch geraten sind, dem offenen Unterricht und dem kooperativen Lernen.

Offener Unterricht
„Offener Unterricht" ist ein „Sammelbegriff für unterschiedliche Reformansätze" (Bastian 1995, S. 6). Bastian nennt zehn verschiedene Merkmale des Offenen Unterrichts, von denen wir hier nur einige anführen wollen:
1. Offener Unterricht öffnet sich den Fragen und Interessen der Beteiligten.
2. Offener Unterricht öffnet sich der Verschiedenheit der Schüler(innen).
3. Offener Unterricht öffnet sich für Erfahrung und ermöglicht Handeln an außerschulischen Lernorten.
   …
7. Offener Unterricht fördert die Bedeutsamkeit des Lernens.
8. Offener Unterricht kultiviert die Rolle des Lehrenden als Lernberater.
   …

Bereits an diesen wenigen Formulierungen wird deutlich, wie wenig präzise sie definiert sind. So zeichnen sich die Diskussionen über offenen Unterricht dadurch aus, daß fast jeder etwas anderes darunter versteht. Das macht die Anwendung des Konzepts schwierig.

Kooperatives Lernen
Unter kooperativem Lernen versteht man ein ganzes Bündel von Maßnahmen und oft sehr unterschiedlichen Vorgehensweisen; üblicherweise wird der Frontalunterricht ersetzt durch gemeinsames Arbeiten von Schülern in kleinen Gruppen. Die Schüler sind stärker für ihr eigenes Lernen verantwortlich. Vor allem aus den USA gibt es eine Fülle an Material zum kooperativen Lernen, etwa die Biblio-

graphie von Totten, Sills, Digby u. Russ (1991), die 818 Literaturtitel enthält, einige davon mit Zusammenfassungen. Viele der dort angeführten Befunde zeigen, daß kooperatives Lernen die Lernergebnisse positiv beeinflußt. Im Index des Buches taucht allerdings nur einmal *gifted* auf; der betreffende Hinweis bezieht sich auf die Beobachtungen von drei verschiedenen Lehrern, nach denen sich kooperatives Lernen positiv auswirkt (*dramatic changes*). Solche neuen Vorschläge werden immer wieder kritiklos übernommen, ohne daß ermittelt wird, ob das Verfahren wirklich für alle Schüler optimal ist. Während Wheatley (1989, S. 269) dem kooperativen Lernen Wichtigkeit bei der Unterweisung Hochbegabter bescheinigt, zählen Robinson u. Clinkenbeard (1998, S. 134–135) unter Hinweis auf neue Befunde kooperatives Lernen zu den Vorgehensweisen, die mit Vorsicht oder Vorbehalt verwendet werden sollten. Auch Heller u. Hany (1996, S. 486) zitieren eine Reihe warnende Stimmen. Das Fazit läßt sich ziehen, daß bei manchen neueren Ansätzen behauptet wird, es handele sich um eine hervorragende Maßnahme für alle Schüler, daß aber der Beleg für die Richtigkeit der Behauptung meistens fehlt.

Alternativen innerhalb der Schule für besonders begabte Schüler

Eine Einteilung von Fördermaßnahmen erfolgt in der Regel unter den Bezeichnungen *enrichment* (Zusatzmaßnahmen), *acceleration* (beschleunigter Fortschritt) und *grouping* (Bilden von leistungshomogenen oder begabungshomogenen Gruppen). Weitere Gesichtspunkte der Einteilung sind bei Feger (1988a, S. 196–199) beschrieben.

Unter dem Begriff *acceleration* oder beschleunigter Fortschritt finden wir Varianten, die sich inzwischen auch in Deutschland relativ stark durchgesetzt haben. Es geht dabei um die vorzeitige Einschulung, das Überspringen von Klassen und die sog. D-Zug-Klassen, bei denen z. B. in zwei Jahren der Stoff von drei Jahren bewältigt wird.

Eine in Deutschland noch selten genutzte Maßnahme ist das Überspringen von Schulklassen. Eltern und Schulen stehen dieser Maßnahme sehr skeptisch gegenüber (Rost 1990, Prado u. Schiebel 1994, Schiebel u. Prado 1996), obwohl überwiegend über positive Auswirkungen des Überspringens auf die kognitive, soziale und emotionale Entwicklung der Schüler in der Fachliteratur berichtet wird (Kötter 1986; Santl u. Reitmajer 1991; Heinbokel 1996).

Untersuchungen über das Überspringen berichten in Deutschland praktisch nur über nachträglich gewonnene Daten. Eine Ausnahme bildet die prozeßbegleitende Untersuchung zum Hamburger Modellversuch, der von 1993 bis 1996 durchgeführt wurde (Schiebel u. Prado 1996). Deshalb sollen auch hier einige Angaben erfolgen. So war die Anzahl der Schüler, die für die Maßnahme vorgeschlagen wurden, sie dann aber nicht wahrnahmen (94 Schüler), deutlich größer als die Anzahl derjenigen, die dann auch gesprungen sind (35 Schüler). Die Schüler, die nicht springen wollten, gaben als Gründe an, sie wollten die alte Gruppe nicht verlassen, sie befürchteten, daß zusätzliche Anstrengungen erforderlich sein könnten, die eine Einschränkung der Freizeit zur Folge haben würden (wobei allerdings zusammen mit der Empfehlung des Springens durch die Schule sehr oft der Hinweis erfolgt war, daß Anstrengungen über längere Zeit hinweg erforderlich seien), außerdem gab es auch die Angst vor der Sonderrolle in der neuen Klasse.

Die Motive für das Überspringen waren sehr unterschiedlich und reichten von dem Wunsch, Langeweile zu beenden, bis hin zu der Erwartung, neue Freunde zu gewinnen. Bei keinem der Schüler, die gesprungen waren, gab es in der neuen Klasse Probleme. In sozialer Hinsicht waren sie weder Außenseiter noch Stars. Ihre Noten sanken innerhalb des ersten Jahres geringfügig ab, auch dies ein Grund für einige Oberstufenschüler, nicht zu springen. Keiner der „Überspringer" hat es aber nach einem Jahr bereut, eine Klasse übersprungen zu haben.

Zur Illustration der Zusatzmaßnahmen (*enrichment*) wollen wir uns Baden-Württemberg ansehen. Dort findet seit 1984/85 an den weiterführenden allgemeinbildenden Schulen und beruflichen Schulen das Programm *Förderung besonders befähigter Schüler* statt. Das Förderprogramm setzt sich aus mehreren Bestandteilen zusammen; vor allem sind hier die Arbeitsgemeinschaften für besonders befähigte Schüler zu nennen. 1997 nahmen etwa 4 500 Schülerinnen und Schüler an rund 500 Arbeitsgemeinschaften teil. Bearbeitet werden Themenstellungen aus dem mathematisch-naturwissenschaftlich-technischen, aus dem sprachlichen oder aus dem gesellschaftswissenschaftlichen Bereich. Die Arbeitsgemeinschaften finden in der Regel wöchentlich zweistündig statt und werden vielfach durch Exkursionen, Praktika oder Wochenendseminare ergänzt.

Das Ziel der Arbeitsgemeinschaften ist es, begabte und motivierte

Schülerinnen und Schüler gemeinsam an anspruchsvollen Themenstellungen arbeiten zu lassen, die im Unterricht nicht behandelt
werden. Dabei wird auf die gemeinsame Suche nach Lösungen
ebenso viel Wert gelegt wie auf die Lösung selbst. Dem Leiter
kommt eher die Rolle eines Moderators für Lernprozesse als eines
Lehrenden zu.

Interessant ist die Betrachtung der teilnehmenden Schulen. Im
Schuljahr 1995/96 nahmen 350 Schulen teil, an denen 499 Arbeitsgemeinschaften abgehalten wurden. Davon waren 37 Hauptschulen,
113 Realschulen, 170 Gymnasien und 30 Berufsschulen. Nur knapp
die Hälfte der beteiligten Schulen waren Gymnasien; auffällig ist
weiterhin, daß sich im Laufe der letzten zehn Jahre der Anteil der
Realschulen an der Gesamtzahl der teilnehmenden Schulen kontinuierlich gesteigert hat. Hier zeigt sich, daß es seit 15 Jahren profes-
sionelle Angebote im Rahmen der Schule gibt, die eine hervorragende wissenschaftliche Begleitung (Evaluation) durch Heller und
Mitarbeiter von der Universität München erfahren haben und die
somit übertragbar sind. Heller kommt zu der abschließenden Beurteilung: „Gemessen an wissenschaftlichen Ansprüchen und internationalen Vergleichen stellen die Begabten-AGs in Baden-Württemberg ein effektives und bewährtes Mittel der Begabtenförderung
dar, zumal der damit realisierte Enrichment-Gedanke durch andere
Fördermaßnahmen ergänzt wird." (Heller, zitiert nach schriftlichen
Informationen des Ministeriums für Kultus, Jugend und Sport in
Baden-Württemberg 1997; auf diesen Informationen basiert die gesamte Darstellung).

In Baden-Württemberg werden außerdem vor allem für die
Preisträger von Wettbewerben oder Zwischenrunden Seminare
durchgeführt; diese Seminare sollen zur Teilnahme an Wettbewerben anregen oder die erfolgreiche Teilnahme belohnen.

Es gibt weiterhin die Teilnahme am *Freiburg-Seminar*, das vom
Kultusministerium und der Stadt Freiburg gemeinsam durchgeführt
wird und bei dem es zu schulübergreifenden Arbeitsgemeinschaften
von besonders begabten Schülern kommt. Ergänzend wird wöchentlich ein interdisziplinärer Vortrag von einem Hochschullehrer gehalten.

Wir haben für Baden-Württemberg gesehen, daß Heller die Maßnahme als sehr gelungen bezeichnet hat. Auch das Überspringen –
wie in Hamburg gezeigt wurde – ist im allgemeinen ein erfolgreiches Vorgehen. Ob und wie sich solche Fördermaßnahmen auswirken, wie erfolgreich sie sind, hängt von den Geförderten ab, vor

allem aber von der Qualität der Maßnahmen; das Kapitel ›Fördermaßnahmen‹ wird nähere Information zur Qualitätssicherung bringen. Dort finden sich auch Angaben zu Maßnahmen in anderen
Bundesländern.

In unserer Beratungspraxis haben wir oft gehört, daß Akzelerati-
on (Beschleunigung) die bevorzugte Maßnahme darstellt, da sie weniger Arbeit für Lehrende und Schule bedeutet, als dies Zusatzan-
gebote oder Gruppierung tun.

Bislang finden alle Maßnahmen der Förderung von Hochbegabten im Rahmen regulärer Schulen statt; auch die Christophorusschulen in Braunschweig, Rostock und Königswinter haben nur
Hochbegabten-Zweige oder ein besonders reiches Angebot an
Arbeitsgemeinschaften usw. Die älteste Christophorusschule mit
Hochbegabtenförderung gibt es seit 1982 in Braunschweig. Die Anforderungen an die hochbegabten Schüler sind deutlich höher als an
die anderen Schüler (mehr Leistungskurse, mehr Arbeitsgemeinschaften usw.). Interessant ist es, daß ganz offensichtlich zwischen
den hochbegabten Schülern und den anderen Schülern keine Spannungen entstehen. – Erst 2001 wird es vermutlich die erste wirkliche
Hochbegabten-Schule in Deutschland geben, und zwar St.Afra in
Meißen (Sachsen).

Lern- und Arbeitstechniken

Marie Curie (1867–1934) wurde als Maria Sklodowska in War-
schau geboren. Sie erhielt zweimal den Nobelpreis, und zwar 1903
für Physik zusammen mit ihrem Mann Pierre Curie sowie 1911 für
Chemie. Sie ist ein Musterbeispiel für den Entwicklungsvorsprung
hochbegabter Kinder und konnte bereits mit vier Jahren lesen; sie
hat es – auch das ist typisch – sehr schnell und sehr vollständig gelernt (Prause 1976, S. 109).

Als Marie Sklodowska in die Schule kam, war sie in allen Fächern die Erste,
obwohl sie in ihrer Klasse die Jüngste war, zwei Jahre jünger als die anderen.
Ihr einziges Ideal war Lernen. Aber das Lernen fiel ihr eben extrem leicht,
weil sie ein so phänomenales Gedächtnis hatte. Es war – so schrieb ihre Tochter – „so unwahrscheinlich, daß ihre Mitschüler an eine List glaubten, wenn
sie etwa ein Gedicht fehlerlos aufsagte, das sie zweimal gelesen hatte".

Sie konnte sich enorm gut konzentrieren. Dabei störten auch laut
lärmende Kinder in unmittelbarer Nähe die kleine Maria Sklodowska nicht.

Marie Curie ist ohne ihr hervorragendes Gedächtnis, ohne ihre überragende Konzentrationsfähigkeit nicht denkbar. Diese wesentlichen Grundlagen hervorragender Lern- und Arbeitstechniken werden praktisch immer erwähnt, wenn man etwas über Marie Curie liest. Es ist deshalb nur ein Gedankenspiel, eine Spekulation, wenn man sich die Schülerin Maria Sklodowska mit Problemen im Bereich der Lern- und Arbeitstechniken vorstellt. Und dennoch: Marie, die in bestimmten Situationen Kopfschmerzen bekommt, die ihre Konzentrationsfähigkeit beeinträchtigen und sich unter Umständen sogar auf das hervorragende Gedächtnis auswirken – hätte diese Marie bereits mit fünfzehn Jahren die Schule mit Auszeichnung abschließen können? Hätte diese Marie den Mut gehabt, nach Paris zu gehen und trotz ihrer enorm schlechten finanziellen Lage zu studieren?

Diejenigen, die Begabung mit Leistung gleichsetzen, gehen davon aus, daß sich besondere Begabung auch durchsetzt, also auch als Leistung zeigt. Für sie hätte es Marie Curie auf jeden Fall geschafft. Seitdem intensiver systematische Beratung für hochbegabte Kinder und Jugendliche angeboten wird, ist jedoch das Problem bekannt, daß es auch bei dieser Gruppe zu Problemen mit Lern- und Arbeitstechniken kommen kann, was zu durchaus mäßigen oder gar schlechten Leistungen führt.

Das Problem der schlechten Schulleistungen ist natürlich nicht auf Hochbegabte beschränkt. In der Literatur zum Thema *underachiever*, also jener Schüler, die eigentlich mehr leisten könnten, als sie es tatsächlich tun, sind deshalb alle Schüler mit einbezogen worden; das Thema ist seit vielen Jahren in vielen Ländern und unter vielen Aspekten behandelt worden (vgl. Butler-Por 1993).

Wenn hochbegabte Schüler in der Schule vergleichsweise schlechte Leistungen zeigen, dann kann das viele Ursachen haben, etwa Erkrankung, Behinderung, Verweigerungshaltung, Krisensituationen. Eine der Hauptursachen für schlechte Schulleistungen sind – bei Schülern und sehr häufig selbst bei Erwachsenen – Unzulänglichkeiten bei Lern- und Arbeitstechniken. Betrachtet man an dieser Stelle noch einmal das 'Hochbegabungsmodell' nach Renzulli, dann stellt man fest, daß dies eigentlich gar nicht möglich ist. Denn eine der drei Komponenten, die Hochbegabung ausmachen, ist ja gerade die Motivation oder auch Arbeitshaltung bzw. leistungsorientierte Arbeitshaltung (Rost 1991a, S. 201). Ein Mensch, dem die Motivation abgeht, kann nach diesem Modell nicht hochbegabt sein. Vielleicht wird an dieser Stelle deutlich, warum wir und mit uns viele

andere, die sich für Hochbegabung interessieren, diesem „Modell"
wenig abgewinnen können. Wir haben einfach zu viele Kinder und
Jugendliche kennengelernt, die eine außergewöhnliche Begabung
haben, aber denen es an einer entsprechenden Arbeitshaltung
fehlt.

Es fragt sich, wie es überhaupt dazu kommen kann, daß ein hoch-
intelligentes Kind schlechte Lern- und Arbeitstechniken hat. Es hat
sich gezeigt, daß manche Kinder das Lernen verlernen, während andere systematisches Lernen nie gelernt haben. Übrigens sind dies
nicht zwei völlig getrennte Gruppen, sondern es gibt auch solche,
die systematisches Arbeiten gelernt haben, das sie dann aber wieder
verlernen.

Häufig findet man folgende Entwicklung: Die Kinder haben
schon in der frühen Kindheit viel Freude am Lernen; die Informationen fliegen ihnen nur so zu; sie nehmen die Anregungen durch
ihre Umwelt ohne Anstrengungen auf. Sie habe ein hervorragendes
Gedächtnis. Viele hochbegabte Kinder haben vor der Einschulung
Sammlungen angelegt, denen eine Systematik zugrundeliegt, sie ka-
talogisieren und archivieren. Sie nehmen die Lektüre eines Buches
zum Ausgangspunkt für die weitere Informationssammlung. Dazu
brauchen sie in der Regel die Unterstützung der Eltern, so daß diejenigen, deren Familie diese Unterstützung geben kann und will,
hier schon Verhaltensweisen formen und festigen können, die
eigentlich für die Schule sehr wichtig sind. Tatsächlich setzt aber
dann auch in diesem Bereich – Lern- und Arbeitsverhalten – eine
Unterforderung der Kinder in der Schule ein. Das geht einher mit
der „kognitiven" Unterforderung. Die intellektuellen Anforderungen der Schule bewältigen die Kinder dennoch zunächst spielend.
Sie können dank ihres hervorragenden Gedächtnisses, ihrer Fähigkeit, logisch zu denken, ihres bereits vorhandenen Wissens den Stoff
sehr schnell verarbeiten. Die Hausaufgaben bereiten ihnen keine
Mühe. So sind sie problemlos „gute Schüler", wenn sie nicht rebel-
lieren, sich verweigern und Probleme durch ihr Verhalten bekommen; hier geht es wieder um die „Spirale der Enttäuschung".
Während der Grundschulzeit wird diesen Schülern in der Schule
somit kaum eine Gelegenheit geboten, weiter das Lernen zu lernen.

Irgendwann kommt dann aber der Punkt, wo die rasche Auffassungsgabe, das gute Gedächtnis beim Lernen nicht mehr ausreichen.
Wenn dann die Gelegenheit verpaßt wird, die Schüler doch noch an
das Lernen heranzuführen, ihnen Üben und Wiederholen beizubrin-
gen, dann verschlechtern sich die Leistungen kontinuierlich, was ge-

legentlich aber erst sehr plötzlich deutlich wird – etwa mit einer völlig unerwarteten Fünf in einer Klassenarbeit oder einem Test.

Das Problem besteht in diesen Fällen darin, auf die betreffenden Schüler überhaupt erst einmal aufmerksam zu werden. Es steht leider zu befürchten, daß Schüler, die hochbegabt und leistungsschwach zugleich sind, häufig nicht entdeckt werden, daß manche vorzeitig die Schule verlassen, denn nicht nur für die Nominierung für die Studienstiftung ist die Note 1,0 noch immer eine magische Zahl; auch Lehrer schließen aus den Schulnoten sehr häufig auf die Begabung der Schüler (vgl. Rost u. Hanses 1997). Das Faltblatt der Beratungsstelle der Hamburger Schulbehörde (*BbB*) spricht von Kindern und Jugendlichen,

deren besondere Begabung nicht oder nicht rechtzeitig erkannt und 'abgerufen' wird. Sie ziehen sich in ihre eigene Welt zurück, fühlen sich unverstanden, werden falsch eingeschätzt und reagieren darauf mit z. T. massiven Lern- und Verhaltensschwierigkeiten. Sie denken 'quer', sind eigenwillig, kapseln sich ab, zeigen Desinteresse am Unterricht; ihr Verhalten ist unangepaßt, ihre Schulleistungen bleiben weit hinter ihren Möglichkeiten zurück. Diese Kinder laufen Gefahr, das Lernen nicht zu lernen und zu Schulversagern zu werden (1997).

Das Problem, wie man solche Kinder entdeckt, ist noch nicht gelöst. Zu der Frage, wie man ihnen helfen kann, gibt es eine ganze Menge von Erkenntnissen. In diesem Zusammenhang ist der Name von Gustav Keller zu nennen, der sich im Rahmen der Bildungsberatungstelle Ulm (Schulpsychologischer Dienst) mit hochbegabten Schülern befaßt hat. Bekannt geworden aber ist er durch seine Veröffentlichungen zu Lern- und Arbeitstechniken. Er hat mehrere sehr gute Anleitungen für Schüler herausgebracht, aber auch Untersuchungen zur Wirksamkeit seiner Trainings bzw. von Training generell durchgeführt. Bei diesen Ratgebern ging Keller nicht von hochbegabten Schülern aus, sondern ihm ging es um Hilfe für alle Schüler (Keller 1986, 1991 a, 1991 b).

Unser eigenes Konzept für Hilfe bei Problemen mit Lern- und Arbeitstechniken sieht folgendermaßen aus:
Diagnostik;
Informieren;
Überprüfung und Veränderung der äußeren Lernbedingungen;
Verhalten einüben und optimieren;
Selbstkontrolle durch den Klienten;
gemeinsame Überprüfung der Wirksamkeit der Maßnahmen.

Es geht hierbei um Jugendliche und junge Erwachsene. Die Diagnostik umfaßt außer psychologischen Tests auch Selbstbeobachtungsprotokolle, die über einen längeren Zeitraum geführt werden (etwa zwei bis drei Wochen).

Manche Schüler, aber auch Erwachsene brüsten sich mit ihren unvollkommenen Lern- und Arbeitstechniken bzw. mit ihrer miserablen Arbeitshaltung. „Lieber intelligent und faul als dumm und fleißig" – scheint hier das Motto zu sein. Erst eine systematische Beobachtung des eigenen Arbeitsverhaltens zusätzlich zur Diagnostik schafft die notwendige Klarheit.

Abhängig von den diagnostischen Erkenntnissen erhalten die Klienten Informationen, die als Module zur Verfügung stehen. Solche Module befassen sich beispielsweise mit Lernen, Gedächtnis, Konzentration, Aufmerksamkeit usw. Es handelt sich hier im wesentlichen um die psychologischen Grundlagen des Lernens und Behaltens.

Gleichzeitig mit diesen Informationen kommt es zu einer Veränderung der äußeren Bedingungen des Lernens (Arbeitsplatzgestaltung, Lernphysiologie, Einsatz von Arbeitsmitteln, Zeitmanagement usw.).

Danach kommt es zur gemeinsamen Erarbeitung von Vorschlägen für die Verbesserung des gesamten Lernverhaltens, wobei auch ständig neue Verhaltensweisen und neue Lernstrategien eingeübt werden. Hier werden auch Rückschläge und Enttäuschungen verarbeitet.

Keller (1988) konnte bereits nach einem Gruppentraining von nur fünf Doppelstunden erstaunliche Erfolge nachweisen; die Wirksamkeit eines „maßgeschneiderten" Vorgehens läßt sich leicht ausmalen. Der Begriff 'ganzheitlich' wird seit einiger Zeit sehr mißbraucht und hat sich zum Modebegriff entwickelt; hier können wir ihn mit Fug und Recht verwenden, weil die sachliche Geschlossenheit des Gegenstandes gewährleistet wird. Es handelt sich um ein ganzheitliches Verfahren, an dessen Gestaltung die Klienten stark beteiligt sind und das für jeden Klienten anders aussieht. Dieses Vorgehen ist nicht nur für Hochbegabte geeignet und kann bis ins hohe Alter eingesetzt werden.

Minderleistung oder *underachievement* kann natürlich auch ganz andere Ursachen haben als schlechte Lern- und Arbeitstechniken; emotionale Schwierigkeiten, Trotz- und Verweigerungshaltung oder auch neurologische Probleme können ebenfalls zu *underachievement* führen. Minderleistung und Hochbegabung sind in Deutsch-

land noch nicht systematisch untersucht worden. Wir haben es bei
der Beratung jedoch besonders häufig mit Problemen der Lern- und
Arbeitstechniken zu tun gehabt und konnten sehr gute Erfolge in
vergleichsweise kurzer Zeit erzielen.

Verschiedene Schulformen

Im Zusammenhang mit dem dreigliedrigen Schulsystem in
Deutschland ergibt sich die Frage, welche Schulform für Hochbegabte besonders geeignet ist. Früher galt einmal das Gymnasium als
die Schule für die Hochbegabten, aber selbst zu Zeiten, in denen
nur 4,2% eines Geburtsjahrganges das Abitur machten, wie beispielsweise im Jahr 1956, scheiterten auf dem Gymnasium auch begabte Schüler, zum Teil schon wegen eines sehr eingeschränkten Begabungsbegriffs, den das Gymnasium bei der Leistungsbewertung
zugrunde legte (vgl. Magdeburg 1963). Andere Schüler, die sicherlich hochbegabt waren, wurden zunächst etwa durch die schlechten
materiellen Umstände am Besuch des Gymnasiums gehindert. Heute ist das Gymnasium fast zur Regelschule geworden. Daß einige
hochbegabte Schüler und viele Eltern mit dem Niveau der Schule
unzufrieden sind, wurde bereits erwähnt.

Gesamtschulen werben hingegen mit dem umfassenden Angebot,
das sie ihren Schülern machen können, und mit ihren Niveaukursen.
Auch hier haben wir die Erfahrung gemacht, daß solche Verspre-
chen oft gebrochen werden, vor allem durch das Nichtzustandekom-
men von Kursen.

Zu bedenken sind hier aber etwa die Befunde zu den AGs in
Baden-Württemberg, daß auch Hauptschulen und in sehr starkem
Maße Realschulen AGs durchgeführt haben. Wir können also mit
Sicherheit sagen, daß hochbegabte Schüler auch in anderen Schulen
als in den Gymnasien zu finden sind und daß es die ideale Schule
für hochbegabte Schüler nicht gibt. Selbst in einer Spezialklasse für
Hochbegabte wären im übrigen noch immer deutliche Leistungsun-
terschiede zu erwarten.

Welche Maßnahmen auch immer in der Schule durchgeführt werden, es sind die Konsequenzen nicht nur für die besonders begabten
Schüler zu beachten, sondern auch die für die anderen Schüler. So
weitgehende Schulversuche, wie sie Moede, Piorkowski u. Wolff
(1918) oder Stern in Hamburg durchgeführt haben (vgl. auch den
geschichtlichen Überblick im ersten Kapitel), haben wir heute lei-

der nicht, obwohl inzwischen ausgefeilte Methoden der Evaluation – der wissenschaftlichen Begleitung und Auswertung – zur Verfügung stehen. Es wäre doch interessant, sehr unterschiedliche Varianten zu erproben und herauszufinden, was für alle Schüler das beste ist, und dieses Wissen dann allgemein zugänglich zu machen.

Die Rolle des Lehrers

Einstein haßte die Schule wegen ihrer militärisch-straffen Organisation; er verglich die Lehrer an der Elementarschule mit Feldwebeln, die Lehrer im Gymnasium mit Leutnants.

Wichtiger als die Schulorganisation sind häufig die Lehrer, ihre Einstellungen, ihre Persönlichkeit usw. Viele Mängel und Schwächen des Systems können durch begeisterte Lehrer ausgeglichen oder sogar zum Verschwinden gebracht werden. Einige Zitate aus Rahn (1985, S. 37–38), wo es um eine Befragung der Bundessieger im *Bundeswettbewerb Mathematik* geht, sollen dies illustrieren:

Wer mein Interesse angeregt hat? Eigentlich nicht die Schule, sondern ein einziger Mensch, der 'Lehrer' hieß und sagte, wir sollten es doch mal probieren ...

Da ich mich schon immer für Mathematik interessiert habe (z.B. eigenständige Entdeckung des Binomialsatzes mit 14 Jahren), regte mich meine Mathematiklehrerin zur Teilnahme am Bundeswettbewerb Mathematik an.

Was einen guten Lehrer, eine gute Lehrerin auszeichnet, wäre etwa die Fähigkeit zur Individualisierung und Differenzierung. Heller (1995, S. 22) weist auf die besonders erfolgreichen Lehrer hin, die sich durch hohe Flexibilität und stärker akzeptierende Haltung gegenüber ihren Schülern auszeichnen. Hier wird deutlich: Der gute Lehrer für die Hochbegabten ist auch ein guter Lehrer für alle Schüler. Es ist schon manches Mal die Frage gestellt worden, ob intellektuell hochbegabte Schüler auch intellektuell hochbegabte Lehrer brauchen. Hellert (1995, S. 106) sagt dazu:

Nein, sie brauchen sehr begabte Lehrer, die Lust auf Arbeit mit hochbegabten Schülern haben. Nicht zu leugnen ist, daß es den Reiz für beide Seiten erhöht, wenn auch die Lehrkraft hochbegabt ist.

Als wichtige Merkmale nennt sie „Anerkennung und Achtung als Grundhaltung gegenüber dem Schüler, Flexibilität in den Forderungen und Methoden, Neugierde auf Fragen und Antworten, Bereischaft zur beständigen wissenschaftlichen Fortbildung und vor allem Humor als Grundlage für Selbstkritik und Kritik" (S.106).

Eine besondere Art von Lehrern sind die Mentoren. Hier sind einmal die hochbegabten Schüler zu nennen, die selber Lehrfunktionen übernehmen. Manchmal sind die Schüler damit überfordert, da von ihnen die Fähigkeiten gefordert werden, für die Lehrkräfte eine lange akademische Ausbildung erhalten haben; außerdem besteht – wie erwähnt – die Gefahr, daß sie in eine Außenseiterrolle gedrängt werden. Wenn allerdings die Schülerinnen und Schüler ihre besonderen Interessen und Stärken einbringen können, ändert sich das Bild. Die Leitung einer Schach-AG oder Astronomie-AG beispielsweise kann eine gute Möglichkeit für Lehrfunktionen eines Schülers sein.

Andererseits kann es aber auch Mentoren geben, die zusätzlich die Funktion eines Lehrers übernehmen – ein Mathematikprofessor beispielsweise als Mentor für einen mathematisch besonders begabten Jugendlichen, der Leiter einer Sternwarte für eine Gruppe von naturwissenschaftlich interessierten Kindern (vgl. Zorman 1993).

Curriculum

Bei den Hochbegabtenzügen in den Christophorusschulen unterscheiden sich die Lehrpläne deutlich von den üblichen Lehrplänen. Die Schüler bekommen mehr zu tun, sie bekommen auch anspruchsvollere Tätigkeiten. Auch Projekte zur Begabtenförderung können die Anregung für Curricula geben, wie sie in anderen Ländern, speziell den USA, längst vorhanden sind; hier verweisen wir auf Stein (1986, Kap. 10) sowie Feldhusen, Van Tassel-Baska u. Seeley (1989).

Resümee

Die Schule ist der wichtigste Ort der Förderung intellektuell Hochbegabter. Leider entspricht die Schule kaum diesen Vorstellungen; andererseits aber gibt es eine Reihe Beispiele für gelungene Fördermaßnahmen, viele Lehrer, die ihren Schülern eine große Hilfe sind. Übrigens haben wir auch viele begabte Schülerinnen und Schüler erlebt, die mit der Schule eigentlich recht zufrieden waren, die aber meinten, das dürfe man ja heute gegenüber den Mitschülern gar nicht sagen.

Ein wichtiger Hinweis soll dieses Kapitel abschließen. Vieles in diesem Kapitel kann schon sehr bald veraltet sein – z. B. zur Rolle und Funktion des Lehrers, zur Individualisierung und Differenzierung –, und zwar durch die Einführung neuer Technologien. Durch sie ist beschleunigter Fortschritt ebenso möglich wie *enrichment*, Individualisierung ebenso wie das Erstellen spezieller Curricula für verschiedene Schülergruppen. In anderen Ländern ist die Entwicklung in dieser Beziehung weiter fortgeschritten.

Weiterführende Literatur

Zum Thema 'Schule und Begabungsförderung' ist in den letzten Jahren sehr viel an Literatur erschienen, etwa von der Akademie für Lehrerfortbildung in Dillingen (1994), von Christiani (1994), oder von Wagner (1990b, 1995). Schneider (1992) äußert sich zur Waldorfpädagogik; Cropley, McLeod u. Dehn bringen schon 1988 ein Kapitel über Mikroelektronik. Spahn (1997) beschäftigt sich zwar mit der Schule (›Wenn die Schule versagt – Vom Leidensweg hochbegabter Kinder‹), läßt aber sehr viele wichtige Literatur aus. Langeneder (1997) bezieht Stellung gegen eine selektive und für eine integrative Form der Begabtenförderung in der Schule. Über das Modell einer Hochbegabtenschule – der Hunter College Elementary School – berichtet Hildreth (1952, 1970); Stone (1992) zeichnet die Entwicklung dieser Schule von den Anfängen bis zur Gegenwart nach. Southern u. Jones (1991) beschäftigen sich mit dem Überspringen, Clendening u. Davies (1983) mit dem Curriculum, mit Zusatzangeboten und beschleunigtem Fortschritt.

Risikogruppen und Benachteiligte

Auch wenn das katholische Arbeitermädchen vom Lande mittlerweile zur konfessionslosen geschiedenen alleinerziehenden Mutter im nichtsanierten Altbau der Großstadt herangewachsen ist, so war diese Symbolfigur in der Phase der Bildungsexpansion diejenige, die durch die umfangreichen Maßnahmen der Bildungspolitik Chancengleichheit im Bildungswesen erhalten sollte.

C. Kramer 1998, S. 77

Im Interesse aller begabten Körperbehinderten ... appellieren wir schwerkörperbehinderten Teilnehmer der First European Conference of the European Council for High Ability an die Gesellschaft, die Begabungsförderung Körperbehinderter als eine dringliche Aufgabe zu erkennen, die bisher vernachlässigt wurde.

Züricher Empfehlungen zur Förderung körperbehinderter Hochbegabter im November 1988

Einleitung

Vor rund zwanzig Jahren beschäftigte sich die Erstautorin mit einer speziellen Gruppe von Hochbegabten – nämlich den Benachteiligten, die zu jener Zeit durchweg als Unterprivilegierte bezeichnet wurden. Ihr besonderes Interesse galt damals den in Deutschland lebenden türkischen Mädchen. Unter diesen Mädchen gab es eine ganze Reihe, die außergewöhnlich begabt waren und zugleich die volle Unterstützung ihrer Eltern erhielten. Diese Mädchen sträubten sich gegen die Kategorisierung 'benachteiligt', fanden sie aber für andere türkische Mädchen angebracht (vgl. die Fallbeschreibung von Fatme in Feger 1988a, S. 47–48). Deshalb war schon damals wichtig, die Benachteiligung nicht nur an soziologischen oder demographischen Kriterien oder Kategorien festzumachen (Feger 1981, Feger 1987a).

Benachteiligte oder *disadvantaged groups* stehen seit einigen Jahren verstärkt im Mittelpunkt des wissenschaftlichen Interesses. An dieser Stelle läßt sich leicht verdeutlichen, daß unsere Betonung der Geschichte der Hochbegabungsforschung und Hochbegabtenförderung gute Gründe hat. Viele der frühen Projekte in Deutschland – z. B. die Berliner Begabtenschulen bei Moede und Mitarbeitern und die Fremdsprachenklassen bei Stern und Mitarbeitern – hatten sich ausdrücklich zum Ziel gesetzt, diejenigen Kinder zu entdecken, die zwar begabt, aber arm waren. Es wurde sehr deutlich gesehen, daß bestimmte Faktoren die Entwicklung von Begabungen erschweren und häufig sogar unmöglich machen. Dies unterscheidet diese deutschen Forscher von Terman; während Terman längsschnittlich die Entwicklung hochbegabter Kinder beschreiben wollte und kein Förderziel mit seiner Studie verband, haben Moede und Mitarbeiter sowie Stern und Mitarbeiter konkrete Fördermaßnahmen durchgeführt. Die Sorgfalt, mit der die Ermittlung der betreffenden Schüler geplant wurde, die Bewährung der Vorgehensweisen überprüft wurde und die Art der – oft sehr kritischen – Diskussionen, die zwischen den Beteiligten an den verschiedenen Projekten stattfanden, das alles ist beispielhaft. Auch heute noch kann man aus diesen Projekten – genau wie bei Terman – sehr viel lernen, über empfehlenswerte Vorgehensweisen und vermeidbare Fehler, aber auch über ethische Überlegungen.

Wir wollen uns im folgenden zunächst mit Risikogruppen befassen, mit den Faktoren, die solche Gruppen kennzeichnen, aus denen mit einer höheren Wahrscheinlichkeit Benachteiligung entstehen kann.

Was sind Risikogruppen?

In der SPIEGEL-Studie aus dem Jahr 1973 mit dem Titel ›Unterprivilegiert – Eine Studie über sozial benachteiligte Gruppen in der Bundesrepublik Deutschland‹ heißt es im Vorwort:

Unterprivilegiert – der Begriff bedeutet folgerichtig, daß es auch Privilegierte, kann bedeuten, daß es auch Überprivilegierte gibt .... Privilegiert meint wohl, was das Normale sein sollte und zu sein vorgibt: den Bürger, den Beamten, den Angestellten, den Arbeiter, der sich von den rechtlichen und sozialen Normen des Staates geschützt oder sie notfalls einzuklagen weiß. Die Unterprivilegierten in dieser unserer Republik, deren Verhältnisse und deren Verhalten in diesem Buch beschrieben werden, wissen eben dies nicht oder sind nicht willens oder auch nicht ausgerüstet, das Normale für sich zu fordern oder zu ertrotzen (SPIEGEL-Redaktion, S. VII).

Wie schon der Titel der Studie verheißt, werden in dem Buch Gruppen vorgestellt, und zwar 1. die Obdachlosen, 2. die Gastarbeiter, 3. die Behinderten, 4. die Geisteskranken, 5. die Arbeitnehmerinnen, 6. die Lehrlinge, 7. die Vorbestraften und 8. die Jugendkriminalität.

Wir haben – wie erwähnt – bereits 1981 von rein soziologischen Kategorien abgesehen oder von einer Aufzählung der Gruppen, die man zu einem bestimmten Zeitpunkt als unterprivilegiert betrachtet. Tatsächlich braucht man nur zu ermitteln, welche Gruppen in den letzten Jahren besonders häufig mit dem Prädikat 'ausgegrenzt' versehen worden sind, um festzustellen, daß es sich zum Teil um andere Gruppen handelt als in den Jahren 1970–1973 in der Spiegel-Studie. So werden heute außer den Obdachlosen die Alten, die Kinderreichen, die Armen, die Aidskranken, die Drogensüchtigen genannt. Lehrlinge hingegen werden weder mit dem Titel 'unterprivilegiert' noch 'benachteiligt' versehen.

Zunächst sollen die Merkmale aufgezeigt werden, die die Risikogruppen definieren. Betroffen sind vor allem die Kinder; da wir aber gerade die Lebensspanne in den Mittelpunkt stellen wollen und Begabtenförderung nicht mit dem Abitur, mit der Volljährigkeit, mit dem Abschluß der Berufsausbildung enden lassen wollen, kann es im Zusammenhang mit dem Entdecken und Fördern von Begabungen auch um Erwachsene gehen.

1. *Geographisch-ökologische Faktoren:* Ein Mensch ist benachteiligt, weil er in einer bestimmten geographischen Region unter bestimmten ökologischen Bedingungen lebt; hierzu sollte auch die Umwelt im weitesten Sinne zählen, etwa auch eine häufig wechselnde Umwelt, eine extrem dünne oder extrem dichte Besiedelung, aber auch eine sehr anregungsarme Umwelt. Manchmal stehen diese Faktoren in einem engen Zusammenhang mit den unter Punkt 3 genannten Faktoren. Beispiele sind Landfahrer- und Schaustellerkinder, die Landbewohner in Dürregebieten, aber ebenfalls die Bewohner der Favelas, der Elendsviertel oder Slums.

2. *Ethnische Faktoren:* Hier ist ein Mensch benachteiligt, weil er einer bestimmten Volksgruppe angehört. Meistens geht es dabei um Diskriminierung, wobei auch die Hautfarbe oder andere äußere Merkmale einer fremden Herkunft eine Rolle spielen können, aber auch die Diskriminierung aus ideologischen oder religiösen Gründen möglich ist. Beispiele bilden die Spätaussiedler aus der ehemaligen Sowjetunion, deren Kinder als „Russen"

bezeichnet werden, die tatsächlich – trotz Sprachprüfungen – kaum deutsch sprechen und Kasachstan oder Armenien als ihre Heimat betrachten. Weiterhin sind die Flüchtlinge aus Bürgerkriegsgebiete zu nennen, Asylbewerber, Farbige in den USA, Chinesen in vielen asiatischen Ländern, Inder in etlichen Ländern Afrikas, Christen in islamischen, vor allem in islamistischen Ländern.

3. *Ökonomische Faktoren:* Ein Mensch ist benachteiligt, weil er materielle Not leiden muß. Beispiele: Bewohner von Elendsvierteln, Kinder langjährig Arbeitsloser, Kinder von Sozialhilfeempfängern.

4. *Die Tatsache, daß es sich um ein Mädchen oder eine Frau handelt:* In bestimmten Nationen, Gruppen oder Religionen haben Mädchen einen (manchmal drastisch) geringeren Status als Jungen. Beispiele: Mädchen in Ländern, in denen islamischer Fundamentalismus herrscht, Mädchen in Indien oder Afghanistan. In Deutschland kann man wohl kaum sagen, daß Mädchen grundsätzlich eine Risikogruppe darstellen oder benachteiligt sind. In den Schulen haben sie keine schlechteren Chancen als Jungen und setzen sich auch ebenso gut durch. Dort, wo man Nachteile vermutet, wird u.U. die Koedukation aufgehoben; Mädchen werden dann getrennt von den Jungen in diesen Fächern unterrichtet (mathematisch-naturwissenschaftliche Fächer etwa). Nach dem Abitur und während des Studiums sind Frauen dann aber zunehmend unterrepräsentiert, speziell dann wenn es um eine akademische Karriere geht. Bei Professorenstellen ist der Männeranteil noch immer sehr viel größer als der Frauenanteil. Seit unserer Veröffentlichung zu dieser Problematik (Feger 1990a, Wieczerkowski u. Prado 1990) ist leider noch keine grundlegende Besserung eingetreten.

5. *Educationally deprived:* Hier handelt es sich durchweg um eine Mischung oder eine Sekundärfolge aus den bisher genannten Faktoren. Wegen ungünstiger geographischer, ethnischer und ökonomischer Bedingungen (oder auch anderer Faktoren) liegt die Schul-, Ausbildungs- oder Studiensituation des Kindes, des Jugendlichen oder des jungen Erwachsenen – und damit auch seine schulischen Leistungen oder seine Leistungen in der Ausbildung – erheblich unter dem Durchschnitt. Die Grenze zu *culturally deprived* (Faktor 6) ist nicht immer ganz leicht zu ziehen. Beispiele bilden die vielen Fälle, in denen die Kinderarbeit ein solches Ausmaß angenommen hat, daß Kindern der Schulbesuch erschwert oder völlig unmöglich gemacht wird.

Hierzu sei folgender erläuternder Hinweis gestattet: Auf den folgenden Seiten wird die Bedeutung des Zusammenspiels verschiedener Faktoren zur Sprache kommen. Insofern könnte man es für überflüssig halten, *educationally deprived* mit anzuführen. Jedoch ist – auch bei ungünstigen geographischen und ökonomischen Bedingungen – ein gutes Schul- und Ausbildungswesen denkbar; als Beispiel wird etwa das Weißrußland in der Mitte der 90er Jahre genannt. Die Mehrzahl der Menschen in Weißrußland leidet bittere Armut; die Schulen, auch die Ausbildungsstätten für bildende Kunst und Tanz, haben jedoch noch immer ein bewundernswertes Niveau. Deshalb scheint es angebracht, diesen Punkt eigens anzuführen wegen der Bedeutung von guten Schulen und Universitäten für das Finden und Fördern von Begabungen.

6. *Culturally deprived/culturally different:* Hier geht es um Menschen, die nichts oder nur wenig von dem vermittelt bekommen haben, was in ihrer Umwelt die vorherrschende Kultur ausmacht, die beherrschenden Werte, die akzeptierte Sprache, die Verhaltensnormen usw. Der Begriff *culturally different* gilt dabei als weniger diskriminierend; die Andersartigkeit des kulturellen Hintergrundes wird bei der Verwendung des Begriffes meistens anerkannt, eine Veränderung nicht unbedingt angezielt. Beispiele: Bestimmte Minderheitengruppen. In Berlin etwa zeigt sich bei türkischen Kinder in einigen Stadtteilen der Trend zu einer erheblich schlechteren Beherrschung der deutschen Sprache als bei der Generation vorher. Die Kinder wachsen in einer derart türkisch geprägten Umwelt auf, daß für sie nicht mehr die Notwendigkeit des Erlernens der deutschen Sprache besteht wie noch bei der in Berlin lebenden Generation ihrer Eltern. Die Infrastruktur – Läden, Dienstleistungen, Massenmedien usw. – ist zum großen Teil türkisch. Wenn die Kinder in die Grundschule kommen, beherrschen sie nicht die dort verwendete Sprache, sind kaum mit den dort geltenden Normen vertraut. Das dürfte für manche der Kinder eine außerordentlich Hemmschwelle für die Entwicklung der Begabung sein. Selbst wenn der gesamte Unterricht in türkischer Sprache geführt würde, dann wäre es für die Kinder wahrscheinlich unmöglich, nach Abschluß der Schule eine Lehrstelle in einem nichttürkischen Betrieb zu bekommen.

7. *Faktoren der Behinderung, der Krankheit, einer intensiven Krise oder auch des Lebensalters:* Hier gibt es für einen Menschen ein Risiko, weil er an einer schweren Krankheit leidet, behindert ist

oder in einer schweren Krise steckt. Beispiele: Körperbehinderte Kinder und Jugendliche, verhaltensgestörte Schüler oder solche mit schwerem Asthma oder Leukämie; hier sollen aber auch diejenigen erwähnt werden, die durch eine Krise für längere Zeit beeinträchtigt sind; das kann bei der Trennung der Eltern oder beim Tod eines Elternteils der Fall sein. Schließlich kann aber auch jemand aufgrund seines Alters als nicht geeignet für bestimmte Maßnahmen bezeichnet werden; er kann als zu jung oder als zu alt für eine Fördermaßnahme gelten. Man kann hier von einer Altersdiskriminierung sprechen, die etwa dann greift, wenn an einem Kunstwettbewerb nur Erwachsene teilnehmen dürfen, Kinder aber ausgeschlossen sind, oder wenn Erwachsene hervorragende Voraussetzungen für eine künstlerische Ausbildung mitbringen, die Altersgrenze aber bei 30 Jahren liegt.

8. *Faktoren der Eltern-Kind-Beziehung*: Es kann für ein Kind genau so schlimm sein wie materielle Armut, wenn die Eltern-Kind-Beziehungen gestört sind. Beispiele: Eltern, die für ihre Kinder keine Zeit haben, Kinder, die von ihren Eltern mißhandelt oder mißbraucht werden, Eltern, die ihre Kinder ablehnen oder die sich ihrer Kinder schämen. In der Folge solcher Ereignisse kann es dann zu einer aktiven Ablehnung der Eltern durch ihre Kinder kommen. Übrigens gibt es auch eine ganze Reihe von Situationen, in denen sich Kinder ihrer Eltern schämen, des Vaters, der zu einer langjährigen Gefängnisstrafe verurteilt worden ist, der Eltern, die übermäßig in der Öffentlichkeit Alkohol genießen, der Eltern, die sich, regelmäßig und für die Nachbarn hörbar, lautstark streiten. Solchermaßen gestörte Familienverhältnisse, die ein Erwachsener vielleicht noch bewältigen kann, sind für viele Kinder ein wirkliches Trauma. Manche Menschen zählen auch Kinderreichtum zu diesen Risikofaktoren.

9. *Faktoren der aktiven Mißachtung von Normen:* Hier setzt sich jemand über die allgemein akzeptierten Regeln, Werte und Verhaltensnormen hinweg. Zu Anfang mag das ohne Absicht geschehen, später ist den Betreffenden durchaus bewußt, daß sie gegen bestimmte Regeln verstoßen. Beispiele: Jugendliche Kriminelle, Drogensüchtige, Aussteiger. Hinweis: Diese Formulierung steht in einem – vielleicht provozierenden – Gegensatz zu der Floskel von der „Ausgrenzung" bestimmter Personen oder Gruppen. Völlig einseitige Schuldzuschreibungen oder Begründungen für einen bestimmten Zustand erschweren in der Regel nur den Versuch, solche Situationen zu ändern.

In dieser Aufzählung sind die einzelnen Faktoren das gruppenstiftende Merkmal. Es besteht für die Gruppe als ganze ein erhöhtes Risiko, daß eine Benachteiligung eintritt. Es muß jedoch für jedes einzelne Kind geprüft werden, ob die Risikofaktoren tatsächlich eine Wirkung haben oder ob sie durch andere positive Faktoren praktisch bedeutungslos werden. Vor allem aber ist zu prüfen, ob mehrere Faktoren gleichzeitig wirksam sind. Wenn das der Fall ist, dann ist schon die Diagnose von Hochbegabung erschwert; wenn die Faktoren bereits über eine längere Zeit wirksam waren, dann tritt zudem eine psychologische Situation ein, die die Förderung ebenfalls schwierig macht. Es kommt beispielsweise zu einer Lernunlust, zu Mangel an Motivation, zu Unfähigkeit, sich zu konzentrieren. Das bereits mehrfach erwähnte Problem mit Lern- und Arbeitstechniken, mit dem hochbegabte Kinder ohnehin häufig zu kämpfen haben, tritt hier in potenzierter Form auf.

Allerdings scheint es uns nicht angebracht, die Minderleister oder *underachiever* als eine eigene Risikogruppe zu bezeichnen, schon weil die Ursachen doch sehr unterschiedlich sein können; außerdem müßten dann zu viele weitere pädagogische und psychologische Variablen mit aufgenommen werden, und die Zahl der „Risikofaktoren" nähme inflationär zu, ohne eine wirkliche Hilfe bei der Ursachenermittlung von Schwierigkeiten zu bilden.

Risikogruppen und Benachteiligte als weltweites Problem

Risikogruppen und Benachteiligte werden bislang noch als Angelegenheit der einzelnen Länder betrachtet, auch schon deshalb, weil die nationale Sozialgesetzgebung zuständig ist. In einer Zeit, in der wir die Vereinigung Europas erleben, ist eine nationale Sichtweise jedoch kaum angebracht. Die Konferenzen, die UNO-Unterorganisationen zur Lage der Frauen und zur Alphabetisierung usw. abgehalten haben, legen sogar eine eher globale Perspektive nahe.

Internationale Ansätze
Es gibt viele Länder, in denen die Kinder und Jugendlichen kaum eine Chance haben, ihren Begabungen und Neigungen nachzugehen. Für Länder, in denen es ein Privileg ist, auch nur für wenige Jahre die Schule zu besuchen, in denen kaum ein Kind die Grundschule abschließt, für Regionen, in denen ein Krieg wütet und die Menschen vom Hungertod bedroht sind, ist Begabtenförderung

sicherlich etwas Exotisches und nicht gerade die vordringlichste Aufgabe. Es gibt aber auch viele Länder, in denen eine sozial verantwortete Begabtenförderung außerordentlich viel zum Wohl der Allgemeinheit, aber auch des einzelnen Geförderten beitragen kann. Es sind mithin Umstände denkbar, in denen beides wünschenswert ist, die Befriedigung der elementarsten Lern- und Ausbildungbedürfnisse sowie eine Förderung von Begabungen und Talenten.

Eine Organisation, die solche Ziele verfolgt, ist CCF (*Christian Children's Fund*), eine gemeinnützige Einrichtung, die als Nicht-Regierungs-Organisation international tätig ist. CCF wurde 1938 gegründet und ist eine der größten und ältesten Kinderhilfsorganisationen. CCF hilft denjenigen, die Hilfe am meisten benötigen, ohne auf die Konfession zu achten, und ist in rund 40 Ländern in Nord- und Südamerika tätig, in Afrika, in Asien und in Osteuropa.

Der größte Teil der Hilfe erfolgt über Patenschaften, bei denen eine Einzelperson, eine Familie oder auch eine Gruppe (etwa eine Schulklasse) jeden Monat einen festen Betrag für ein bestimmtes Kind bezahlt. Durch diese Patenschaft wird es dem Kind ermöglicht, die Schule zu besuchen (in vielen Ländern muß ein Schulgeld bezahlt werden), es erhält Kleidung, Nahrung und medizinische Versorgung. Es werden aber ebenfalls Verbesserungen zum Wohl der Allgemeinheit vorgenommen. So werden Brunnen, Wasserleitungen oder Strom angelegt. Wichtigstes Ziel bei CCF ist die Hilfe zur Selbsthilfe.

Unter den weiteren Vorgehensweisen, wie Soforthilfe in Katastrophenfällen und die Unterstützung von wichtigen Projekten ohne Patenschaften, sind noch zwei spezielle Fonds zu nennen; einer gibt Hilfe für Behinderte, der andere für besonders Begabte. Da es bei der Hilfe durch CCF jedoch häufig um schlichtes Überleben geht und viele Kinder ohne die Hilfe von CCF in ihrer Existenz gefährdet wären, spielen diese beiden Fonds eine untergeordnete Rolle.

In der Hauptsache soll in diesem Teil unserer Darstellung die Hilfe in Brasilien vorgestellt werden, dem fünftgrößten Land der Erde, dem die Weltbank auch besonders gute Wachstumschancen prophezeit. Brasilien ist bekannt für seine Naturschönheiten und seine Bodenschätze, es ist das Land des Sambas und der großen Fußballspieler, aber auch der Favelas, der städtischen Elendsviertel, schließlich der Straßenkinder und zunehmend auch das Land der Kinderprostitution. Brasilien hat vor einiger Zeit eine Militärdiktatur erdulden müssen und hatte vor noch gar nicht so langer Zeit astronomische Inflationsraten. Das Bevölkerungswachstum ist weiterhin hoch; viele der Kinder wachsen in großer Armut auf.

Das Schulsystem ist zwar in den letzten Jahren besser geworden, aber vor allem die öffentlichen Schulen weisen gravierende Mängel auf. Es gibt immer noch viele Kinder, die trotz der offiziell bestehenden Schulpflicht keine Schule besuchen; die Lehrer werden zum Teil miserabel bezahlt. Viele Brasilianer der Mittel- und Oberschicht geben beträchtliche Summen aus, damit ihre Kinder eine gute Schulbildung erhalten.

Die Familie der Erstautorin dieses Buches hat seit vielen Jahren über CCF Patenkinder im Nordosten Brasiliens. Besuche bei diesen Patenkindern haben uns immer wieder vor Augen geführt, in welchem Ausmaß in vielen Projekten versucht wird, Begabung und Neigung der Projektkinder und Favela-Bewohner zu ermitteln; etwa in Malkursen für Erwachsene, die nicht nur zur Entdeckung von wirklichen Talenten geführt haben, sondern die das Selbstwertgefühl der Teilnehmer außerordentlich gesteigert haben.

Diese Erfahrungen und die Information über den Stipendiatenfonds für besonders Begabte hatten uns veranlaßt, CCF in Nürtingen um weitere Information zur Begabtenförderung zu bitten.

Fallbeschreibungen

Auf diese Anfrage hin hat uns CCF für eine Präsentation auf dem Kongreß des European Council for High Ability (ECHA) 1994 in Nijmegen (Niederlande) einige Fallbeispiele zur Verfügung gestellt. Um nicht nur Informationen aus Brasilien zu bringen, soll zunächst die Förderung eines Jungen in Thailand beschrieben werden.

Fallbeispiel Surasak, Thailand

Der 18jährige Surasak Tiengma lebt in der Nongkhai Provinz im Nordosten von Thailand. Er ist der älteste Sohn der Familie und hat noch zwei 17 und 15jährige Geschwister. Sein Vater starb vor drei Jahren bei einem Verkehrsunfall und ließ seine heute 39jährige Frau mit den drei Kinder allein zurück. Surasaks Mutter arbeitet als Hausmädchen bei einer reicheren Familie. Da sie kein eigenes Haus besitzt, wohnt sie mit ihren Kindern im Haus dieser Arbeitgeberfamilie. Sie verdient 1500 Baht, also etwa 100 Mark im Monat.

Surasak war schon seit seiner frühesten Kindheit ein hervorragender Schüler, der genau wußte, daß man nur mit einer guten Ausbildung sein eigenes Schicksal selbst in die Hand nehmen kann. Heute ist er im dritten Ausbildungsjahr als Automechaniker an der Nongkhai Technology College. In allen Fächern erzielt er hervorragende Noten, und auch mit seinen praktischen Fähigkeiten beeindruckt Surasak immer wieder die Lehrer und Mitschüler.

Aber Surasak ist kein Strebertyp, wie man jetzt vielleicht annehmen könnte. Er liebt Sport und ist Mitglied in einer Volleyballmannschaft. In seiner Freizeit beschäftigt er sich viel mit Malen und Kochen.

Da seine Mutter viel zu arm ist, um für ihn die Schulgebühren, Bücher, Unterrichtsmaterialien und vorgeschriebenen Arbeitskleidungen zu kaufen, hat CCF ihn in das Begabtenförderungsprogramm aufgenommen. Die Sozialarbeiter der internationalen Kinderhilfsorganisationen kannten den jungen Mann schon lange als emsigen und intelligenten Schüler und haben sich dafür eingesetzt, daß er die Möglichkeit erhält, einen ordentlichen und zukunftsträchtigen Beruf zu erlernen.

Nach der Ausbildung möchte Surasak zunächst in einer Werkstatt als Mechaniker arbeiten und später sein eigenes Geschäft aufbauen.

Einige Zeit danach stand in der zweimal jährlich erscheinenden Zeitschrift von CCF ›Unsere Kinder in aller Welt‹ in der Ausgabe vom November 1995 der folgende Bericht über studierende Patenkinder:

Studierende Patenkinder – Aus dem Elend an die Uni

Raimundo Nanato ist 19 Jahr alt und lebt in Lagamar, einem Elendsviertel der nordostbrasilianischen Zweimillionenstadt Fortaleza. Mehr als zehn Entwicklungsprojekte unterstützt CCF hier seit Jahren, und so hat sich in etlichen Straßenzügen das Bild schon mächtig gewandelt. Aus den schlammigen Wegen mit seinen baufälligen Lehmhütten sind befestigte Straßen mit soliden Steinhäusern geworden. Die einst stinkende Kloake „Coco-Fluß" ist heute ein recht sauberes Gewässer geworden, das sich durch das Viertel zieht.

Es gibt aber auch Kindertagesstätten, Schulen, Entwicklungszentren, Werkstätten und Gesundheitsstationen. Hier hat Raimundo seine Kindheit verbracht, und dank der deutlichen Verbesserung der sozialen Situation in Lagamar konnte Raimundo eine gesunde Entwicklung durchlaufen. Schon als kleiner Junge wurde er Patenkind eines deutschen Spenders – und erhielt damit die Chance, an allen Programmen des Projekts teilzunehmen: Neben der medizinischen Versorgung und den Familienprogrammen stellt er heute immer wieder seine Schulkarriere in den Vordergrund.

Er besuchte zunächst den Kindergarten des Projekts, dann die Vorschule und kam schließlich in die Grundschule. Schon bald stellten die Lehrer und Sozialarbeiter fest, daß der aufgeweckte und zielstrebige Junge mehr aus seinem Leben machen würde. Nach vier Jahren Grundschule kam Raimundo in die Hauptschule, die er spielend bewältigte, die dritte Klasse konnte er dank seiner fantastischen Noten überspringen. So war er sehr bald in der weiterführenden Schule, die er noch immer mit großem Fleiß meisterte.

Für die meisten Kinder endet spätestens hier die Schulkarriere – aber nicht für Raimundo Nanato, der sich ein ehrgeiziges Ziel gesetzt hatte: Er wollte Rechtsanwalt werden. Zu hoch gesteckt, könnte man meinen, für einen Jungen, der im Elend aufgewachsen ist. Doch wieder einmal zeigt sich für ihn der Vorteil, ein Patenkind zu sein, denn der deutsche Pate willigte ein, Raimundo nochmals vier Jahre lang zu unterstützen.

Es begann die harte Zeit der Prüfungsvorbereitungen, täglich acht Stunden lernen und dazu noch spezielle Kurse, die auf die Tests zuführen. Eine Woche lang dauerten die Prüfungen, doch die Mühe hatte sich gelohnt: Raimundo Nanato war der erste aus seiner Familie, der die Möglichkeit haben würde, eine Universität zu besuchen.

Die Kosten für die Prüfung – für eine Familie aus einem Elendsviertel unbezahlbar – hatte der Pate gespendet, die Studiengebühren für die öffentliche Universität und die Kosten der Unterrichtsmaterialien stammen aus einem Spezialfonds von CCF für besonders begabte und besonders fleißige Kinder. Es gibt aber auch die Möglichkeit von Stipendien durch Arbeitgeber der Eltern oder öffentliche Zuschüsse. Die Finanzierung eines Studiums ist nicht das größte Hindernis, sondern die Aufnahmeprüfungen, die neben den sehr hohen Kosten enormen Fleiß in der Vorbereitungszeit erfordern.

Doch Raimundo hat es geschafft, und so steht er heute mitten im Jura-Studium. In zwei Jahren wird er es beendet haben – dann stehen ihm beinahe alle Türen offen. Denn auch das wissen Arbeitgeber zu schätzen: Ein Kind, das den Weg aus dem Elendsviertel in die Universität geschafft hat, ist nicht nur begabt, sondern auch außergewöhnlich fleißig. Und um solche Hochschulabsolventen reißen sich die Unternehmen – auch in Fortaleza.

Raimundo Nanato ist keine Ausnahme. Aus den 86 Projekten, die über unser Außenbüro in Nord-Ost-Brasilien gefördert werden, sind 1020 Jugendliche an einer der Universitäten der Stadt oder des Umlandes eingeschrieben. Allein von den 5650 Kindern, die von CCF-Deutschland, -Italien und -Österreich aus betreut werden, sind es 291 Jugendliche im Alter von 14 (!) bis 23 Jahren.

Dabei macht es keinen Unterschied, ob die Kinder auf dem Land oder in der Stadt aufgewachsen sind. Leben sie in einer kleinen ländlichen Gemeinde, wollen aber dennoch studieren, bringt CCF sie in einem städtischen Projekt unter, wo sie, wie jedes andere Patenkind auch, in die Entwicklungsprogramme integriert sind.

Eine Anmerkung erscheint uns an dieser Stelle notwendig: Immer wieder betonen wir, wie wichtig für die Patenkinder ein lebhafter Briefwechsel mit den Paten ist. Das trifft auch für dieses Beispiel zu. Wir konnten in annähernd allen Fällen feststellen, daß fast alle studierenden Patenkinder über die Jahre hinweg einen schönen und intensiven Briefwechsel mit ihren Paten hatten.

Versuche zur Hilfe

Angeregt durch diesen Bericht haben wir uns erneut an CCF gewandt und unsere Hilfe für einen Jugendlichen wie Raimundo angeboten. Unsere Erfahrungen verdeutlichen einerseits, in welchem Maße bei Kindern und Jugendlichen aus den Favelas eine Benach-

teiligung gegeben ist; sie zeigen aber auch, wie eine vertrauenswür-
dige und kompetente Organisation Hilfe leisten kann.

Wir erhielten von CCF zunächst Informationen über Chico; er
kommt aus derselben Favela wie Raimundo. Chico ist 19 Jahre alt,
er hat bereits vor einem Jahr die Oberstufe der Schule abgeschlossen, es fehlt ihm jedoch die Zulassungsprüfung zur Universität. Sein
Vater ist vor einigen Jahren gestorben, er hat noch vier jüngere Geschwister. Seine Mutter arbeitet als Wäscherin in einem Kranken-
haus. Chico arbeitet in einem CCF-Projekt mit.

Er ist zwar immer ein guter Schüler gewesen, aber seine Schule in
der Favela war alles andere als optimal. Der Vorbereitungskurs für
die Zulassungsprüfung zur Universität ist deshalb unerläßlich, die
Kosten für den Kurs könnte er jedoch nicht annähernd aufbringen.
Chico arbeitet morgens und am Nachmittag im Projekt. Den Vorbereitungskurs besucht er an fünf Tagen in der Woche von 18.30 bis
22.30 Uhr. Fast alle übrigen Kursteilnehmer haben gute staatliche
Schulen oder sogar Privatschulen besucht, in denen sie sich schon
auf die Zulassungsprüfung vorbereitet haben; Chico muß also sehr
viel intensiver lernen als die meisten anderen. Er hat fast alle seine
Hobbys aufgegeben, damit er hinreichend Zeit hat für das Lernen.
Die Kosten für seinen Kurs haben nun seine neuen Paten übernommen, aber Chico muß immer noch die Busfahrten zum Kurs bezah-
len, so daß er auch weniger Geld als zuvor zur Verfügung hat.

Chico hat inzwischen an einer Aufnahmeprüfung teilgenommen.
Für die 30 Studienplätze gab es 528 Bewerber, auf einen Studien-
platz kamen also rein rechnerisch 17,6 Bewerber. Er stand in Konkurrenz mit rund 16 Mitbewerbern, von denen die meisten einen
kontinuierlichen Schulbesuch, häufig an einer Privatschule, hinter
sich hatten. Chico hat es im ersten Anlauf nicht geschafft, er hat allerdings die Zulassung nur knapp verfehlt, so daß die Chancen beim
nächsten Versuch gut stehen. Den Vorbereitungskurs besucht er
weiter; man merkt, wie seine Kenntnisse und Fertigkeiten zunehmen, was er jetzt schon im Projekt weitergeben kann.

Ist Chico hochbegabt? Wir wissen es nicht. Andererseits ist Chico
als geeigneter Kandidat bezeichnet worden durch pädagogisch ge-
schulte Kräfte, die ihn in seiner Lebensumwelt und sozialen Situation beurteilen können und die völlig korrekt seine Stärken gesehen
haben. Hier haben wir den Weg gewählt, zunächst zu fördern ohne
formelle Diagnose; oder anders ausgedrückt: zu fördern, um die
Entscheidung eventuell später zu modifizieren oder zu spezifizieren.
Seit wir Chico kennen, und das ist gut ein Jahr her, hat Chico eine

erstaunliche Entwicklung durchgemacht. Er ist selbstbewußter geworden, er hat seine ohnehin hohe Motivation sehr steigern können, er hat seine Wissenslücken mit großer Schnelligkeit gefüllt; er ist sich seiner Fähigkeiten bewußt geworden. Nach seinen Leistungen im letzten Jahr gehen wir davon aus, daß er erfolgreich ein Studium abschließen kann.

Bei Chico werden mehrere der Risikofaktoren wirksam. Seine Familie ist sehr arm (ökonomische Faktoren), er hat eine vergleichsweise schlechte Schulbildung erhalten (*educationally deprived*) und bei ihm kommen noch ökologische Faktoren zum Zug. Die extrem dichte Bebauung in der Favela bei sehr leichter Bauweise macht ein ungestörtes Lernen und Arbeiten fast unmöglich. Auch heute lernt Chico entweder im Projekt oder aber nach Mitternacht, wenn er etwas mehr Ruhe als tagsüber hat. Eine Ermittlung seiner Schwächen zeigt, daß sie fast ausschließlich durch die negativen Umweltbedingungen hervorgerufen worden sind, seine Abneigung gegen bestimmte Fächer durch den miserablen Unterricht, seine fehlenden Kenntnisse durch die schlechte Schule usw. An Chico haben wir erkennen können, wie sich durch gezielte Einzelfallhilfe die Wirkung von Risikofaktoren zurückdrängen lassen kann – auch noch im Erwachsenenalter.

Behinderte

Wir wollen jedoch nicht die Probleme übergehen, die es auch im eigenen Land gibt; deshalb wollen wir uns den Behinderten zuwenden und einen Betroffenen zu Wort kommen lassen (Zeh 1992, S. 88):

Wir sprechen in diesem Workshop über Begabung und Behinderung – zwei Begriffe, die für sich allein jedem klar sind. Was aber sind „begabte Behinderte"? Oder muß man von „behinderten Begabten" sprechen? Schon dieses Wortspiel zeigt, daß es schwierig ist, diese Personengruppe abzugrenzen und zu charakterisieren.

Um Ihnen etwas über meine bisherigen Erfahrungen als Hörbehinderter berichten zu können, möchte ich zuerst einige Stationen aus meinem Leben schildern:

Ich bin 1960 geboren, 1967 durch Meningitis und Einsatz von Antibiotika fast vollständig ertaubt. Ich trage zwar Hörgeräte, eine lautsprachliche Kommunikation ist für mich aber nur möglich, wenn ich gleichzeitig von den Lippen des Sprechers absehen kann. Nach dem Besuch der Schwerhörigenschulen Nürtingen und Stegen habe ich 1981 das Abitur abgelegt und danach Medizin an der Universität Freiburg studiert.

Das Studium selbst habe ich problemlos absolviert. 1984 wurde ich aufgrund guter Leistungen auch in die Studienstiftung des deutschen Volkes aufgenommen. Welche Schwierigkeiten jedoch auftauchen können, wenn man Leistungen erbringt, die für Behinderte leider immer noch etwas Besonderes darstellen, nämlich ein Studium erfolgreich abzuschließen, erfuhr ich bei der Anmeldung zur Abschlußprüfung: Ich wurde nicht zur Prüfung zugelassen, da „dem Prüfungsamt Zweifel gekommen waren, ob aufgrund meiner Behinderung die Voraussetzungen für die Erteilung zur Approbation als Arzt vorhanden seien". Es bedurfte mehrerer Gutachten und eines Prozesses durch zwei Instanzen, bevor ich meine Prüfung machen durfte.

Der Vorsitzende der Stiftung zur Förderung körperbehinderter Hochbegabter, Michael Jäger, meint: „Die Diagnose 'hochbegabt' ist bei Behinderten ungleich schwerer zu stellen als bei Nichtbehinderten, und die in der Diagnostik bei gesunden Hochbegabten praktizierten Methoden sind für die Teilgruppe hochbegabter Behinderter kaum zu verwenden. Deshalb bleiben viele behinderte Hochbegabte unentdeckt" (Jäger 1991, S. 8).

Nun seien vier „Tätigkeitsfelder" der Stiftung angeführt:

1. Die individuelle Einzelförderung, die wir als unsere wesentliche Aufgabe ansehen.
2. Durchführung internationaler Symposien und Anregung von Forschungsaufträgen zu Themen, die dazu beitragen sollen, die Förderung behinderter Hochbegabter zu verbessern.
3. Einwirkung auf Entscheidungsträger im Bereich der Politik, der Medien und der Öffentlichkeit mit dem Ziel, diese auf das Vorhandensein beträchtlicher Begabungspotentiale unter den Behinderten aufmerksam zu machen sowie Initiativen anzuregen, die eine Veränderung in der Einstellung der Gesellschaft den Behinderten gegenüber herbeiführen können. Hierbei ist die Mitarbeit der körperbehinderten Hochbegabten unverzichtbar.
4. Unterstützung von Aktivitäten, die die Frühförderung Behinderter verbessern sollen, unter besonderer Berücksichtigung der Begabungsentfaltung.

Hier wird die Bedeutung der Einzelfallhilfe hervorgehoben, wie wir das auch im Zusammenhang mit Chico getan haben. Jäger schildert weitere Beispiele aus diesem Tätigkeitsbereich.

Wie wirkungsvoll Einzelfallhilfe sein kann, zeigen folgende Beispiele:
– Ein spastisch gelähmter Jurastudent konnte erst von dem Augenblick an regelmäßig an den Hauptvorlesungen teilnehmen, als durch eine Beihilfe gesichert war, daß er auf Helfer zurückgreifen konnte, die ihn die Treppen im Universitätsgebäude hinauf- bzw. hinabgetragen haben.

– Eine gehörlose junge Frau, deren Hörbehinderung spät erkannt worden ist, hat dadurch in ihrem beruflichen Werdegang nicht die erforderliche Qualifizierung erfahren. In Abstimmung mit dem Sekretariat der ständigen Konferenz der Kultusminister der Länder in der Bundesrepublik Deutschland (Zentralstelle für ausländisches Bildungswesen), Bonn, kann sie heute, trotz fehlenden Abiturs, in den U.S.A., wie sich zeigt, erfolgreich Psychologie studieren.

Resümee

In diesem Kapitel haben wir für eine individuellere Betrachtungsweise von Risikogruppen und Benachteiligten plädiert. Statt Gruppen einfach nach einem Merkmal zusammenzufassen, verspricht es mehr Erfolg, die Art und Stärke der Risikofaktoren und deren Zusammenwirken zu betrachten. Die Einzelfallhilfe, wie wir sie hier geschildert haben, ist sicherlich kein Allheilmittel, aber ein Problem – hier die extreme Benachteiligung – bekommt plötzlich eine ganz andere Bedeutung, wenn man es über einen Menschen erfährt, der einem nahesteht. Pädagogen müssen sicherlich weiter für Hilfe für Gruppen sorgen, diese dürfte sich mit der Einzelfallhilfe gut ergänzen. Weiterhin stellen etwa bei den Favelakindern Schulbesuch für alle Kinder und Hochbegabtenförderung ebenfalls keinen unüberbrückbaren Gegensatz dar. Wir haben es oft erlebt, daß Patenkinder, die in besonderem Maße gefördert worden sind, sich dieser Förderung bewußt waren und anschließend ein außergewöhnliches Verantwortungsgefühl gegenüber CCF bzw. der Gesellschaft insgesamt gezeigt haben. Wir haben einen Zahnarzt getroffen, der ein ehemaliges Patenkind ist und jetzt für ein Projekt in einer Favela arbeitet. Auch Chico sucht keinen Beruf, der Prestige oder Reichtum einbringt. Er möchte gerne Lehrer werden und anderen Kinder eine bessere Schulbildung ermöglichen, als er sie selbst gehabt hat.

Weiterführende Literatur

Eine ungeheure Fülle an Literatur existiert zu den *disadvantaged black* in den USA, zu Minderheitengruppen generell und zur Armut und Armutsbekämpfung in anderen Ländern und Kontinenten. Hier folgen jedoch einige Angaben zu Brasilien. Carolina Maria de Jesus (⁷1993) führt mit ihrem Buch ein in die Welt der Favelas, in der es so viele Risikofaktoren gibt. Die Autorin ist Favelabewohnerin, ihr Buch gilt vielen schon als Klassiker. Uwe Pollmann (1992) beschreibt das Leben der Straßenkinder von Recife. Mütter in der Favela sind das Thema des Artikels von Leithäuser, Lins u. Brasil (1995). Um Hochbegabte geht es bei Mira (1986) und bei Alencar (1989). Über das Schulsystem im Nordosten Brasiliens informiert Silke Weber (1995). Die *Stiftung zur Förderung körperbehinderter Hochbegabter* hat eine ganze Reihe von Tagungen durchgeführt und darüber auch Tagungsberichte veröffentlicht, auf die bereits am Ende vom ersten Kapitel hingewiesen wurde.

Auf Helen Keller war bei Feger (1988a, S. 168–170) hingewiesen worden; Lash (1980) hat ein hervorragendes Buch über Helen Keller und ihre Lehrerin geschrieben. Mit benachteiligten Hochbegabten in vielen Ländern der Welt beschäftigen sich Wallace u. Adams (1993).

Fördermaßnahmen

Es gilt vielmehr, bei allen Schülerinnen und Schülern Leistungsfähigkeit zu wecken, Neigungen und Begabungen zu fördern. Dabei geht es nicht um eine isolierte Förderung der kognitiven Fähigkeiten, sondern um die Förderung der Gesamtpersönlichkeit, also auch um die Motivation, Kreativität, die Ausdauer und das Lern- und Leistungsverhalten.
›Talent und Neigung‹. Faltblatt des Ministeriums für Schule und Weiterbildung NRW, 1997

Einleitung

Es gibt gute Fördermaßnahmen, aber es gibt auch überflüssige und schlechte Fördermaßnahmen. Viele Förderkonzepte lassen sich verbessern; dabei ist schon im Planungsstadium ein prinzipielles Urteil darüber denkbar, ob ein Programm gut ist oder ob es zu wünschen übrig läßt. Es sollte weiterhin möglich sein, während der Programmdurchführung Korrekturen vorzunehmen.

Bei der Planung von Fördermaßnahmen (nicht nur für Hochbegabte) geht es um mehrere Schritte oder Einzelentscheidungen, die sich einerseits in eine logische Reihenfolge bringen lassen, die aber andererseits alle beachtet werden sollten. Hier bietet sich die Darstellung in Form eines Flußdiagramms an.

Ein Flußdiagramm ist ein Ablaufschema, das aus Entscheidungsfeldern und Tätigkeitsfeldern besteht; die Entscheidungsfelder sind in der Regel durch Rauten oder Sechsecke (hier durchgezogene Linie) symbolisiert, die Tätigkeitsfelder durch Vierecke (hier gestrichelte Linien). In den Entscheidungsfeldern wird gefragt, ob eine Wahl gefallen ist, ein Kriterium erfüllt ist o.ä. Wird die Frage mit JA beantwortet, dann geht man zum nächsten Entscheidungsfeld weiter, bei einem NEIN geht es in das Tätigkeitsfeld, das dazu auffordert, die entsprechende Wahl zu treffen, das Kriterium zu erfüllen usw. Wenn man ein Flußdiagramm, das einen Planungsprozeß umfassend, d.h. möglichst vollständig, abbildet, bis zum Ende durchlaufen hat, dann ist sichergestellt, daß die wesentlichen Gesichtspunkte berücksichtigt worden sind. Ein solches Diagramm ist zudem anschaulicher und übersichtlicher als eine ausschließlich verbale Beschreibung (vgl. etwa die Konstruktionshinweise bei Beelich u. Schwede 1974, S. 175–177).

Das Flußdiagramm zur Förderung Hochbegabter

Das vorliegende Ablaufschema basiert auf einer Analyse konkreter Fördermaßnahmen, vor allem auf Beschreibungen von Erfolg und Mißerfolg bestimmter Programme. Auch theoretische Erwägungen in der Hochbegabungsliteratur wurden betrachtet sowie die Veröffentlichungen zu Teilen von Fördermaßnahmen – etwa zur Frage der Diagnose von Hochbegabung oder aber auch zu einer bestimmten Fördervariante und der auf diese Variante abgestimmten Diagnose.

Es kristallisierte sich ein Kern von acht Überlegungen bzw. Entscheidungen heraus, die in der Regel bei der Planung von Fördermaßnahmen unerläßlich sind. Häufig sind im Planungsstadium noch weitere Fragen zu klären, wie sie bei vielen pädagogischen Maßnahmen eine Rolle spielen. Hier ist etwa an die Frage zu denken, ob die Zustimmung der Eltern vorliegt, ob sich hinreichend viele Teilnehmer finden lassen, ob der Versicherungsschutz für die teilnehmenden Kinder und Jugendlichen gewährleistet ist usw. Für die Hochbegabtenförderung im strikten Sinne bleiben jedoch die acht Entscheidungen; diese Entscheidungen sollen im folgenden nur kurz skizziert werden, weil sie bereits an anderer Stelle behandelt worden sind (Feger 1987 b).

Das Flußdiagramm zur Planung von Fördervarianten nimmt die in Diagramm 1 gezeigte Form an.

Das erste Feld ist zugleich dasjenige, das hier am ausführlichsten behandelt werden soll. Es betrifft die Frage, ob überhaupt eine Förderung erfolgen soll. Meistens werden – selbst im Zusammenhang mit konkreten Programmen – relativ global einige Vor- und Nachteile des Förderns genannt. Hier soll eine kleine Auswahl von Argumenten vorgestellt werden.

Argumente für eine Hochbegabtenförderung
- Fördermaßnahmen beheben Verhaltensauffälligkeiten.
- Fördermaßnahmen führen zur Entwicklung der Persönlichkeit.
- Fördermaßnahmen tragen zur Chancengleichheit bei.

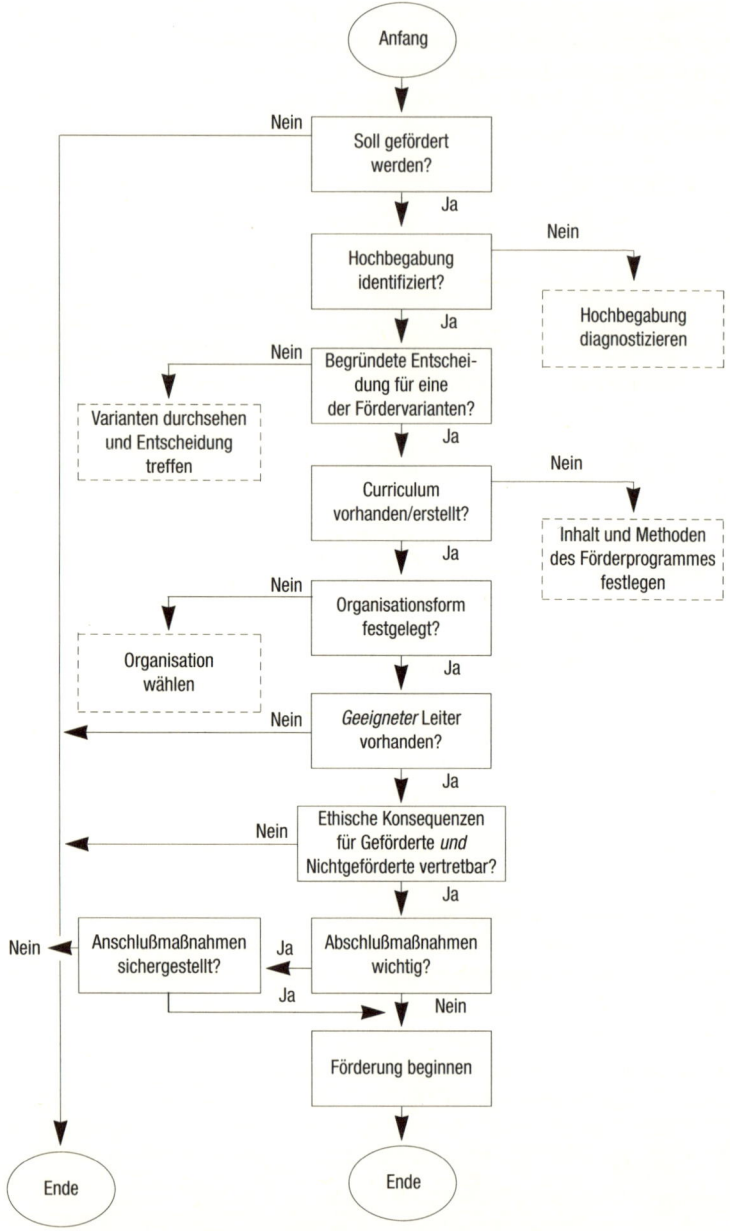

Diagramm 1: Planung von Fördermaßnahmen.

– Durch Fördermaßnahmen – und somit durch erzieherisches Ein-
  wirken – werden asoziale oder gar antisoziale Verhaltensweisen
  eher verhindert, als wenn man einen Schüler weitgehend sich selber überläßt.
– Individuell angemessene Förderung ist pädagogische und gesetzliche Pflicht.
– Fördermaßnahmen tragen zur Vorbeugung von Leistungsversa-
  gen bei.
– Fördermaßnahmen sind auch zum Wohle der gesamten Gesellschaft.

Argumente gegen eine Hochbegabtenförderung
– Fördermaßnahmen führen zur Elitebildung.
– Fördermaßnahmen verursachen zusätzliche Kosten.
– Fördermaßnahmen verhindern Chancengleichheit.
– Fördermaßnahmen führen zu Fachidiotentum.
– Fördermaßnahmen führen zu Arroganz, Überheblichkeit und In-
  toleranz bei den Geförderten.
– Fördermaßnahmen sind überflüssig, denn es macht ja gerade das
  Wesen der Hochbegabung aus, daß die betreffenden Merkmals-
  träger alle Situationen, die den Intellekt fordern, besser bewälti-
  gen als andere Menschen.
– Fördermaßnahmen sind nur aufgrund einer Auslese möglich mit
  allen negativen Konsequenzen für diejenigen, die nicht in die en-
  gere Auswahl kommen.

Wenn man nun die Argumente pro und kontra abwägt und dann
zu der Entscheidung kommt, auf eine Förderung zu verzichten,
dann hat das – ebenso wie die Durchführung von Fördermaßnahmen – Konsequenzen, die man wiederum positiv oder negativ bewerten kann. Diese vier Alternativen lassen sich in ein Vierfelderschema bringen (s. Schema 1).
    Die einzelnen Felder kann man nun ausfüllen, so daß man alle
Argumente vor Augen hat. Pro- und Kontra-Argumente erhalten
dann eine andere Gewichtung (Schema 2).
    Es zeigt sich dabei, daß vor allem die Frage nach den negativen
Konsequenzen einer unterlassenen Förderung vergleichsweise selten berücksichtigt werden, vor allem in der Bildungspolitik, aber
auch bei den Gegnern einer Hochbegabtenförderung. Das Schema
lenkt die Aufmerksamkeit auch auf diesen Punkt und führt somit
durchweg zu einer erheblich differenzierteren Betrachtungsweise,

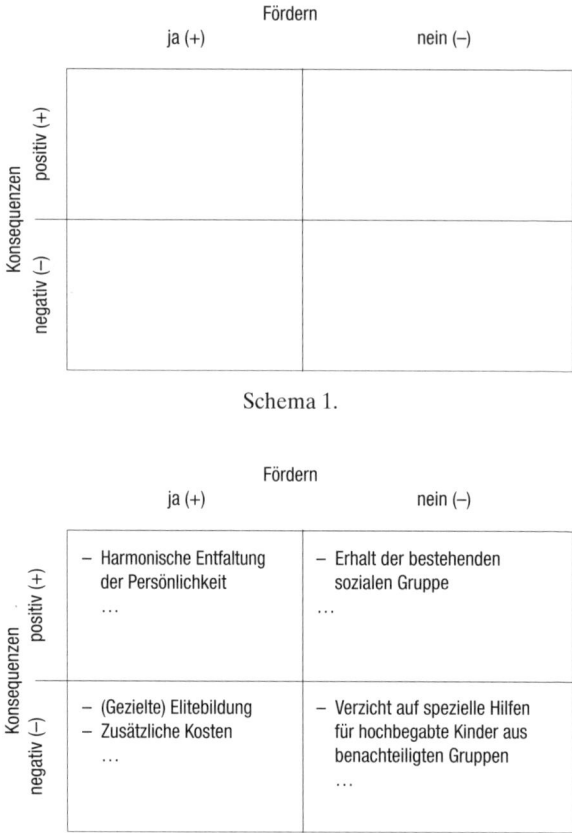

Schema 1.

Schema 2.

als das bisher üblich war. Aber auch manche Eltern, die sich für eine Förderung um jeden Preis aussprechen, sehen so vielleicht eher die Kehrseite.

Es ist nur ein kleiner Schritt zu einer Erweiterung, die im konkreten Fall die Entscheidung für oder gegen eine Fördermaßnahme erleichtern kann. Zu diesem Zweck wird ein Vierfelderschema erstellt für einen oder mehrere Förderkandidaten (Schema 3).

Nun sollte aber auch berücksichtigt werden, wie sich eine Fördermaßnahme auf diejenigen auswirkt, die nicht gefördert werden. Die Argumente können sehr unterschiedlich ausfallen, wenn die Gründe für die Nichtteilnahme an der Fördermaßnahme mit einbezogen

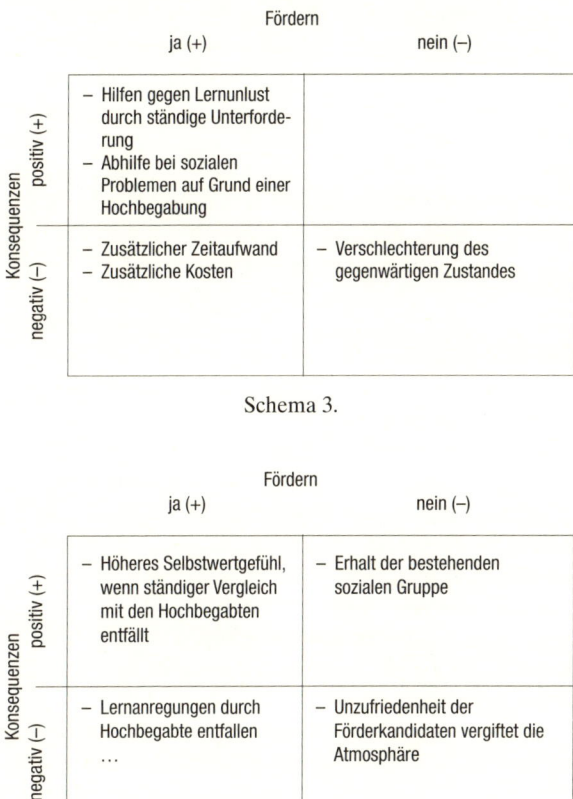

Schema 3.

Schema 4.

werden; manchmal sind die Nichtgeförderten sogar froh, wenn sie nicht die zusätzliche Arbeit leisten müssen, manchmal würden alle Schüler einer Klasse gerne an einer entsprechenden Förderung teilnehmen. Die Wahl der Organisationsform kann dadurch beeinflußt, unter Umständen sogar entschieden werden. Einige entsprechende Überlegungen, die die Perspektive der Nichtgeförderten mit einbeziehen, bringt das vorstehende Schema (Schema 4).

Nachdem wir die Frage der Förderung aus der Sicht der in eine bestimmte Fördermaßnahme nicht Einbezogenen betrachtet haben, können wir vom ersten Entscheidungsfeld des Flußdiagramms weitergehen. Die Entscheidungen, die in Feld 1 zu fällen sind, treten später noch einmal leicht abgeändert auf (Feld Nummer 7). Das siebte Feld unterscheidet sich insofern vom ersten, als in dem späteren Feld weitere Überlegungen und vor allem empirische Daten eine Rolle spielen, die zu Beginn der Planung noch nicht zur Verfügung standen.

Zum zweiten Planungsschritt benötigen wir das Wissen, das im Kapitel ›Definition und Diagnose‹ behandelt wurde. Wir müssen wissen, wie für dieses konkret geplante Programm die besondere Begabung der Kandidaten ermittelt wird.

Bei der dritten Entscheidung, dem Ziel der Förderung, geht es um vier Varianten:

– *Förderung von Stärken:* Das tänzerisch begabte Kind erhält Ballettunterricht, das mathematisch begabte Kind besucht einen anspruchsvollen Mathematikkurs.

– *Ausgleich von (begabungsbezogenen) Schwächen:* Hier geht es um Defizite, die die Entwicklung der Begabung behindern, z.B. um Motivationsprobleme, um Probleme mit Lern- und Arbeitstechniken, um Hilfen für *underachiever.*

– *Prävention, Klimaverbesserung, Beschäftigungstherapie:* Es erfolgt eine Förderung, damit der hochbegabte Schüler sich nicht langweilt, die Mitschüler sich nicht beeinträchtigt fühlen; hierzu gehören oft die Sonderaufgaben, mit denen die schnellen Denker versorgt werden.

– *Förderung von Bereichen, die nichts mit der Begabung des Kindes zu tun haben:* Bei intellektuell begabten Kindern erfolgt oft unter dem Hinweis auf die „Kopflastigkeit" eine Förderung im musischen Bereich, manchmal auch im sozialen Bereich. (Hier lohnt es sich häufig, zu ermitteln, welche Vergleichsnorm angelegt worden ist; bei hochbegabten Grundschulkindern werden hier häufig sehr strenge Kriterien angelegt und dort Defizite diagnostiziert, die bei anderen Kindern keinesfalls als Defizite gelten würden. Die Bezugsnorm wird weiter unten ausführlicher behandelt.)

Im vierten Feld geht es um die Entscheidung über das *Curriculum,* vor allem um die Frage, was inhaltlich das Förderprogramm ausmachen soll.

Die fünfte Entscheidung betrifft die Organisationsform. Derartige Fragen wie Zusatzmaßnahmen (*enrichment*), beschleunigter Fortschritt (*acceleration*) und Bildung von leistungshomogenen Gruppen (*grouping*) wurden ja bereits behandelt.

An sechster Stelle folgt die Frage nach dem geeigneten Leiter.

Dem Leiter oder der Leiterin fällt eine herausragende Rolle zu. Manche Fördermaßnahme ist gescheitert, wenn Ungeeignete die Leitung hatten. Hier sollte besonders bei kommerziellen Kursen nachgeprüft werden. Besonders schlimm kann es werden, wenn seitens der Veranstalter keine Bereitschaft besteht, in diesem Zusammenhang Fehler zuzugeben.

Im siebten Feld sind die ethischen Implikationen zu betrachten. Hier werden noch einmal ähnliche Überlegungen angestellt wie ganz zu Beginn, allerdings jetzt unter Kenntnis der konkreten Entscheidungen auf jeder Stufe. Bei der Planung läßt sich nicht jedes Detail korrekt vorhersehen; einige Entscheidungen hängen jedoch stark von voraufgegangenen ab, deshalb ist dieser Schritt noch einmal vorgesehen, nachdem die früheren Schritte des Planungsprozesses feststehen. Wenn es um eine nachträgliche Bewertung geht, spielen auch die Wandlungen, die fast jedes Projekt im Vergleich zur ursprünglichen Planung durchmacht, eine Rolle. Aus diesem Grund ist dieser Schritt bei der Bewertung jeder konkret durchgeführten Maßnahme unerläßlich. Ein Beispiel für ein derartiges Vorgehen findet sich bei Abadzi (1984).

Zum Schluß folgt noch die Frage nach der Sicherstellung der Durchführung und nach eventuell erforderlichen Anschlußmaßnahmen. Da der Abbruch einer ansonsten erfolgreichen Fördermaßnahme problematisch sein kann, sollte alles getan werden, um die vollständige Durchführung zu gewährleisten. In der Beratungsstelle hatten wir es einmal mit einem Jungen aus der zweiten Klasse zu tun, für den die Lehrerin eines Tages Sonderaufgaben speziell für diesen Schüler mitbrachte. Die Aufgaben machten dem Jungen sehr viel Spaß; er ging wieder gern zur Schule und war von seiner Lehrerin begeistert. Nach mehreren Wochen stellte die Lehrerin von einem auf den anderen Tag diese Sonderaufgaben ein, weil sie diese als zu zeitaufwendig empfand. Der Junge sah das so: „Ohne mich zu fragen, hat sie mich ins Paradies gestellt. Ohne mich zu fragen, hat sie mich daraus vertrieben. Das Problem ist nur, jetzt weiß ich, wie schön es sein kann. Es wäre besser gewesen, ich hätte das nie gewußt." Die Schulprobleme des Jungen waren nach dieser Maßnahme noch größer als zuvor.

Bei umfassenden Fördermaßnahmen allerdings können Anschlußmaßnahmen so wichtig sein, daß sie schon im ersten Planungsstadium berücksichtigt werden sollten.

Noch eine Ergänzung zur dritten Entscheidung sei hier gegeben, dem Ausgleich von Schwächen: Sehr häufig sind wir auf dieses Ab-

laufschema angesprochen worden. Es ist erfreulich, daß Fördermaßnahmen nun sehr oft planvoll und überlegt erfolgen. Ein Problem ist
dabei verschiedentlich aufgetaucht, das in Erziehung und Unterricht
ohnehin eine sehr große Rolle spielt. Es handelt sich um die Frage,
welche Schwächen es gibt, in welchem Gebiet sie liegen, wie stark
sie ausgeprägt sind, wie sinnvoll der Ausgleich ist. Vor allem aber
stellt sich die Frage nach der Vergleichsnorm oder Bezugsnorm,
denn erst durch einen Vergleich werden Schwächen ja als Schwächen erkannt. Gerade in der Schule werden Leistungen – oder allgemeiner: Verhaltensweisen – in besonderem Maße einem Vergleich
unterzogen. Schwächen werden ebenfalls aufgrund eines Vergleichs
ermittelt. Dabei lassen sich grundsätzlich drei Arten von Vergleichen unterscheiden (vgl. Zielinski 1974, S. 879–880):

1. *Die soziale Bezugsnorm:* Es erfolgt ein Vergleich mit den durchschnittlichen Leistungen der Gruppe, meistens der Schulklasse.
   Ein bestimmter Schüler ist intelligenter, fauler, fleißiger als die
   anderen, sportlicher als der Durchschnitt. Er kann aber auch der
   fleißigste oder der faulste sein.
2. *Die lehrzielorientierte Bezugsnorm:* Es wird ein zu erreichendes
   Ziel definiert und zunächst interessiert nur, wieweit der einzelne
   auf dem Weg zu diesem Ziel fortgeschritten ist. So könnte in
   bezug auf Lern- und Arbeitstechniken das Ziel etwa lauten: Der
   Schüler soll es schaffen, sich zwei Stunden konzentriert mit seiner Arbeit zu befassen, wobei eine Pause von 15 Minuten zulässig ist.
3. *Die individuelle Bezugsnorm:* Hier wird die Leistung, werden die
   Produkte eines Schülers zu einem Zeitpunkt mit den Leistungen
   und den Produkten zu einem früheren Zeitpunkt verglichen. Gerade im Zusammenhang mit der Hochbegabung ist es aber auch
   so, daß die Leistungen auf dem einen Gebiet mit den Leistungen
   auf dem anderen Gebiet verglichen werden. Also etwa die hervorragenden Leistungen in Mathematik mit den mäßigen Leistungen in Sprachen oder im sozialen Bereich.

Wie wichtig es ist, Bezugsnormen mit in Betracht zu ziehen, zeigt
die Arbeit von Getzels u. Jackson (1962, 1965). Sie haben eine Untersuchung durchgeführt über das Verhältnis zwischen hoher Intelligenz und hoher Kreativität, die vor rund dreißig Jahren zu einer erheblichen Aufwertung des Konzepts der Kreativität geführt hat. Sie
haben dabei Schüler mit hohem IQ, aber niedriger Kreativität mit
Schülern verglichen, die hohe Kreativitätswerte, aber einen niedrigen IQ hatten. Getzels u. Jackson kommen zu dem Ergebnis, daß die

Hochkreativen die gleiche Leistung zeigten wie die Hochintelligenten, bei den Lehrern aber waren die Hochintelligenten beliebter.
Bei der Diskussion der Ergebnisse und der Aufwertung der Kreativität ist allerdings eine Tatsache weitgehend unter den Tisch gefallen, und zwar die, daß die Schüler mit „niedriger Intelligenz" nicht
etwa unterdurchschnittlich intelligent waren, sondern daß der
durchschnittliche IQ dieser Gruppe bei 127 lag, man also ruhig –
nach der IQ-Definition – von Hochbegabten sprechen kann.

So werden Schülern, die als hochbegabt gelten, Schwächen sowohl im intellektuellen Bereich als auch im sozialen oder psycho-
motorischen stärker angelastet und seltener verziehen als durchaus
vergleichbare Schwächen anderer Schüler. Vielleicht wird auch deshalb das im Kapitel ›Hochbegabung und Entwicklung‹ erwähnte
Asynchronie-Phänomen bei Hochbegabten so auffällig.

Abschließend sei noch eine kurze Anmerkung zum Konzept der
Förderung angebracht. Eine Maßnahme, die die Bezeichnung 'Förderung' verdient, muß eine gewisse Dauer und/oder Intensität
haben. Sie wird weiterhin erst dann zu einer Fördermaßnahme,
wenn sie auch vom zu Fördernden angenommen wird, wenn sie eine
Resonanz bei ihm findet und bei ihm fortwirkt. Eine anspruchsvolle
Arbeitsgemeinschaft, die sich über die Dauer eines Schuljahres erstreckt, kann eine hervorragende Fördermaßnahme sein, ist es aber
für den Schüler nicht, der nur teilnimmt, weil auch seine Freunde
dabei sind, der sich für das Thema nicht interessiert, kaum mitarbei-
tet und die gebotenen Anregungen nicht aufgreift. Damit die oben
angesprochene Resonanz sich einstellt, muß eine Maßnahme auf die
individuellen Bedürfnisse des zu Fördernden eingehen. In Fortführung dieser Überlegungen kann man sagen, daß eine Fördermaßnahme um so besser ist, je stärker individualisiert sie ist.

Einschränkend muß jedoch andererseits vor einer zu starken
„Kundenorientierung" gewarnt werden nach dem Motto: Was der
Kunde, also der Schüler, wünscht, ist dem Dienstleister, folglich dem
Lehrer, Befehl. Schüler und Schülerinnen lernen täglich dazu, erwei-
tern ihr Wissen, machen soziale Erfahrungen, werden reifer und
wandeln sich. Ein zu starkes Aufbauen auf dem gegenwärtigen Entwicklungsstand von Schülern kann dazu führen, daß man ihnen
auch bestimmte Erfahrungen und weitere Entwicklungen vor-
enthält.

Zur Rolle des Schemas

Fast immer dann, wenn ein Schema als Hilfsmittel vorgeschlagen wird, wird auch die Befürchtung laut, daß es zu einer zu starren Handhabung des Schemas kommen könnte, daß ein Verlust an Flexibilität die Folge ist. Die Analyse von bereits durchgeführten Fördermaßnahmen zeigt jedoch, daß nur verhältnismäßig wenige Alternativen jeweils in Erwägung gezogen und in die Praxis umgesetzt wurden, daß also bei den bisherigen Fördermaßnahmen die Vielfalt der Möglichkeiten bzw. Alternativen gar nicht erst gesehen wurde.

Tatsächlich ist es so, daß zumindest einige Überlegungen des Flußdiagramms eine Rolle bei den Planungen von Fördermaßnahmen gespielt haben, oft allerdings nur beiläufig, so daß die Gefahr eines Mißerfolges bestand und es häufiger zum Scheitern kam, zu Enttäuschungen und Verärgerungen und zur Geldverschwendung.

Es sei noch angemerkt, daß die Konzeption einer Fördermaßnahme selbstverständlich nicht in der hier angegebenen Reihenfolge ablaufen muß. Ausgangspunkt kann jedes beliebige Entscheidungsfeld sein. So kann ein erfolgreiches Programm dadurch beginnen, daß ein von seiner Arbeit begeisterter Physiker gerne mit jungen Leuten arbeiten möchte.

Was ist nun eine schlechte Fördermaßnahme? Wir wollen hier nicht die Karikatur einer schlechten Maßnahme darstellen, in der ein ungeeigneter Leiter in Form von Frontalunterricht Inhalte zu vermitteln versucht, die niemanden interessieren. Aber auch eine einmal eingeleitete Maßnahme, an der alles stimmt, wenn man davon absieht, daß es immer wieder zu Streitereien der Teilnehmer über die inhaltlichen Schwerpunkte der Förderung kommt, muß dann als eine schlechte Maßnahme bezeichnet werden, wenn nach einem halben Jahr die Hälfte der ursprünglichen Teilnehmer nicht mehr an der Maßnahme teilnimmt und die andere Hälfte sie als verschwendete Zeit bezeichnet. Bei gründlicher Planung können die Schwierigkeiten vorhersehbar sein.

Schulische Fördermaßnahmen in den einzelnen Bundesländern

Im Herbst 1997 haben wir die Kultusministerien aller Bundesländer angeschrieben und sie um Information darüber gebeten, welche Fördermaßnahmen für Hochbegabte es in dem jeweiligen Bundesland gibt und welche Maßnahmen besonders unterstützt werden.

Die Antworten reichten von einem kaum einseitigen Brief über sehr umfassende Informationen mit Broschüren und Schulgesetzen bis hin zur Einladung zum persönlichen Gespräch. Wir können im folgenden nur einen Teil der Antworten aufzeigen und haben vor allem die „Selbstverständlichkeiten" ausgelassen wie Überspringen, Teilnahme an Wettbewerben usw.

Baden-Württemberg
– Arbeitsgemeinschaften für die Förderung besonders befähigter Schüler (seit 1984/85 über 500 Arbeitsgemeinschaften mit mehr als 4500 Teilnehmerinnen und Teilnehmern);
– spezielle Seminare wie das Kepler-Seminar, das – 1983 gegründet – von der Stiftung für Bildung und Behindertenförderung der Familie Bosch getragen wird; dieses Seminar lädt jeweils 30 besonders begabte Schülerinnen und Schüler aus dem Großraum Stuttgart für zwei Jahre zur Seminarteilnahme im Bereich Naturwissenschaften ein.

Bayern
– Stipendien für hochbegabte Studenten (Hochschulreife muß in Bayern erworben sein, vor dem zuständigen Ministerialbeauftragten ist eine Prüfung abzulegen);
– Flexibilisierung des Einschulungsalters;
– zusätzliche Kurse an Gymnasien, die für besonders begabte Schülerinnen und Schüler den Lehrplan eines wissenschaftlichen oder künstlerischen Faches der Stundentafel ergänzen sollen;
– Europäisches Gymnasium mit drei Pflichtfremdsprachen und einer vierten als Wahlfach sowie verstärktem naturwissenschaftlichem Unterricht;
– Angebot spezieller Förderklassen für Hochbegabte; es handelt sich um ein Angebot des Kultusministeriums zur Einrichtung von Förderklassen für Hochbegabte aus der 6. Jahrgangsstufe in drei verschiedenen Städten;
– das Maximilianeum, das als private Stiftung besteht; für die Aufnahme in die Stiftung Maximilianeum (für Schüler) bzw. die Wittelsbacher Jubiläumsstiftung (für Schülerinnen) sind sehr gute Noten und eine Hochbegabtenprüfung Voraussetzung. Die Kandidaten müssen nach dem Stifterwillen „christliches Glaubensbekenntnis und tadellose sittliche Führung" aufweisen, außerdem bayerischer Herkunft sein. Die Schüler können sich nicht selbst bewerben, sondern müssen von der Schule vorgeschlagen wer-

den. Die Aufgenommenen erhalten eine Studienplatzgarantie in München, die kostenlose Unterbringung und Verpflegung während der Studienzeit usw.

Berlin
- Hingewiesen wurde auf die Vielfalt von Möglichkeiten wie Schulen mit bilingualen Zügen und Expreßabitur.

Bremen
- keine besonderen Angebote für jüngere Hochbegabte, da die Grundschule die Schule für alle ist; Unterrichtskonzepte und -strukturen, die allen gerecht werden, sind vorgesehen. In der Sekundarstufe:
- individualisierende und differenzierende Lernarrangements;
- standortspezifische Wahlpflicht- und Wahlangebote;
- Teilnahme an regionalen und überregionalen Wettbewerben, gefördert z. B. durch Arbeitsgemeinschaften.

Hamburg
- Nach der Durchführung des Modellversuches „Überspringen" wurde beschlossen, pro Überspringer eine Lehrerwochenstunde der Schule zusätzlich zur Verfügung zu stellen;
- *Beratungsstelle besondere Begabungen* (BbB);
- Die Schulbehörde unterstützt finanziell den Auslandsaufenthalt von Elftkläßlern. Wer für ein Jahr an eine Schule in den USA oder anderswo wechselt, erhält eine Förderung in Höhe von 5700 Mark, für einen halbjährigen Aufenthalt 2850 Mark. Voraussetzung ist, daß der Schüler nach seiner Rückkehr nicht die elfte Klasse wiederholt;
- *Förderprojekt Kreatives Schreiben* (Konzept und Didaktik) ist von der Universität Hamburg für die Schulen in Hamburg übernommen;
- Schülerzirkel Mathematik.

Hessen
- Hinweis: Die „Förderung von besonderen Begabungen ist Gegenstand des allgemeinen Erziehungsauftrages."

Mecklenburg-Vorpommern
- in den Grundschulen Förderunterricht auch zur Förderung besonderer Fähigkeiten möglich;

– eine größere Flexibilität beim Einschulungsalter;
– im Bereich der Sekundarstufe I und II zwei Musikgymnasien zur Förderung von musikalisch hochbegabten Schülern;
– drei Schulen, die sich der speziellen Förderung von sportlich begabten Schülern widmen;
– Jugenddorf Christophorusschule in Rostock, die auch eine Beratungsstelle unterhält.

Niedersachsen
– Schulversuch in Hannover: Schulpflichtige und „Kann-Kinder" aus dem Kindergarten der Karg-Stiftung werden aufgenommen, die Kinder werden gleichmäßig auf die einzelnen Klassen eines Jahrgangs verteilt und integrativ unterrichtet, Versuch soll über drei Einschulungsjahrgänge laufen und 2003/4 enden.

Nordrhein-Westfalen
– Faltblatt ›Talent und Neigung – Individuelle Förderung von Kindern und Jugendlichen‹ des Ministeriums für Schule und Weiterbildung vom November 1997; das Faltblatt umfaßt 6 DIN-A4 Seiten. Es werden Maßnahmen innerhalb der Schule aufgezählt, wie Teilnahme am Unterricht höherer Klassen oder die Verkürzung der Berufsausbildungszeit; betont wird auch die Bedeutung der Beratung.

Rheinland-Pfalz
– Schülerbegabtenförderung Rheinland-Pfalz, die die Jahrgangsstufen 11–13 umfaßt; es geht dabei um finanzielle Unterstützung in Höhe von 125 DM monatlich; Schüler und ein Elternteil müssen in Rheinland-Pfalz wohnen; der Schüler muß durch hervorragende Leistungen und nach seiner Gesamtpersönlichkeit eine Förderung rechtfertigen; die Einkommensgrenzen liegen sehr niedrig.

Saarland
– „Die Weiterentwicklung von Methodenvielfalt und innerer Differenzierung im Regelunterricht und eine stärkere Sensibilisierung der Lehrkräfte für die Probleme von hochbegabten Kindern im Rahmen von Fortbildungsmaßnahmen sind in jedem Fall wünschenswert";
– Hinweis auf einen Verein zur Hochbegabtenförderung; der – so die Eigenwerbung des Vereins – der „einzige Verein für Kinder

in der Bundesrepublik ist, der zur Diagnose 'hochbegabt' einen
Intelligenztest verlangt".

Sachsen
– Meißener Hochbegabten-Gymnasium St. Afra, das sich noch im
Planungsstadium befindet und über das auf S. 157 berichtet wird.

Sachsen-Anhalt
– Schulen mit inhaltlichen Schwerpunkten (Zustimmung der obersten Schulbehörde erforderlich), und zwar mit 1.mathematisch-
naturwissenschaftlich-technischem, 2. sprachlichem, 3. sport-
lichem, 4. künstlerischem Schwerpunkt; vom Ministerium gere-
geltes Aufnahmeverfahren; zusätzliche Lehrerwochenstunden
werden zur Verfügung gestellt;
– außerunterrichtliche Förderangebote des Kultusministeriums:
Kreisarbeitsgemeinschaften (in allen 24 Kreisen des Landes,
wöchentlich zwei Stunden, Teilnahme kostenlos; im Schuljahr
1996/97 ca. 240 Kreisarbeitsgemeinschaften mit mehr als 2500
Schülerinnen und Schülern); Korrespondenzzirkel im mathematischen und naturwissenschaftlichen Bereich (mindestens sechsmal
jährlich Versendung von Aufgabenreihen an Schülerinnen und
Schüler; Teilnahme kostenlos; im Schuljahr 1996/97 ca. 20 Korrespondenzzirkel mit mehr als 600 Teilnehmern; besonders hohe
Beteiligung bei Korrespondenzzirkeln, die sich an Grundschüler
der Schuljahrgänge 3 und 4 richten); Spezialistenlager und künstlerische Werkstätten überwiegend in der Ferienzeit für sieben bis
neun Tage für ausgewählte, besonders interessierte und begabte
Kinder und Jugendliche (z.B. Preisträger von Wettbewerben, Vorschläge aus Kreisarbeitsgemeinschaften und Korrespondenzzirkeln; Eigenbeitrag von 10 DM pro Tag; 1996/97 insgesamt 18 Angebote mit mehr als 270 Schülerinnen und Schülern).

Schleswig-Holstein
– relativ umfassende Antwort auf Anfrage der SPD und Bündnis
90/Die Grünen;
– Informationsbroschüre;
– Bezug auf frühere Modellversuche.

Thüringen
– Spezialschulen in Landesträgerschaft;
– Spezialklassen;

– bilinguale Züge, bilingualer Unterricht;
– Beratung von Eltern und Schülern.

Hier wird deutlich, daß zwischen den einzelnen Bundesländern erhebliche Unterschiede herrschen. In einigen Bundesländern ist das Angebot sehr groß, in anderen sind überhaupt keine Maßnahmen vorgesehen.

Projekte und Maßnahmen innerhalb der Schule

Wir wollen hier kurz die eben erwähnte Schule *St. Afra* in Meißen anführen, dann das Projekt an Kölner Grundschulen vorstellen sowie die Maristenschule und die Jugenddorfschule in Königswinter.

Gotthold Ephraim Lessing ist gerne zur Schule gegangen; er war Schüler der Fürstenschule *St. Afra* in Meißen. An diese traditionsreiche Schule möchte die Landesregierung in Sachsen anknüpfen mit einem Elitegymnasium für Schüler ab der 7. Klasse. Vom Jahre 2001 an, spätestens aber ab 2002/2003, sollen 300 hochbegabte Schüler die Schule besuchen, die keine Schuljahre mehr kennt, sondern nur Trimester, an der mindestens drei Fremdsprachen unterrichtet werden, darunter eine alte; im Lernangebot soll auch eine außereuropäische Sprache enthalten sein. Die Lehrerstellen sollen europaweit ausgeschrieben werden; ein Teil der Lehrer wird zusammen mit den Schülern wohnen und leben und ihnen als Mentoren bei der Bewältigung des enormen Pensums helfen. Das Abitur wird nach der 12. Klasse abgelegt. Außer einem umfassenderen Pensum als in anderen Gymnasien ist für die Schüler ein Auslandstrimester Pflicht. Weiterhin müssen die Schüler an gemeinnützigen Projekten mitarbeiten – etwa bei der Feuerwehr oder in Krankenhäusern. Für sozial Schwache sind Stipendien vorgesehen; es wird damit gerechnet, daß drei Viertel der Schüler mit je 1000 DM monatlich unterstützt werden. Die Aufnahmeprozedur besteht aus einer Kombination von Tests und Gesprächen; ein einwöchiger Probeunterricht ist Voraussetzung für die Aufnahme. Eine Kommission entscheidet über die Aufnahme. Das erste Schulhalbjahr gilt als zweite Probephase.

Von 1989 bis 1993 wurde in Köln ein Modellversuch durchgeführt, der lautete: Enwicklung und Erprobung von Konzepten der Lehrer-, Eltern- und Schulumfeldberatung zur integrierten und individualisierten Förderung von besonderen Begabungen im Grundschulbereich. Rückblickend kann man das Fazit ziehen, daß es in diesem Modellversuch sehr stark um Kompetenzvermittlung ging, die Kompetenz, Begabungen zu erkennen, die Kompetenz, Begabungen zu fördern. Zwar stand die Beratungsproblematik im Vordergrund, aber es gab eine ganze Reihe von Fortbildungsmaßnahmen, es wurden durch Lehrer Diagnoseverfahren zum Lesen und zur Mathematik entwickelt usw. Da bestimmte Schulen mit bestimmten Klassen während der gesamten Projektdauer am Projekt beteiligt waren, haben wir diesen Modellversuch dem schulischen Bereich zugewiesen.

Das Maristengymnasium in Fürstenzell in Bayern hat 1000 Schüler und 70 Lehrer; es ist eine katholische Schule in freier Trägerschaft und fällt auf durch die Förderung der innovativen Kreativität (vgl. Fenzl 1994). Teilnehmer des Projektes *Jugend kreativ*, eine „Erfindergruppe", haben bereits 15 Patente angemeldet und eine große Zahl von Preisen geholt; das Projekt *Französisch kreativ* bringt eine französische Zeitung heraus; es gibt eine Theater-Werkstatt und eine Big Band, aber auch einen Wahlkurs Energie, bei dem einer der Schwerpunkte in der Ausnutzung der Sonnenenergie in der Dritten Welt besteht. – Übrigens wurde die Schülerzahl zum Schutz der Nachbargymnasien auf 1000 begrenzt.

Die CJD-Schulen (Christliches Jugenddorfwerk) in Braunschweig und Rostock haben Hochbegabtenzüge. In Königswinter ist 1992/93 eine neue CJD-Schule (Gymnasialzweig dreizügig, Realschulzweig zweizügig) gegründet worden. Daneben widmet sich auch diese Schule der Hochbegabtenförderung. Hans-Joachim Gardyan, der über langjährige Erfahrung in der Hochbegabtenpädagogik verfügt, schildert die grundsätzlichen Überlegungen, die für eine solche Schule eine Rolle spielen (1995).

Ganz konkrete und sehr gut dokumentierte Fördermaßnahmen sind in diesen Projekten deutlich geworden, von der Hochbegabtenschule über Hochbegabtenzweige bis zur Förderung in der ganz normalen Schule. Was gute Lehrer bei einem guten Konzept erreichen können, zeigt die Maristenschule.

Projekte und Maßnahmen außerhalb der Schule

Von der Deutschen Gesellschaft für das hochbegabte Kind werden regelmäßig Kurse angeboten, seit fast 15 Jahren gibt es die Sommercamps von Professor Karl-J. Kluge.

Ab 1. 10. 1989 wurde für zwei Jahre im Kreis Neuss das Projekt zur Hochbegabtenförderung durchgeführt, das sich besonders mit der Beratung und der Föderung hochbegabter Schüler befaßte (*Bundesmodell Hochbegabtenförderung*). Die Details sind in zwei Bänden dokumentiert worden (Kreis Neuss 1989, 1990). In diesen Dokumentationen sind vor allem die Vielfalt an Überlegungen, also schon das planende Vorgehen von Interesse.

Die Schülerakademien werden als Ferienakademien seit 1988 durchgeführt. Ein Grundgedanke war der, besonders befähigte und motivierte Schüler für eine längere Zeit an einem Ort zusammenzubringen, wo sie sich unter Anleitung von Experten mit anspruchsvollen Inhalten beschäftigen. Die erste Ferienakademie im Oktober 1988 bot drei Kurse an (Physik, Mathematik und einen Kurs 'Moderne Fremdsprache', in dem in Englisch und Französisch zum Thema 'Europa' gearbeitet wurde). Seit der Gründung 1988 haben 2500 Schüler aus der 11. und 12. gymnasialen Jahrgangsstufe teilgenommen. Rund 70% der Schüler wurden durch die Schule empfohlen, rund 20% waren in Wettbewerben erfolgreich. Der Verein Bildung und Begabung als Träger des Projektes hat die Akademien sehr gut dokumentiert, so daß man viele der dort gegebenen Anregungen aufgreifen kann, aber auch erfährt, wie die Teilnehmer die Akademien erlebt haben. Hinsichtlich der Merkmale der Teilnehmer (1993: 253 Teilnehmer) ist festgestellt worden, daß ein sozial ungünstiger familiärer Hintergrund unterrepräsentiert ist. Zwei Drittel der Väter der Teilnehmer üben einen akademischen Beruf aus, Ausbildungsstand und Sozialstatus liegen weit über dem Durchschnitt der Bevölkerung (vgl. Neber u. Heller 1997).

Eine der am längsten bestehenden Fördermaßnahmen ist das Projekt *Identifizierung und Förderung mathematisch besonders befähigter Schüler* in Hamburg. Die Kurse für mathematisch besonders befähigte Schüler weden ohne Unterbrechung seit 1983 an der Universität Hamburg abgehalten. Die Schüler werden durch eine „Talentsuche" ermittelt. Ab 1986 gab es analog den Kurs *Kreatives Schreiben*, der (ab 1989) von der Stadt Hamburg übernommen worden ist (vgl. Fritzsche 1995, S. 135–136). In beiden Kursen sind sehr interessante Materialien entstanden (vgl. etwa Fritzsche 1989).

Als gute Maßnahme der Begabtenförderung werden – auch von den Kultusmisterien – Wettbewerbe angeführt; viele Schulen bieten die Vorbereitung auf Wettbewerbe etwa in Form von Arbeitsgemeinschaften an. Wettbewerbe passen nicht in das oben angegebene Schema; auf Arbeitsgemeinschaften zur Vorbereitung läßt sich das

Schema jedoch sehr gut anwenden. Zwischen den verschiedenen Wettbewerben, ihren Zielen, ihren Methoden, ihren Anforderungen an die Teilnehmer bestehen sehr große Unterschiede. Ergänzend sind die meisten sicherlich zur Förderung von Begabungen und Interessen geeignet. Auffällig ist, daß Wettbewerbe in der amerikanischen Literatur nur eine eher untergeordnete Rolle spielen.

Neue Entwicklungen in Bereich der Förderung

Häufig wird die Frage nach Förderprogrammen für Kinder im Vorschulalter gestellt. Stellen Sie sich vor, ein kleines Kind stapelt Bauklötze zu einem Turm, völlig richtig, die größeren jeweils nach unten. Das auf dem Boden sitzende Kind kann die Spitze seines Turmes gerade noch erreichen. Dann stößt es seinen Turm um und macht sich daran, den Turm um noch drei Klötze höher zu bauen. Als es schon sehr weit fortgeschritten ist, sagt die Mutter: „Das darfst du nicht. Einen Turm mit so vielen Klötzen in der richtigen Reihenfolge schaffen laut Tabelle sonst nur Kinder, die ein Jahr älter sind als du. Deshalb mußt du noch ein Jahr warten, bis du einen so hohen Turm bauen darfst." Eine absurde Vorstellung? Ganz sicher! Aber auf hochbegabte Vorschulkinder übertragen gar nicht so selten. Wir haben in der Beratungsstelle von Kinderärzten gehört, die die Eltern aufgefordert haben, alle Kinderbücher wegzuschließen, weil das Lesen im Vorschulalter nicht normal sei. Auch Erzieher haben bei ihren Ratschlägen oft das Wohl des Kindes vor Augen und weisen darauf hin, wie schwierig es für das Kind einmal wird, wenn es in die Schule kommt, aber alles das schon kann, was es dort lernen soll. Was also sollte man mit dem hochbegabten Vorschulkind machen?

Wir haben die Bedeutung der Entwicklungspsychologie für die Hochbegabung herausgestellt, speziell auch für die Definition. Daraus lassen sich ebenfalls Konsequenzen für die Förderung ableiten. Wenn man, so wie es auch für das erste Schuljahr gefordert wird, „das Kind da abholt, wo es steht", dann macht man es auch im Vorschulalter richtig – und zwar für jede Begabung für jedes Kind. Die Entwicklung geht auf eine verstärkte, vor allem aber angemessene Förderung im Vorschulalter, die sich deutlich abhebt von forcierten Frühförderprogrammen oder gar von einer Art „Dressur" der Kinder.

Bereits in einer Reihe älterer deutschsprachiger Veröffentlichungen findet sich der Gedanke der Begabtenförderung im Erwachsenenalter. Kummerow (1931, S. 1) meint: "Begabtenförderung hat es mit begabten Menschen, insbesondere begabten jungen Menschen zu tun", und macht damit deutlich, daß es ältere Menschen geben kann, die für eine Begabtenförderung in Frage kommen. Stern (1919, S. 291) wird konkreter und spricht über die Anwendung des Prinzips der Begabtenförderung auf Erwachsene. Für ihn besteht die Förderung im wesentlichen in der Unterstützung bei der Findung des geeigneten Berufs, vor allem in der Beseitigung von Hemmnissen – zu jener Zeit die „Starrheit des Berechtigungswesens, des Dienstaltersgrundsatzes, der Rekrutierung bestimmter Berufe aus eng begrenzten Schichten" (S. 291). Inzwischen hat sich viel geändert. Wir kennen die Begabtenförderung für diejenigen, die bereits im Beruf stehen. Diese Förderungen gibt es auf verschiedenen Ebenen, auf der wissenschaftlichen ebenso wie auf der mehr praktischen. Bekannt ist die Stiftung Begabtenförderung im Handwerk. Mehr zum Erwachsenenalter folgt weiter unten.

Die Vielfalt der Maßnahmen stellt eine Notwendigkeit dar – es gibt Kinder, die in einer Hochbegabtenklasse besonders gut aufgehoben sind, auch wenn für viele Hochbegabte eine integrierte Fördermaßnahme hervorragend geeignet ist. Auch das Lernmaterial erhält zunehmend Aufmerksamkeit, wie die Beilage eines großen Verlages in der Zeitschrift *Labyrinth* deutlich macht. Dabei werden die neuen Medien bereits ganz und gar mit einbezogen.

Resümee

Ellen Winner bemerkte bei einem Deutschlandbesuch im Frühjahr 1998, daß es „wirklich optimale Förderprogramme für diese Kinder ... nirgendwo" gibt. Dazu läßt sich jedoch feststellen, daß unter den vielen Kindern und Jugendlichen, die wir kennen – lernbehinderten, sportlich begabten, hochbegabten, sprachlich besonders befähigten, körperbehinderten, aber auch Kindern, die noch völlig unsicher sind, wo ihr Schwerpunkt einmal liegen könnte –, daß unter allen diesen Kindern mit Sicherheit kein einziges ist, das optimal gefördert wird. Selbst bei Kindern, die von Privatlehrern unterrichtet werden, ist ein optimaler Unterricht und erst recht eine optimale Förderung selten zu finden. Wenn man wirklich einmal von ‚optimaler Förderung' sprechen kann, dann erregt das gleich große Aufmerksamkeit. Ein Beispiel für optimale Unterrichtung und Förderung war die Lehrerin der blinden und tauben Helen Keller (Lash 1980).

Mit Überlegungen, wie Fördermaßnahmen möglichst gut gestaltet werden können, begann dieses Kapitel; mit der Hoffnung, daß wir es in Zukunft mit möglichst vielen guten Fördermaßnahmen (manchmal vielleicht sogar optimalen) zu tun haben, soll dieses Kapitel schließen.

Weiterführende Literatur

Ein überaus interessantes Buch ist das Buch von Nikitin/Butenschön (1990) über die inzwischen erwachsenen Nikitin-Kinder. Es ist ein Bericht über die Eltern – der Vater Boris Pawlowitsch Nikitin bezeichnet sich als „Berufsvater" – und die Entwicklung ihrer sieben Kinder. Boris Nikitin hatte eine „Hypothese von der Entstehung und Entwicklung der schöpferischen Fähigkeiten", die besagt, „daß alle Menschen mit dem gleichen Vorrat an schöpferischen Fähigkeiten geboren werden, daß diese Fähigkeiten aber in den meisten Fällen weder erkannt noch genutzt werden, folglich alsbald wieder verkümmern. Deshalb verbringen die meisten Menschen ihr Leben auf einem viel zu niedrigen intellektuellen Niveau. Werden die angeborenen Fähigkeiten aber *früh,* das heißt praktisch von der Wiege an, gefördert, können sich alle Menschen in bisher ungeahntem Ausmaß kreativ entwickeln" (S. 46). Nachdem 1982 und 1984 Bücher über die Nikitin-Kinder erschienen sind, ist hier interessant zu lesen, wie die Kinder rückblickend ihre Kindheit sehen, vor allem wie sie die Schule erlebt haben, von deren Besuch sie nicht befreit worden waren, und vor allem, was beruflich und menschlich aus ihnen geworden ist, ob sich also die Erwartungen, die bei den Eltern, aber auch bei den Lesern der früheren Bücher vorhanden waren, erfüllt haben.

Einige weitere Titel sind Heller u. Hany (1996), Wagner (1990a, 1990b) sowie Wagner (1995): ›Begabung und Leistung in der Schule‹; in diesem Band speziell Hany: ›Eines schickt sich nicht für alle: Eine Führung durch das Methodenarsenal der Begabtenförderung‹. Das Buch von Tallent-Runnes u. Canler-Lotven (1996) ist eines der wenigen, das sich mit einer Übersicht über verschiedene Wettbewerbe beschäftigt.

Ausblick: Hochbegabung –
Bestandsaufnahme und Perspektiven

... unendlich mannigfach ist Hochbegabung.
M. Brahn 1919, S. 3

Mrs. Anna Mary Robertson Moses, die in der ländlichen Umgebung von Greenwich, New York, als
Grandma Moses bekannt ist, hat vor drei Jahren
zu malen begonnen, als sie sich bereits dem 80. Lebensjahr näherte.
New York Times vom 8. Okt. 1940
zitiert nach Otto Kallir 1979, S. 37

Ein Blick zurück, ein Blick nach vorn

Dieses Kapitel soll eine abschließende Bestandsaufnahme leisten,
wenn auch die meisten Punkte nur noch sehr kurz gestreift und
nicht annähernd erschöpfend genug behandelt werden können. Es
soll Bilanz gezogen werden; es soll auf besondere Probleme hingewiesen werden, und es soll ein Ausblick erfolgen.

Was wir nicht behandeln konnten

Einige Fragen haben wir schweren Herzens in diesem Buch ausgeklammert. Die Sonderbegabungen – künstlerische, musische,
sportliche usw. – sind auch in diesem Buch wieder zu kurz gekommen. Das scheint das Schicksal von Sonderbegabungen zu sein. Je
größer die Fülle der Befunde zur Hochbegabung ist – zur intellektuellen, aber auch zu Sonderbegabungen –, um so schwieriger wird es,
alle Aspekte unter einen Hut zu bringen. Hinzu kommt noch, daß
in all den Jahren, in denen es nur wenige Veröffentlichungen zu besonders begabten Schülern gab, die Zahl der Veröffentlichungen zur
musischen Begabung, zur sportlichen Begabung usw. recht groß war.
Die Lehrerausbildung und vor allem die Lehrerfortbildung konnten nur gestreift werden. Die Hochbegabtenpädagogik mit Didaktik

und Curriculumentwicklung wäre ein weiterer wichtiger Bereich, wobei vieles dafür spricht, die Hochbegabtenpädagogik in die Sonderpädagogik einzubeziehen, wie das schon Stern 1910 vorgeschlagen hat und wie das in den USA üblich ist. Besonders bedauern wir, daß wir nicht die Interviews mit hochbegabten Kindern und Jugendlichen vorlegen konnten, die einen Einblick in die Erlebniswelt der hochbegabten Kinder und Jugendlichen vermittelt hätten. Auch extreme Formen der Hochbegabung wie bei dem kleinen Michael Kearney sind ausgeblendet worden, schon wegen der relativen Seltenheit des Vorkommens – ebenso die Wunderkinder. Zudem erfolgte eine bewußte Konzentration auf deutschsprachige Literatur, auf hiesige Einrichtungen und Vorgehensweisen, so daß neuere Trends und kritische Diskussionen im Ausland weitgehend ausgeklammert blieben, obwohl der Hinweis auf das *home schooling* gezeigt haben dürfte, daß es manche interessante Anregung geben könnte.

Die psychiatrischen Aspekte haben wir deshalb nicht behandelt, weil sie selbst in Beratungsstellen nur eine sehr untergeordnete Rolle spielen. Wenn allerdings eine Familie von diesem Problem betroffen ist, dann erweist es sich häufig als besonders drängend und belastend; insofern ist es schon wichtig, entsprechende Information allgemein zugänglich zu machen, etwa in einem Ratgeber. Zu kurz gekommen ist auch die Vielfalt der Theorien und Modelle, die ohnehin ihren Platz eher in der wissenschaftlichen Auseinandersetzung haben und die einige Fachkenntnisse erfordern.

Auch das Thema der begabten Mädchen und Frauen ist nur gestreift worden, obwohl bekannt ist, daß diese spezifische Probleme haben, daß sie sich oft zurücknehmen, daß sie manches Mal vor Erfolg zurückschrecken und welchen Schwierigkeiten etwa Wissenschaftlerinnen begegnen.

Besondere Problembereiche

Ein Problem besteht sicherlich darin, daß Hochbegabung noch immer nicht ganz so sachlich betrachtet wird, wie das wünschenswert wäre. Wir haben uns schon oft gewundert, wie gut hochbegabte Kinder es verstehen, mit ihrer Begabung umzugehen. Im Umfeld hingegen kommt es leicht zu einer Herabsetzung (mit Spott und Unständnis) oder zu einer überhöhten Betrachtungsweise (mit Bewunderung und übertriebener Nachsicht).

In diesem Zusammenhang müssen wir jedoch noch einmal – wie schon vor einigen Jahren – auf die „Eislaufmütter" zurückkommen, die jetzt weitgehend den „Tennisvätern" weichen mußten. Während im sportlichen Bereich sicherlich auch Eitelkeiten eine große Rolle spielen, finden wir bei intellektuell hochbegabten Kindern ebenfalls Eltern, die sich für ihre Kinder aufopfern oder die ihre eigene Tätigkeit, ihr eigenes Leben völlig der erfolgreichen Entwicklung des Kindes unterordnen. Dies hat der Vater von Ruth Lawrence getan. Dies tut zur Zeit in Ungarn der Vater von Marci Szasz, von dem wir kurz berichten wollen (nach Zeitungsunterlagen von uns zusammengestellt).

Als Marci Szasz mit fünf Jahren eingeschult werden sollte, hielt ihn der Schularzt für zu klein. Der Haken war aber der, daß Marci bereits mit zweieinhalb Jahren fließend hatte lesen können. So wurde er eingeschult; nach einer Woche wechselte er in die zweite Klasse; ein halbes Jahr nach der Einschulung schließlich saß er – immer noch fünf Jahre alt – in der dritten Klasse. Bald danach war Marci beliebter Gast in Talkshows – er konnte komplizierte Sachverhalte in einfacher Sprache völlig korrekt darstellen und wirkte dabei überhaupt nicht belehrend oder affektiert. Jetzt ist Marci zehn Jahre alt; vor einem Jahr ist sein Vater mit ihm nach Budapest gezogen. Dort besucht Marci die Csepel-Begabtenschule und moderiert jede Woche im Fernsehen eine Computersendung für Kinder und Jugendliche, die ihm enorme Beliebtheit beschert hat, jedoch nicht sehr viel Geld einbringt. Vater und Sohn leben in einer äußerst bescheidenen Wohnung – kein Telefon, keine Spielzeuge. Der Vater hat seinen Beruf aufgegeben, um als Manager seines Sohnes zu fungieren; die Mutter lebt mit den jüngeren Geschwistern weiter im Heimatort des Jungen rund 400 km von Budapest entfernt. Marci hat öfter Heimweh.

In Zeitungsberichten wird darauf hingewiesen, daß Marci einen Intelligenzquotienten von 195 hat und damit ein „kleines Genie" ist. Was Marci später einmal machen will, weiß er noch nicht, aber er meint, daß ein Forschungsauftrag in *Silicon Valley* nicht schlecht wäre, doch sein Traum ist, in spätestens 20 Jahren den Nobelpreis zu erhalten.

In die Situation von Marcis Eltern mag sich jeder selbst hineinversetzen. Sie haben sich um ihren Sohn schon erhebliche Sorgen gemacht, als er noch nicht das Kindergartenalter erreicht hat. Kann man den Eltern ihre Entscheidungen verdenken?

Wir hatten im ersten Kapitel schon das Problem des Provinzialismus im Umfeld der Hochbegabung angesprochen. So ist Kritik an einigen Veröffentlichungen zu üben. Stellvertretend seien hier einige kritische Anmerkungen zum ›International Handbook of Research and Development of Giftedness and Talent‹ (1993) geäußert.

Das Handbuch enthält bei einem Umfang von rund 960 Seiten 53 verschiedene Beiträge. Im ersten Beitrag wird noch auf die Vielzahl von Bereichen hingewiesen, in denen Menschen Hervorragendes leisten können (S. 4–5), hier werden DeHaan u. Havighurst sowie Gardner erwähnt. In dem ganzen Handbuch jedoch findet sich nur im Identifikationsteil ein Kapitel über ›Giftedness in the Visual Arts and Music‹. Es fehlt ebenso eine kritische Auseinandersetzung mit dem Konzept der Kreativität. Auch im ›Handbook‹ bleiben die Sonderbegabungen auf der Strecke.

Im Zusammenhang mit Provinzialismus und Zitiercliquen sei ein weiteres Beispiel angeführt. Im ›57th Yearbook of the National Society for the Study of Education‹ (1958) über Hochbegabtenpädagogik bringt Tannenbaum einen – sehr einseitig amerikanischen – Artikel zum Thema 'History of Interest in the Gifted'. Die *National Society* ist für die Pädagogik in den USA eine der wichtigsten Vereinigungen. 1985 erschien das von Horowitz und O'Brien herausgegebene Buch über Hochbegabte, das einen Beitrag von Grinder enthält, der – auch wenn der Titel das nicht unbedingt gleich verrät – sich mit der Geschichte befaßt. Grinder zitiert Tannenbaum nicht, obwohl die Überschneidungen zwischen beiden Arbeiten erheblich sind. Dieses Buch erschien bei der *American Psychological Association*, der nationalen Psychologenvereinigung. 1993 ist Tannenbaum wieder an der Reihe, und er rächt sich, indem er Grinder nicht beachtet. Diesmal – im ›International Handbook‹ – geht es um die Geschichte und um die Erziehung von Hochbegabten in einer weltweiten Perspektive. Dieser Provinzialismus, der sich auch in gegenseitiger Nichtbeachtung äußert, ist in der Tat sehr hemmend.

Für problematisch halten wir weiterhin den neuen „IQ-Kult". Für manche Leute in der Hochbegabtenförderung scheint die schriftliche Bestätigung über den Intelligenzquotienten beinahe das wichtigste Dokument zu sein; nach ihrer Meinung kann jemand, der über diese Bestätigung nicht verfügt, auch nicht hochbegabt sein. Ein Trost: Wer partout diese magische Zahl erreichen will, kann sich von einer Vereinigung Hochintelligenter den ›Ultimativen Intelligenztrainer‹ für den PC besorgen, der den ersehnten IQ von 130 verheißt.

Erfreuliches

In den letzten Jahren hat ganz sicher eine Klimaänderung stattgefunden; es gibt jetzt stärker ein Klima der Akzeptanz, vor allem im politischen Raum, in den Medien, aber auch in der Gesellschaft allgemein.

Es gibt eine Reihe seit Jahren bewährter und erfolgreicher Fördermodelle, Beratungsstellen und Hilfsangebote sowie eine ganze Reihe von Vereinigungen. Auf dieser Grundlage läßt sich die Arbeit für hochbegabte Kinder sehr gut ausbauen; daß ein Ausbau erforderlich ist, steht außer Frage, denn noch bestehen in der Tat auch erhebliche „Versorgungsmängel", die ganz „alltägliche Förderung", die selbstverständliche Beachtung auch der Belange hochbegabter Kinder ist noch nicht in dem erwünschten Maße gegeben.

Begabtenförderung im Erwachsenenalter?

Im Kapitel über Entwicklung haben wir das Erwachsenenalter mit einbezogen; in den folgenden Kapiteln blieb dieses Alter jedoch im Hintergrund, so daß diese Frage hier noch einmal angeschnitten werden soll. Daß wir das Erwachsenenalter in diesem Kapitel behandeln, stellt für uns aber keine Notlösung dar, sondern dieser Ort ist beabsichtigt, weil wir uns sehr gut vorstellen können, daß in Zukunft die Begabungsförderung im Erwachsenenalter eine weitaus größere Rolle spielen wird, als das bisher der Fall war.

An vielen Stellen wird Begabtenförderung im Erwachsenenalter betrieben – jedes Doktorandenstipendium stellt eine solche Förderung dar. Die *Alexander von Humboldt-Stiftung* fördert Erwachsene, die schon auf die Lebensmitte zusteuern, nämlich u. a. hochqualifizierte promovierte ausländische Wissenschaftler im Alter bis zu 40 Jahren für langfristige Forschungsaufenthalte in Deutschland. In diesen Fällen geht es darum, hohe Qualifikation und Leistung zu honorieren.

Menschen wie Chico (vgl. S. 137f.) machen aber deutlich, daß es auch darum gehen kann, ja gehen muß, Begabungen im Erwachsenenalter zu entdecken. Wir haben mit Absicht einige Zeilen zu Anna Mary Robertson Moses über dieses Kapitel gestellt. Grandma Moses hat erst mit etwa 80 Jahren angefangen zu malen; sie erlebte eine sehr fördernde und ermunternde Umgebung. Ihr blieben so noch sehr produktive 20 Jahre, bis sie im Alter von 101 Jahren starb.

Auch Gerhart Hauptmann (1862–1946) hat erst spät zu seiner Berufung gefunden:

Begabung auf musikalischem Gebiet zeigt sich meistens sehr viel früher als eine dichterische Begabung. Gerhart Hauptmann ... wußte lange nicht, wo seine Begabung lag. Als Kind hielt man ihn schlicht für dumm (vielleicht weil sein älterer Bruder Carl, dem das Lernen sehr leichtfiel, sich in der Schule so hervortat). Nur allzuoft mahnte der Lehrer in der Dorfschule ...: „Gerhart, träume nicht!"

... als der Elfjährige nach Breslau auf die 'Realschule erster Ordnung am Zwinger' geschickt wurde, sagte man ihm schon bei der Aufnahme: 'Du bist ein sehr, sehr schwacher Sextaner.' Das erwies sich als noch sehr milde ausgedrückt. Gerhart Hauptmann erwies sich in der Schule als völlige Null. Zweimal blieb er sitzen und so stand er schon im sechzehnten Lebensjahr, als er endlich die Quarta erreichte und dann die Schule mit einem versöhnlichen Abgangszeugnis für immer verließ.

...

Die Zukunft sah er in der Landwirtschaft, und zwei Jahre lang arbeitete er auf dem Gut seines Onkels als Landwirtschaftseleve. Doch mußte er aus gesundheitlichen Gründen den Plan, Landwirt zu werden, aufgeben. Der Siebzehnjährige ging nach Breslau, um sich dort privat auf das Einjährigenexamen vorzubereiten. Aber er scheiterte. Danach wollte er Bildhauer werden und besuchte zwei Jahre lang die Bildhauerklasse der Kunst- und Gewerbeschule in Breslau, die er – inzwischen fast zwanzig Jahre alt – mit dem Zeugnis der mittleren Reife verließ. In Jena studierte er Geschichte, verlor aber nach nur einem Semester das Interesse, machte eine längere Mittelmeerreise, versuchte sich ein Jahr lang als Bildhauer in Rom, gehörte danach der Zeichenklasse der Königlichen Akademie in Dresden an, studierte zwei Semester in Berlin, heiratete dann eine reiche Frau und begann zu schreiben.

Mit seinen Theaterstücken hatte er vom 28. Lebensjahr an Erfolge über Erfolge. Von da an arbeitete er – wie Frank Wedekind später sagte – 'wie eine Dampfmaschine': Es entstanden etwa fünfzig Dramen und Versepen, dazu Gedichte, Novellen, Erzählungen, Romane und Autobiograhisches. Aus dem Schulversager war einer der erfolgreichsten deutschen Dichter geworden, finanziell gesehen vielleicht der erfolgreichste (Prause 1976, S. 22–23).

Hier soll nicht die Heirat mit einem wohlhabenden Partner als Mittel der Begabtenförderung empfohlen werden, sondern auf die Problematik der Spätentwickler hingewiesen werden. Sie bilden den Gegenpol zu den Wunderkindern, deren Talent so viel früher als beim Durchschnitt zum Durchbruch kommt. Bei den Spätentwicklern dauert es länger als beim Durchschnitt, bis sich schließlich doch die außergewöhnlichen Fähigkeiten Bahn brechen.

Schon lange haben diejenigen, die auch im Alter auf hohem Niveau produktiv waren, Aufmerksamkeit erhalten – Verdi hat den Falstaff mit 80 Jahren geschrieben. Die Spätwerke großer Meister hat Brinckmann bereits 1925 ausführlich behandelt. Heute gibt es Einrichtungen wie das Seniorenstudium oder die Seniorenexperten, die nach der Pensionierung in der Entwicklungsarbeit tätig sind. Wir möchten das in die Formel kleiden: Begabung schickt man nicht in den Ruhestand.

In diesem Kontext ist auch der Unesco-Bericht zu sehen, der sog. Delors-Plan. Wir zitieren auszugsweise nach einer Zeitungsmeldung (Berliner Morgenpost 17. Juni 1997, S. 5: ›Lebenslanges Lernen ist der Schlüssel zum 21. Jahrhundert – Unesco-Bericht beschreibt vier Säulen künftiger Bildung‹):

Die Menschen müssen sich auf lebenslanges Lernen einstellen, um die Herausforderungen des 21. Jahrhunderts zu bestehen. Zu diesem Schluß kommt der Unesco-Bericht „Lernfähigkeit: Unser verborgener Reichtum".

Der sogenannte Delors-Plan der Kulturorganisation der Vereinten Nationen war unter dem Vorsitz des ehemaligen Präsidenten der EU-Kommission, Jacques Delors, erstellt worden. Der Bericht faßt eine Reihe von Denkansätzen sowie vorstellbare Lösungen zusammen und fordert eine positive Einstellung zum Lernen. Geraten wird unter anderem, die Grundausbildung weltweit auf die 900 Millionen erwachsenen Analphabeten, die 130 Millionen Kinder, die nicht zur Schule gehen, und auf die über 100 Millionen Kinder auszudehnen, die ihre Schulausbildung vorzeitig abbrechen. Es wird empfohlen, ein Viertel der Entwicklungshilfe für das Bildungswesen auszugeben.

„Die Menschen müssen schrittweise Weltbürger werden, ohne ihre Wurzeln zu verlieren", heißt es in dem Bericht. „Dabei sollen sie weiterhin eine aktive Rolle im Leben ihrer Nationen und ihrer örtlichen Gemeinschaft spielen." Die Spannungen zwischen der allgemeinen und der individuellen Kultur werden immer mehr globalisiert.

Der Gedanke vom lebenslangen Lernen sei „der Schlüssel zum 21. Jahrhundert", heißt es in dem Unesco-Bericht. Diese Option übersteige die traditionelle Unterscheidung zwischen Erstausbildung und Weiterbildung.

Als tragendes Gerüst künftiger Bildung nannte die Kommission vier Säulen, von denen wir die vierte besonders hervorheben wollen.

Die vierte Säule sei das „Lernen für das Leben". Keines der Talente, die in jedem Menschen wie ein verborgener Reichtum schlummerten, dürfe ungenutzt bleiben. Diese Talente seien: Gedächtnis, logisches Denken, Phantasie, körperliche Fähigkeiten, Sinn für Ästhetik und Kommunikationsfähigkeit. Bildung sollte sich ständig den Veränderungen der Gesellschaft anpassen.

Lebenslanges Lernen, lebenslange Förderung als Herausforderung – das schließt sicherlich auch ein, Begabungen über das ganze Leben hinweg Beachtung zu schenken.

Was heißt Begabtenförderung im Erwachsenenalter? Was ist die Konsequenz unterlassener Begabtenförderung? Selbstverständlich sieht die Förderung ganz anders aus als im Kindes- und selbst noch im Jugendalter – mehr Selbstverantwortung, mehr Initiative sind erforderlich.

Denkbar sind Bildungsurlaub oder Ferien, die der Entdeckung von Talenten, von Stärken, von Interessen dienen. Statt ein Tag im Fitness Center ist Entsprechendes für den intellektuellen Bereich zur Förderung der Persönlichkeit, aber auch zur Entdeckung und Förderung von Begabungen möglich. Ein solches Ziel setzt sich auch das *Institut für angewandte Lern- und Begabungsforschung*, in dem die beiden Autorinnen tätig sind. Es gibt eine Reihe von Institutionen, die Schülern oder Studenten helfen, die Eignung für ein Studium oder für einen bestimmten Beruf zu ermitteln. Dort werden oft unbekannte Talente oder Begabungsschwerpunkte der Klienten entdeckt. Genau dies geschieht bei uns auch, jedoch ebenfalls noch bei älteren Menschen. Ein solches Institut kann ebenfalls helfen, wenn durch bestimmte Frustrationen Begabungen in Gefahr geraten.

Wir möchten dazu als Beispiel Werner Heisenberg anführen, der, nachdem er immer ein brillanter Student gewesen war und im Alter von 21 Jahren promovieren wollte, im Rigorosum dermaßen ins Schleudern geriet, daß er um ein Haar nicht bestanden hätte, dann aber in Physik gerade die schlechteste Note erhielt. Er blieb der Physik treu und erhielt 1932 den Nobelpreis. Unangenehme Erfahrungen im Umfeld einer bestimmten Begabung können manche Menschen durchaus dazu bringen, sich von der eigenen Begabung abzuwenden.

Ein völlig überflüssiges Hindernis bei der Begabtenförderung im Erwachsenenalter stellt die „Altersdiskriminierung" dar, die wir an einem Beispiel erläutern wollen. So werden Lehrgänge, Weiterbildungsmaßnahmen usw. oft mit einer Altersbegrenzung versehen. Vor kurzem haben wir die Aufforderung zur Bewerbung für einen Lehrgang zum Drehbuchautor erhalten, das Höchstalter der Bewerber war mit 35 Jahren angegeben. Manchmal liegen diese Begrenzungen noch niedriger, so daß ein Gerhart Hauptmann heute nach den ersten beiden Jahren schriftstellerischer Tätigkeit nicht mehr die Möglichkeit hätte, an einem solchen Lehrgang teilzunehmen.

Unter den Kinder und Jugendlichen, die wir im Laufe der letzten zwanzig Jahre getroffen haben, waren sehr viele, die auf mehreren Gebieten hervorragend begabt waren – beispielsweise Jugendliche, die zu den Preisträgern bei Wettbewerben in den verschiedensten Bereichen gehört haben. Auch in der Beratungsstelle spielt diese Fragestellung eine beachtliche Rolle – bei der Wahl der Studienrichtung käme sowohl ein künstlerisches Fach als auch ein naturwissenschaftliches oder sprachliches in Frage. Es geht hier um Doppelbegabungen oder Mehrfachbegabungen, die auch im Erwachsenenalter noch zu finden sind. Friedrich Wilhelm Herschel ist ein Musterbeispiel:

Mit seinem Vater diskutierte er bereits als Junge philosophische und naturwissenschaftliche Fragen, außerdem war *Friedrich Wilhelm Herschel,* geboren am 15. November 1738 in Hannover, musikalisch begabt. Bereits mit 14 Jahren trat er als Oboist und Violinist in die Militärkapelle des Hannover'schen Garderegiments ein, in dem auch sein Vater diente (Berliner Morgenpost 25. 8. 1997, S. 27).

Im Jahre 1757 verließ er die Musikkapelle des Garderegiments, um als Musiker nach England zu gehen. Dort bestand seine erste Arbeit darin, Partituren zu kopieren, Noten für einzelne Instrumentalpartien auszuziehen usw. 1760 bereits wurde er aber als Ausbilder einer Militärkapelle bestellt. Er begann Sinfonien zu komponieren und Konzerte zu leiten, und erhielt 1766 eine Berufung als Organist an die Octagon Chapel in Bath (Ley 1965, S. 210).

„... er interessierte sich immer mehr für den gestirnten Himmel. Mit seinen selbstgeschliffenen, mehr als einen Meter großen Metallspiegeln stieß er in neue Dimensionen vor.

Sein erster aufregender Erfolg, sein Durchbruch, wie man heute sagen würde, erfolgte in der Nacht vom 13. März 1781; er entdeckte im Sternbild der Zwillinge einen bläulich-grün schimmernden Lichtpunkt, den Uranus. Zu Ehren des englischen Königs Georg III. nannte er den Planeten Georgium sidus. Der König, auch Kurfürst von Hannover, gewährte ihm eine Audienz. Schließlich wurde Herschel geadelt und „Königlicher Astronom" in Windsor.

Nun nahm seine Arbeit rastlose Formen an. Im August 1789 hatte er ein 40-Fuß-Fernrohr (ein Fuß = 30,48cm) mit einem Spiegeldurchmesser von gut einem Meter und einer Brennweite von 12 Metern fertiggestellt. Nun konnte er seine Erkenntnisse vertiefen, daß „jeder Stern am Himmel mehr oder weniger in Bewegung ist" und auch die Sonne nur ein Stern unter Millionen anderer Sterne sei.

1790 fiel Herschel im Sternbild Stier ein „leuchtender Stoff von gänzlich unbekannter Zusammensetzung" auf. Mit dieser Entdeckung war der Astronom der interstellaren Materie auf die Spur gekommen. Er anerkannte keine Grenzen und suchte in der Ausdehnung des Weltalls das Unbekannte.

Sir Friedrich Wilhelm Herschel starb, 83 Jahre alt, am 25. August 1822 in seinem Haus in Slough bei London (Berliner Morgenpost 25. 8. 1997, S. 27).

Im Zusammenhang mit lebenslangem Lernen, mit der Notwendigkeit, in Zukunft in einer sich ändernden Welt mehrfach den Beruf zu wechseln, ergibt sich auch die Notwendigkeit, auch bei Erwachsenen alle Talente und Begabungen zu entdecken und zu fördern.

Perspektiven

Hier soll es um Möglichkeiten gehen, die die Zukunft bringen wird und um realisierbare Alternativen für Hochbegabte.

Eine wichtige Rolle wird die Qualifizierung derjenigen einnehmen, die in Beratung und Förderung tätig sind. In Nijmegen in den Niederlanden kann man ein Zertifikat (Diplom in Hochbegabtenpädagogik) erwerben, das allerdings recht kostspielig ist. Der Zeitraum der Weiterbildung entspricht in etwa einem Semester. Eine solche Qualifizierung sollte auch in Deutschland möglich sein. Dabei wäre es sehr begrüßenswert, wenn nicht eine einzelne Unversität oder Institution versuchen würde, alles an sich zu ziehen, sondern wenn ein Netzwerk gebildet würde, an dem sich alle diejenigen beteiligen, die in Forschung und Lehre, in Projekten, in umfassenden Fördermaßnahmen und Beratungsstellen Erfahrungen sammeln konnten.

An Bedeutung zunehmen für jedes Lernen, aber auch für die Hochbegabten, werden die neuen Medien. Luca, den wir auf S. 80 ff. vorgestellt haben, hatte schon früh eine Fremdsprache mit Hilfe eines Kassettenkurses gelernt. Studieren und Weiterbildung über Internet sind schon jetzt Realität. Auch die Kommunikation über e-mail ist eine mögliche Fördervariante. Schon jetzt arbeiten Schüler in verschiedenen Kontinenten zusammen.

Luca hat mit seinem Sprachkurs auch autodidaktisches Lernen praktiziert. Kendall Hailey (1988) faßte im Alter von fünfzehn Jahren den Entschluß, Autodidaktin zu werden. Während manche Künstler damit kokettieren, daß sie Autodidakten sind, ist das autodidaktische Lernen im intellektuellen Bereich nur von sehr geringer Bedeutung. Dabei ist gerade diese Form des Lernens nicht ohne Reiz für hochbegabte Kinder. Die Art, wie viele dieser Kinder sich schon in sehr frühem Alter mit. komplexen Sachverhalten und schwierigen Wissensbereichen beschäftigen, kommt autodidakti-

schem Lernen schon sehr nahe. Einwände gegen das autodidaktische Lernen bestehen darin, daß die Kinder dann noch mehr verein-
samen, noch mehr zum Einzelkämpfer werden, und das in einer
Zeit, in der Teamfähigkeit und Kooperation groß geschrieben werden. Dagegen läßt sich setzen, daß autodidaktisches Lernen in
Deutschland bei Kindern und Jugendlichen eigentlich immer nur
eine untergeordnete Rolle spielt, insofern sollte eher dafür Sorge
getragen werden, daß das autodidaktische Lernen nicht mehr ein
Notbehelf ist, sondern daß es gezielt eingesetzt werden kann, u. U.
auch mit Gruppen. Kendall Hailey zeigt auf sehr humorvolle Weise,
daß autodidaktisches Lernen kein Lernen mit Scheuklappen sein
muß.

Wenn wir auf „alte Medien" zu sprechen kommen, vor allem die
Bücher, dann fehlt in Deutschland noch eine kommentierte Aufstellung der für die begabten Kinder besonders geeigneten Bücher, wie
das in Amerika in der umfassenden Publikation von Hauser u. Nelson (1988) geschehen ist.

Das Buch von Barbara Feger aus dem Jahre 1988 schloß mit
einem Zitat von William Stern, in dem es u. a. heißt:

Wir stehen vor einer „Ethisierung der Begabung", die bewirkt, daß einerseits die Allgemeinheit ihre Verpflichtung gegen die in unserer Mitte heran-
wachsenden Begabungen erkennt, daß aber andererseits auch der einzelne
Träger einer solchen Begabung in ihr nicht einen privaten Vorzug sehen
darf, den er *genießt*, sondern eine besondere *Verpflichtung* gegen sich selbst
und das soziale Ganze ...

Wir freuen uns, daß nicht nur dieses Zitat so oft aufgegriffen
wurde, sondern daß es tatsächlich Schritte auf eine „Ethisierung der
Begabung" hin gegeben hat. Wir wünschen uns, daß dieser Weg weiter beschritten wird und daß dabei die neuen Anliegen und die
neuen Erkenntnisse berücksichtigt werden. Wichtig ist, daß die
Hochbegabung nicht in ein Schema gepreßt wird, nicht in das des
IQs, das der Kreativität, das der emotionalen Intelligenz und in
keine der vielen anderen Nutzenerwägungen. Deshalb möchten wir
zum Schluß noch einmal auf die Vielzahl der Definitionen zurückkommen, auf die wir im Kapitel ›Definition und Diagnose‹ verwiesen haben. Es dürfte deutlich geworden sein, daß es sinnvoll ist, Definitionen zu modifizieren je nach dem Ziel, dem Programm, den
Beteiligten – ob sie zum Beispiel zu einer Risikogruppe gehören.
Das Schlußwort sei deshalb Max Brahn (1919) erteilt:

„... *unendlich mannigfach ist Hochbegabung.*"

Und zum Ausklang: Literatur zur Anregung

Biographien und Autobiographien bringen viele Anregungen. Wir wollen deshalb zunächst noch einmal die Bücher Prauses anführen, bei denen es sich um Sammlungen von Kurzbiographien handelt. Dann sei auf zwei Malerinnen hingewiesen, auf Grandma Moses, die mit rund 80 Jahren zu malen begann (z. B. Kallir 1979), und auf die Chinesin Wang Yani, deren erstes großformatiges Bild enstand, als sie vier Jahre alt war (Wang Yani 1986). Weiter wären zu empfehlen die Bücher von Ostwald u. Zegans: Mozart – Freuden und Leiden des Genies (1997) und Gardner: So genial wie Einstein (1993). M. V. Seagoes (1975) Terman-Biographie ist mit vielen Fotos versehen, ebenso die Biographie von Lash (1980) über die hochbegabte Lehrerin der hochbegabten, mehrfachbehinderten Helen Keller.

Eine gute Einführung zur Kreativität hat Brodbeck (1995) verfaßt. Interessant sind auch die Bücher von Hoyningen-Süess u. Lienhard (1998), Joswig (1995), Landau (1990), Roedell, Jackson u. Robinson (1989) sowie die Arbeiten in englischer Sprache von Frasier (1993), Eysenck (1995), Freeman, Span u. Wagner (1995) und Supplee (1990).

Nachwort

Ein Nachwort?
Soeben endete das Ausblickkapitel mit Bestandsaufnahme und Perspektiven. Damit ist ein Buch eigentlich abgeschlossen. Doch es gibt da noch einige Dinge eher persönlicher Art, die wir in diesem Buch ganz zuletzt unterbringen möchten. Mehr als einmal haben wir kritische Worte äußern müssen. Zu dieser Kritik wollen wir noch einige Ergänzungen anbringen.
Also ein Nachwort!
Im Deutschen haben wir den Begriff 'Begabung', im Englischen *gift*. Im etymologischen Wörterbuch findet sich der Hinweis, daß das mittelhochdeutsche Wort *begäben* „ausstatten" oder „beschenken" bedeutete, Begabung war also die „Schenkung". Dann wandelte sich im 14. Jahrhundert die Bedeutung zu „talentiert", zur „intellektuellen Ausstattung". Im Englischen wird der Begriff *gift* verwendet, der sowohl Begabung (*gifted child*) als auch Geschenk (*birthday gift; gift wrapping*) bedeutet.
Wir haben den Eindruck, daß diese Wortbedeutungen – Denotation und Konnotation – manchmal unterschiedliche Welten mit unterschiedlichen Einstellungen kennzeichnen. Wir haben es in den USA immer wieder erlebt, daß Eltern die Begabung ihrer Kinder als ein Geschenk betrachten; in Deutschland hingegen haben wir es manches Mal erfahren, daß Eltern wegen der Begabung ihrer Kinder in Klagen ausbrechen, diese Begabung als Last empfinden und unter dieser Last gebeugt durch das Leben gehen, obwohl die Kinder eigentlich ganz zufrieden sind. Wir haben uns schon oft gefragt, ob die Elternhaltung mit dem typisch deutschen Hang zum Klagen zusammenhängt.
Wir möchten hier nicht mißverstanden werden; es ist absolut verständlich, daß manche Eltern erschrocken sind und sich Gedanken machen, wenn sie merken oder auch vom Lehrer oder Psychologen bestätigt bekommen, daß ihr Kind hochbegabt ist. Wir haben im Kapitel über Beratung gezeigt, daß gezielte Beratung für hochbegabte Kinder und Jugendliche sehr wichtig ist, gerade weil – trotz steigender Akzeptanz – Hochbegabung noch nicht als etwas Selbstverständliches angesehen wird. Was uns aber unangebracht erscheint,

ist beispielsweise das Klagen und Jammern von Eltern darüber, daß ihre Kinder so viele Fragen stellen. Muß man wirklich eine Leidensmiene aufsetzen, nur weil das Kind bereits mit drei Jahren genau wissen will, warum denn die Sonne aufgeht oder ob ein Wassertropfen eigentlich lebt?

Ebenso erschreckend finden wir das Anspruchsdenken, das sich gelegentlich zeigt. Es soll etwas für das Kind getan werden, aber das ist immer die Aufgabe der anderen. Wir haben es leider schon erleben müssen, daß wir sehr viel Mühe aufgewandt haben, um das richtige Förderprojekt für ein Kind oder einen Jugendlichen zu finden, und bekamen dann von der Mutter zu hören, daß das für sie mit einem erheblichen Aufwand verbunden sei, und den könne sie eigentlich nicht auf sich nehmen. Es ist auch für Lehrer enttäuschend, wenn sie viel Zeit und Mühe aufwenden, vielleicht sogar die Zeit anderer Menschen in Anspruch genommen haben, um etwas für ihre Schüler zu tun, das Angebot aber dann ausgeschlagen wird, und zwar nur deshalb, weil das Kind oder der Jugendliche den Aufwand als „unerträglich" empfindet. Vor einigen Jahren hörte man fast nur Klagen der Eltern über die Lehrer, heute haben oft auch Lehrer Grund, über die Eltern zu klagen.

Ein Beispiel möge dies illustrieren: Die Eltern eines Grundschulkindes hatten immer wieder lebhaft Klage über die fehlende Förderung des Kindes geführt. Es gelang einer Mitarbeiterin der Beratungsstelle, ein Treffen aller für entsprechende Maßnahmen wichtigen Personen in der Beratungsstelle zu arrangieren. Außer den Eltern und der Vertreterin der Beratungsstelle kamen zwei Lehrkräfte und der Schulleiter sowie ein Mitarbeiter des Schulpsychologischen Dienstes. Dennoch erklärten die Eltern, daß das Kind zu wenig Aufmerksamkeit erhalte.

Die meisten Eltern allerdings sehen auch in Deutschland ein begabtes Kind als eine positive Herausforderung an, die sie gerne annehmen. Dem eben gegebenen negativen Beispiel läßt sich hier das positive der Eltern entgegenstellen, mit dem Kind oder sogar durch das Kind weiterlernen zu können und selbst aufgeschlossener und wißbegieriger zu werden. Wir wünschen uns, daß diese Haltung sich noch mehr durchsetzt.

Kritik müssen wir aber auch an einigen der schreibenden Kollegen üben. Wir haben mehrfach die Zitiercliquen erwähnt, aber die Probleme gehen über diese noch hinaus. So wird früher erschienene Literatur verschwiegen, es erfolgt die Übernahme von Gedanken (und mehr!) ohne Quellenangabe. Wir möchten hier vom „Buxtehude-Syndrom" einiger Kollegen sprechen, für die es ungemein wichtig zu sein scheint, „Ik bün all dor" rufen zu können. Immer und ständig warten sie auf die Gelegenheit, nachzuweisen, daß sie eine bestimmte Feststellung aber schon früher getroffen haben. Dabei ist das – genau wie bei den Igeln im Märchen – oft nur Schein.

Von Kritik verschonen können wir auch nicht einige Einrichtungen der Forschungsförderung bzw. diejenigen, die für Modellversuche verantwortlich zeichnen. Modellversuche im Bildungswesen zeichnen sich doch dadurch aus, daß sie Vorbildwirkung haben sollen, neue Wege gehen und Anregungen geben. Zu dieser Intention paßt es überhaupt nicht, daß etliche der Abschlußberichte von Modellversuchen einfach nicht zu erhalten sind. Die Begründungen dafür, was wo wann und unter welchen Umständen verschwunden ist, scheint dabei eher aus einem Kriminalroman zu stammen.

Es gibt noch eine ganze Reihe weiterer Kritikpunkte, die wir uns hier aber sparen wollen, weil sie zum Teil schon deutlich genug angesprochen wurden. Wir möchten statt dessen mit einem Appell schließen.

Betrachten wir doch die Begabung wirklich als ein Geschenk, verbessern wir die Kommunikation zwischen allen, die mit Hochbegabten zu tun haben, und sehen wir die Hochbegabung so, wie es für die Hochbegabten und die Gesellschaft am besten ist: als die normalste Sache der Welt.

Literatur

Abadzi, H.: Ability grouping effects on academic achievement and self-esteem in a Southwestern school district. Journal of Educational Research 77, 1984, 287–292.

ABB e.V. – Information. Rundbrief des Arbeitskreises Begabungsforschung und Begabtenförderung e.V. Nr.13, Januar 1995, 6.

ABB e.V. – Information. Rundbrief des Arbeitskreises Begabungsforschung und Begabtenförderung e.V. Nr.21, Januar 1997, 15.

Akademie für Lehrerfortbildung Dillingen (Hrsg.): *Besonders* begabt – besonders *begabt*? Dokumentation des Fortbildungsmodells „Förderung besonders begabter Schülerinnen und Schüler an Grund- und Hauptschule, Realschule und Gymnasium" (1990–1993). Akademiebericht Nr.255. Dillingen 1994.

Alencar, E. M. L. S. de: Begabungsentwicklung in Brasilien. In: H.-G. Mehlhorn u. K. K. Urban (Hrsg.): Hochbegabtenförderung international. Berlin: VEB Deutscher Verlag der Wissenschaften 1989, 13–19.

Amos, W. E. u. Grambs, J. D. (Hrsg.): Counseling the disadvantaged youth. Englewood Cliffs, NJ: Prentice-Hall 1968.

Anastasi, A.: Heredity, environment and the question „how". Psychological Review 65 (4), 1958, 197–208. [Deutsch: Vererbung, Umwelt und die Frage nach dem „Wie". In: O. Ewert (Hrsg.): Entwicklungspsychologie I. Köln: Kiepenheuer u. Witsch 1972, 324–326.]

Ausschuß der Kirchenleitung der Nordelbischen Ev.-Luth. Kirche für Weltanschauungsfragen in Zusammenarbeit mit Vertretern aus Kirchenkreisen und evangelischen Religionslehrern an Waldorfschulen: Die Waldorfschulen und ihr weltanschaulicher Hintergrund – Eine Orientierungshilfe. Kiel ³1986.

Bamberger, J.: Growing up prodigies: The mid-life crisis. In: D. H. Feldman (Hrsg.): Developmental approaches to giftedness and creativity. San Francisco, CA: Jossey-Bass 1982, 261–278.

Bartenwerfer, H.: Identifikation der Hochbegabten. In: K. J. Klauer (Hrsg.): Handbuch der Pädagogischen Diagnostik, Band 4. Düsseldorf: Schwann 1978, 1059–1069.

Bartenwerfer, H. (Hrsg.): Bibliographie Hochbegabung – Deutschsprachige Literatur. Baden-Baden: Nomos ²1990.

Bartenwerfer, H. u. Müller, H. (Hrsg.): Bibliographie Hochbegabung. Deutschsprachige Literatur. Frankfurt: Deutsches Institut für Internationale Pädagogische Forschung 1985.

Bastian, J.: Offener Unterricht – Zehn Merkmale zur Gestaltung von Übergängen. Pädagogik 47, 1995, 6–11.

Beckmannshagen, F.: Rudolf Steiner und die Waldorfschulen. Wuppertal: Paul-Hans Sievers 1984.

Beelich, K.-H. u. Schwede, H.-H.: Lern- und Arbeitstechnik. Würzburg: Vogel Verlag 1974.

Billhardt, J.: Hochbegabte – Die verkannte Minderheit. München: Lexika 1996.

Bloom, B. S.: Stability and change in human characteristics. New York: Willey 1964.

Bloom, B. S.: Taxonomy of educational objectives. Book 1: Cognitive domain. London: Longman 1979 (new impression).

Bloom, B. S. (Hrsg.): Developing talent in young people. New York: Ballantine Books 1985.

Bloom, B. S., Krathwohl, D. R. u. Masia, B. B.: Taxonomy of educational objectives. Book 2: Affective domain. London: Longman 1964.

BMW AG in Kooperation mit Hochbegabtenförderung e.V. (Hrsg.): Hochbegabtenförderung. Angebote für eine unbeachtete Minderheit. München 1997.

Böttcher, I.: Lebenswelt sprachlich unterschiedlich begabter Kinder. Empirische Untersuchung in der Grundschule. Frankfurt a.M.: Peter Lang 1994.

Brahn, M. (Hrsg.): Anweisungen für die psychologische Auswahl der jugendlichen Begabten, vom Ausschusse für Begabungsprüfungen im Institute des Leipziger Lehrervereins. Leipzig: Verlag der Dürr'schen Buchhandlung 1919.

Breitenbach, R.: Beratung und Förderung in der Grundschule. In: K. K. Urban (Hrsg.): Begabungen entwickeln, erkennen und fördern. Hannover: Fachbereich Erziehungswissenschaft I, Universität Hannover 1992, 192–199.

Brinckmann, A. E.: Spätwerke grosser Meister. Frankfurt a.M.: Frankfurter Verlags-Anstalt 1925.

Brodbeck, K.-H.: Entscheidung zur Kreativität. Darmstadt: Wissenschaftliche Buchgesellschaft 1995.

Bronfenbrenner, U.: Toward an experimental ecology of human development. American Psychologist 1977, 32, 513–531. [Deutsch: Ansätze zu einer experimentellen Ökologie menschlicher Entwicklung. In: R. Oerter (Hrsg.): Entwicklung als lebenslanger Prozeß. Hamburg: Hoffmann und Campe 1978, 33–65.]

Bühler, Ch.: Der menschliche Lebenslauf als psychologisches Problem. Leipzig: Hirzel 1933.

Bundeselternrat: Resolution. Nachgedruckt in Labyrinth 44, 1994, 21.

Bund-Länder-Kommission für Bildungsplanung und Forschungsförderung. Ausschuß „Bildungsplanung" (Hrsg.): Konzept zur Förderung besonders begabter Kinder und Jugendlicher. Bonn, 6. Juni 1990.

Burks, B. S., Jensen, D. W. u. Terman, L. M.: The promise of youth. Genetic Studies of Genius, Volume 3. Stanford, CA: Stanford University Press 1930.

Butler-Por, N.: Underachieving gifted students. In: K. A. Heller, F. J. Mönks u. A. H. Passow (Hrsg.): International Handbook of Research and Development of Giftedness and Talent. Oxford, New York: Pergamon Press 1993, 649–668.

Chauvin, R.: Die Hochbegabten. Wie erkennen und fördern wir überdurchschnittlich begabte Kinder. Bern, Stuttgart: Paul Haupt 1979.

Christiani, R. (Hrsg.): Auch die leistungsstarken Kinder fördern. Frankfurt a. M.: Cornelsen Scriptor 1994.

Clausen, A. J.: American lives. Looking back at children of Great Depression. New York: Free Press 1993.

Clendening, C. P. u. Davies, R. A.: Challenging the gifted. Curriculum enrichment and acceleration models. New York, London: R. R. Bowker 1983.

Colangelo, N.: Counseling gifted students. In: N. Colangelo u. G. A. Davis (Hrsg.): Handbook of gifted education. Boston: Allyn u. Bacon 1991, 273–284.

Colangelo, N. u. Davis G. A. (Hrsg.): Handbook of gifted education. Boston: Allyn u. Bacon 1991.

Colangelo, N. u. Zaffrann, R. T. (Hrsg.): New voices in counseling the gifted. Dubuque, Iowa: Kendall/Hunt Publishing Company 1979.

Cox, C. M.: The early mental traits of three hundred geniuses. Genetic Studies of Genius, Volume 2. Stanford, CA: Stanford University Press 1926.

Cropley, A. J., McLeod, J. u. Dehn, D.: Begabung und Begabungsförderung. Entfaltungschancen für alle Kinder! Heidelberg: Asanger 1988.

Csikszentmihalyi, M., Rathunde, K. u. Whalen, S.: Talented Teenagers. The roots of success and failure. New York: Cambridge University Press 1993.

Dahme, G.: Naturwissenschaftlich hochbegabte Jugendliche. Ergebnisse empirischer Studien an Teilnehmern des Wissenschaftswettbewerbs „Jugend forscht". In: W. Wieczerkowski u. H. Wagner (Hrsg.): Das hochbegabte Kind. Düsseldorf: Schwann 1981, 156–170.

DeHaan, R. F. u. Havighurst, R. J.: Educating gifted children. Chicago: University of Chicago Press 1957.

Deutsche Gesellschaft für das hochbegabte Kind e. V. (Hrsg.): Leben mit hochbegabten Kindern. Berlin 1995.

Dorsch, F. (Hrsg.): Psychologisches Wörterbuch. Bern, Stuttgart, Wien: Hans Huber [10]1982.

Drews, E. (Hrsg.): Guidance for the academically talented student. Washington: The American Personnel and Guidance Association 1961.

Elbing, E. u. Heller, K. A.: Beratungsanlässe in der Hochbegabtenberatung. Psychologie in Erziehung und Unterricht 43, 1996, 57–69.

Empfehlung 248 (1994) zur Erziehung hochbegabter Kinder. In: ABB e. V. – Information. Rundbrief des Arbeitskreises Begabungforschung und Begabtenförderung e. V. Nr. 21, Januar 1997, 6.

Ewert, O.: Erich Stern und die pädagogische Psychologie im Nationalsozialismus. In: C. F. Graumann (Hrsg.): Psychologie im Nationalsozialismus. Berlin: Springer 1985, 197–219.

Eysenck, H. J.: Ihre Intelligenz auf dem Prüfstand. Mit Tests für Super-Intelligente. München: Wilhelm Goldmann [4]1984.

Eysenck, H. J.: Genius. The natural history of creativity. Cambridge: Cambridge University Press 1995.

Feger, B.: Identifikation der Hochbegabten. Magisterarbeit an der Philosophischen Fakultät der RWTH Aachen 1977.

Feger, B.: Identifikation von Hochbegabten. In: K. J. Klauer u. H.-J. Kornadt (Hrsg.): Jahrbuch für Empirische Erziehungswissenschaft 1980. Düsseldorf: Schwann 1980, 87–112.

Feger, B.: Hochbegabte Kinder aus benachteiligten Gruppen – Überlegungen zur Identifikation und zu Programmen. In: W. Wieczerkowski u. H. Wagner (Hrsg.): Das hochbegabte Kind. Düsseldorf: Schwann 1981, 132–146.

Feger, B.: Lernen durch Testbearbeitung. In: R. Lühmann (Hrsg.): Spezielle Verfahren der pädagogischen Diagnostik. Braunschweig: Braunschweiger Studien zur Erziehungs- und Sozialwissenschaft Nr. 15, 1984, 117–135.

Feger, B.: Hochbegabungsforschung und Hochbegabtenförderung in Deutschland: Ein Überblick über 100 Jahre. In: Bundesminister für Bildung und Wissenschaft (Hrsg.): Hochbegabung – Gesellschaft – Schule. Bonn: Schriftenreihe des Bundesministeriums für Bildung und Wissenschaft 1986, 67–80.

Feger, B.: Spezialprobleme bei der Identifikation Hochbegabter aus Risikogruppen. Zeitschrift für Differentielle und Diagnostische Psychologie 8, 1987a, 227–233 (Themenheft Hochbegabungsdiagnostik).

Feger, B.: Förderprogramme für Hochbegabte. Überlegungen zur Planung und Durchführung. Psychologie in Erziehung und Unterricht 1987b, 34, 161–170.

Feger, B.: Hochbegabung – Chancen und Probleme. Bern: Hans Huber 1988a.

Feger, B.: Die Beratungsstelle für Hochbegabtenprobleme in Hamburg. In: H. Bartenwerfer (Hrsg.): Besondere Begabungen in der normalen Schule. Forschung, Beratung, pädagogischer Auftrag. Frankfurt a. M.: Gesellschaft zur Förderung pädagogischer Forschung 1988b, 109–123.

Feger, B.: Hochbegabungsforschung und Hochbegabtenförderung: Die Situation in Deutschland zwischen 1916 und 1920. Empirische Pädagogik. Zeitschrift zu Theorie und Praxis erziehungswissenschaftlicher Forschung 2 (1), 1988c, 45–52.

Feger, B.: Deutsche Publikationen zur Begabungsforschung und Begabtenförderung – Die Entwicklung in den 80er Jahren. In: H. Wagner (Hrsg.): Begabungsforschung und Begabtenförderung in Deutschland 1980 – 1990 – 2000. Bad Honnef: K. H. Bock 1990, 53–66.

Feger, B.: Der unterschiedliche Status der Hochbegabtenpädagogik in den USA und der Bundesrepublik. In: H. Feger (Hrsg.): Wissenschaft und Verantwortung. Göttingen: Verlag für Psychologie 1990b, 31–45.

Feger, B.: Hochbegabte Mädchen und Frauen in der Bundesrepublik. In:

W. Wieczerkowski u. T. M. Prado (Hrsg.): Hochbegabte Mädchen. Bad Honnef: K. H. Bock 1990a, 19–29.

Feger, B.: Hochbegabtenpädagogik. In: K. J. Klauer (Hrsg.): Grundriß der Sonderpädagogik. Berlin: Marhold 1992, 75–93.

Feger, B.: Begabte Schüler und die Schule: Wo ist das Problem? In: H. Wagner (Hrsg.): Begabung und Leistung in der Schule. Modelle der Begabtenförderung in Theorie und Praxis. Bad Honnef: K. H. Bock 1995, 37–51.

Feger, B. u. Prado, T. M.: The first information and counseling center for the gifted in West Germany. In: K. A. Heller u. J. F. Feldhusen (Hrsg.): Identifying and nurturing the gifted. Toronto, Bern, Stuttgart: Hans Huber 1986, 139–148.

Feger, B. u. Prado, T. M.: Probleme hochbegabter Schüler in Waldorfschulen. Psychologie in Erziehung und Unterricht 36, 1989, 216–228.

Feldhusen, J. F. u. Jarwan, F. A.: Identification of gifted and talented youth for educational programs. In: K. A. Heller, F. J. Mönks u. A. H. Passow (Hrsg.): International Handbook of Research and Development of Giftedness and Talent. Oxford, New York: Pergamon Press 1993, 233–252.

Feldhusen, J. F., VanTassel-Baska, J. u. Seeley, K. (Hrsg.): Excellence in educating the gifted. Denver: Love 1989.

Feldman, D. H.: Mozart als Wunderkind, Mozart als Artefakt. In: P. Ostwald u. L. S. Zegans (Hrsg.): Mozart. Freuden und Leiden des Genies. Stuttgart: Kohlhammer 1997, 39–55.

Fenzl, H.: Projekt „Jugend kreativ" am Maristengymnasium Fürstenzell. In: *Besonders* begabt – besonders *begabt.* Akademie für Lehrerfortbildung Dillingen (Hrsg.) 1994, S. 329–341.

Frasier, M. M.: Issues, problems and programs in nurturing the disadvantaged and culturally different talented. In: K. A. Heller, F. J. Mönks u. A. H. Passow (Hrsg.): International Handbook of Research and Development of Giftedness and Talent. Oxford, New York: Pergamon Press 1993, 685–692.

Freeman, J.: Where talent begins. In: J. Freeman, P. Span u. H. Wagner (Hrsg.): Actualizing talent. A lifelong challenge. London: Cassell 1995, 20–32.

Freeman, J., Span, P. u. Wagner, H. (Hrsg.): Actualizing talent. A lifelong challenge. London: Cassell 1995.

Freeman, J. u. Urban, K. K.: Über Probleme des Identifizierens und Etikettierens von hochbegabten Kindern. Psychologie in Erziehung und Unterricht 1, 1983, 67–73.

Fritzsche, J.: Schreibwerkstatt. Stuttgart: Klett 1989.

Fritzsche, J.: Förderung sprachlich begabter Jugendlicher: Erfahrungen und Perspektiven. In H. Wagner (Hrsg.): Begabungsforschung und Begabtenförderung in Deutschland 1980 – 1990 – 2000. Bad Honnef: K. H. Bock 1990, 134–144.

Fritzsche, J.: Begabtenförderung im Bereich Deutsch. In: H. Wagner (Hrsg.): Begabung und Leistung in der Schule. Modelle der Begabtenförderung in Theorie und Praxis. Bad Honnef: K. H. Bock 1995, 135–149.

Gagné, F.: Constructs and Models pertaining to exceptional human abilities. In: K. A. Heller, F. J. Mönks u. A. H. Passow (Hrsg.): International Handbook of Research and Development of Giftedness and Talent. Oxford, New York: Pergamon Press 1993, 69–88.

Gallagher, S. (Hrsg.): Gifted girls and gifted women. Journal for the Education of the Gifted. Special Issue 13 (2), 1989.

Gardner, H.: Abschied vom IQ. Die Rahmen-Theorie der vielfältigen Intelligenzen. Stuttgart: Klett-Cotta 1991.

Gardner, H.: So genial wie Einstein. Schlüssel zum kreativen Denken. Stuttgart: Klett-Cotta 1993.

Gardyan, H.-J.: Ein Akt auf dem Drahtseil: Wie macht man Begabtenförderung dem Kollegium, der Elternschaft und den Schülern schmackhaft? In: H. Wagner (Hrsg.): Begabung und Leitung in der Schule. Modelle der Begabtenförderung in Theorie und Praxis. Bad Honnef: K. H. Bock 1995, 118–134.

Gesell, A.: Körperseelische Entwicklung in der frühen Kindheit. Halle/Saale: Carl Marhold 1931.

Getzels, J. W. u. Jackson, P. W.: Creativity and intelligence. Explorations with gifted students. New York: John Wiley 1962 (Nachdruck 1965).

Gold, M. J.: Education of the intellectually gifted. Columbus, Ohio: Charles E. Merrill 1965.

Goleman, D.: Emotionale Intelligenz. München: Carl Hanser 1995.

Gowan, J. C. u. Bruch, C. B.: The academically talented student and guidance. Boston: Houghton Mifflin Company 1971.

Grinder, R. E.: The gifted in our midst: By their divine deeds, neuroses, and mental test scores we have known them. In: F. D. Horowitz u. M. O'Brien (Hrsg.): The gifted and talented. Developmental Perspectives. Washington: American Psychological Association 1985, 5–35.

Großmann, K. E., Scheurer-Englisch, H. u. Loher, I.: Die Entwicklung emotionaler Organisation und ihre Beziehung zum intelligenten Handeln. In: F. J. Mönks u. G. Lehwald (Hrsg.): Neugier, Erkundung und Begabung bei Kleinkindern. München, Basel: Ernst Reinhardt 1991, 66–76.

Gudjons, H.: Schultheorie(n) und Aufbau des Bildungswesens. Pädagogik 45 (5), 1993, 44–49.

Guilford, P. J.: Creativity. American Psychologist 5, 1950, 444–454. [Deutsch: Kreativität. In: G. Mühle u. C. Schell (Hrsg.): Kreativität und Schule. München: Piper 1973, 13–36.]

Günther, H.: Waldorf-Pädagogik in der Kritik. Katholische Bildung 4, 1988, 26–241.

Guthke, J.: Intelligenz im Test. Wege der psychologischen Intelligenzdiagnostik. Göttingen: Vandenhoeck u. Ruprecht 1996.

Hagen, E.: Die Identifizierung Hochbegabter. Heidelberg: Asanger 1989.

Hailey, K.: The day I became an autodidact – and the advice, adventures, and acrimonies that befell me thereafter. New York: Delacorte Press 1988.

Hany, E. A.: Modelle und Strategien zur Identifikation hochbegabter Schüler. Phil. Diss. Ludwig-Maximilians-Universität München 1987.

Hany, E. A.: Methodological Problems and issues concerning identification. In: K. A. Heller, F. J. Mönks u. A. H. Passow (Hrsg.): International Handbook of Research and Development of Giftedness and Talent. Oxford, New York: Pergamon Press 1993, 209–232.

Hany, E. A.: Eines schickt sich nicht für alle: Eine Führung durch das Methodenarsenal der Begabtenförderung. In: H. Wagner (Hrsg.): Begabung und Leistung in der Schule. Modelle der Begabtenförderung in Theorie und Praxis. Bad Honnef: K. H. Bock 1995, 52–75.

Hany, E. A. u. Heller, K. A.: Gegenwärtiger Stand der Hochbegabungsforschung. Replik zum Beitrag Identifizierung von Hochbegabung. Zeitschrift für Entwicklungspsychologie und Pädagogische Psychologie 23, 1991, 241–249.

Hauser, P. u. Nelson, G. A.: Books for the gifted child. Volume 2. New York u. London: R. R. Bowker 1988.

Hayes, J. R.: The complete problem solver. Philadelphia: Franklin Institute Press 1981.

Heinbokel, A.: Hochbegabte. Erkennen, Probleme, Lösungswege. Baden-Baden: Nomos 1988 [auch Lit-Verlag 1996].

Heinbokel, A.: Überspringen von Klassen. Münster: Lit-Verlag 1996.

Heller, K. A. (Hrsg.): Hochbegabungsdiagnostik. Göttingen, Bern: Hans Huber 1987.

Heller, K. A. (Hrsg.): Begabungsdiagnostik in der Schul- und Erziehungsberatung. Göttingen, Bern: Hans Huber 1991.

Heller, K. A. (Hrsg.): Hochbegabung im Kindes- und Jugendalter. Göttingen, Toronto, Zürich: Hogrefe 1992.

Heller, K. A. (Hrsg.): Bibliographie Hochbegabung: Deutschsprachige Literatur 1987–1992. Fortsetzungsband I. Baden-Baden: Nomos 1993.

Heller, K. A.: Begabungsdefinition, Begabungserkennung und Begabungsförderung im Schulalter. In: H. Wagner (Hrsg.): Begabung und Leistung in der Schule. Modelle der Begabtenförderung in Theorie und Praxis. Bad Honnef: K. H. Bock 1995, 6–36.

Heller, K. A. u. Feldhusen, J. F. (Hrsg.): Identifying and nurturing the gifted. Toronto, Bern, Stuttgart: Hans Huber 1986.

Heller, K. A. u. Hany, E. A.: Psychologische Modelle der Hochbegabtenförderung. In: F. E. Weinert (Hrsg.): Psychologie des Lernens und der Instruktion. Göttingen: Hogrefe 1996, 477–513.

Heller, K. A., Mönks, F. J. u. Passow, A. H. (Hrsg.): International Handbook of Research and Development of Giftedness and Talent. Oxford, New York: Pergamon Press 1993.

Hellert, U.: Der pädagogische Zauberstab „Innere Differenzierung" oder: Brauchen hochbegabte Schüler hochbegabte Lehrer? In: H. Wagner (Hrsg.): Begabung und Leistung in der Schule. Modelle der Begabtenförderung in Theorie und Praxis. Bad Honnef: K. H.Bock 1995, 98–108.

Hildreth, G. H.: Educating gifted children at Hunter College Elementary School. New York: Harper and Brothers 1952 (Nachdruck 1970).

Hochbegabungsdiagnostik. Zeitschrift für Differentielle und Diagnostische Psychologie 8 (3). Themenheft 1987.

Hofstätter, P. R.: Psychologie (Das Fischer Lexikon). Frankfurt a. M.: Fischer 1957.

Höhler, G.: Herzschlag der Sieger. Die EQ-Revolution. Düsseldorf: Econ 1997.

Holahan, C. K. u. Sears, R. R.: The gifted group in later maturity. Genetic Studies of Genius. Volume 6. Stanford: Stanford University Press 1995.

Horowitz, F. D.: A Developmental view on the early identification of the gifted. In: P. S. Klein u. A. J. Tannenbaum (Hrsg.): To be young and gifted. Norwood, NJ: Ablex 1992, 73–93.

Horowitz, F. D. u. O'Brien, M. (Hrsg.): The gifted and talented. Developmental perspectives. Washington: American Psychological Association 1985.

Hoyningen-Süess, U. u. Lienhard, P. (Hrsg.): Hochbegabung als sonderpädagogisches Problem. Luzern: Edition SZH/SPZ 1998.

Ingenkamp, K.: Die Fragwürdigkeit der Zensurengebung. Weinheim: Beltz 1971.

Jäger, M.: Möglichkeiten und Grenzen der Studienförderung durch Stiftungen. Vortrag auf der Tagung „Studienförderung für Hörbehinderte – Entwicklung weiterführender Strukturen 8. – 11. 5. 1991 in Heidelberg.

Jellen, H.G. u. Verduin, J. R.: Differentielle Erziehung besonders Begabter. Köln: Böhlau 1989.

Jesus, C. M. de: Tagebuch der Armut. Das Leben in einer brasilianischen Favela. Göttingen: Lamuv [7]1993.

Joswig, H.: Begabung und Motivation. Frankfurt a. M.: Peter Lang 1995.

Kallir, O.: Grandma Moses. Ihre Kunst und ihre Persönlichkeit. Köln: DuMont 1979.

Kaufmann-Hayoz, R.: Visuelles Erkundungsverhalten im Säuglingsalter. In: F. J. Mönks u. G. Lehwald (Hrsg.): Neugier, Erkundung und Begabung bei Kleinkindern. München, Basel: Ernst Reinhardt 1991, 11–21.

Keller, G.: Der Lern-Knigge für Jugendliche und junge Erwachsene. Bad Honnef: K. H. Bock 1986.

Keller, G.: Wie wirksam ist schulpsychologische Lernförderung? Psychologie in Erziehung und Unterricht 35, 1988, 230–233.

Keller, G.: Aufgaben der Bildungsberatung bei der Förderung hochbegabter Schüler. Psychologie in Erziehung und Unterricht 37, 1990, 54–57.

Keller, G.; Lernen will gelernt sein! Ein Lerntraining für Schüler. Heidelberg: Quelle u. Meyer [4]1991 a.

Keller, G.: Lehrer helfen lernen. Donauwörth: Auer [3]1991 b.

Keller, G.: Schulpsychologische Hochbegabtenberatung. Ergebnisse einer Beratungsstudie. Psychologie in Erziehung und Unterricht 39, 1992, 125–132.

Keller, G.: Das Lern- und Arbeitsverhalten leistungsstarker und leistungsschwacher Schüler. Psychologie in Erziehung und Unterricht 40, 1993, 125–129.

Keller, H. u. Schneider, K.: Entwicklung und Prozeß explorativen Verhaltens. In: F. J. Mönks u. G. Lehwald (Hrsg.): Neugier, Erkundung und Begabung bei Kleinkindern. München, Basel: Ernst Reinhardt 1991, 22–39.

Kerr, B. A.: Smart girls, gifted women. Dayton: Ohio Psychology Publishing ²1987.

Kerr, B. A.: A handbook for counseling the gifted and talented. Alexandria, VA: American Association for Counseling and Development 1991.

Klauer, K. J.: Intelligenztraining im Kindesalter. Weinheim, Basel: Beltz 1975.

Klein, P. S. u. Tannenbaum, A. J. (Hrsg.): To be young and gifted. Norwood, New Jersey: Ablex 1992.

Kötter, L.: Ist das Überspringen von Schulklassen eine zweckmäßige Maßnahme zur Förderung von Hochbegabten? Vortrag auf der 6. Weltkonferenz über hochbegabte und talentierte Kinder. Hamburg, August 1985.

Kohtz, K.: Richtig fordern – richtig fördern. Grundschule. Zeitschrift für die Grundstufe des Schulwesens 6, 1996, 28–29.

Kramer, C.: Regionale Disparitäten im Bildungswesen – immer noch oder schon wieder aktuell? In: M. Braun u. P. P. Mohler (Hrsg.): Blickpunkt Gesellschaft 4: Soziale Ungleichheit in Deutschland. Opladen: Westdeutscher Verlag 1998, 77–113.

Kreis Neuss: Bundesmodell Begabtenförderung. Abschlußbericht. Neuss: Der Oberkreisdirektor 1989.

Kreis Neuss: Fachtagung Herausforderung Begabung. Dokumentation. Neuss: Der Oberkreisdirektor 1990.

Kröhnert, O. u. Stiftung zur Förderung körperbehinderter Hochbegabter (Hrsg.): Aufgaben und Probleme der Förderung hochbegabter Gehörloser in der Sekundarstufe II und im Hochschulbereich. Vaduz: Stiftung zur Förderung körperbehinderter Hochbegabter 1989.

Kröhnert, O. u. Stiftung zur Förderung körperbehinderter Hochbegabter (Hrsg.): Aufgaben und Probleme der Frühförderung gehörloser und schwerhöriger Kinder unter dem Aspekt der Begabungsentfaltung. Vaduz: Stiftung zur Förderung körperbehinderter Hochbegabter 1990.

Kubovsky, M.: Entwicklung und Erprobung von Konzepten der Lehrer-, Eltern- und Schulumfeldberatung zur integrierten und individualisierten Förderung besonderer Begabungen im Grundschulbereich. In: K. K. Urban (Hrsg.): Begabungen entwickeln, erkennen und fördern. Hannover: Fachbereich Erziehungswissenschaft I, Universität Hannover 1992, 173–175.

Landau, E.: Mut zur Begabung. München, Basel: Ernst Reinhardt 1990.

Lange, O.: Grenzen möglicher Begabungsförderung durch Waldorfschulen. In: W. Hellwig (Hrsg.): Begabungen – Bildungswege – Lebensziele. Magdeburg 1990, 54–58.

Langeneder, A.: Selektive Begabtenförderung? Probleme und Möglichkeiten. Frankfurt a.M.: Peter Lang 1997.

Langenmayr, A.: Diskriminierung von Mädchen in Erziehungsberatungsstellen. Frankfurt a.M.: Campus 1980.

Lash, J. P.: Helen and teacher. The story of Helen Keller and Anne Sullivan Macy. London: Allen Lane 1980.

Lauster, P.: Teste Deine Intelligenz. München: Humboldt-Taschenbuchverlag 1974.

Lehr, U.: Zur Geschichte der Entwicklungspsychologie der Lebensspanne. In: A. Kruse u. R. Schmitz-Scherzer (Hrsg.): Psychologie der Lebensalter. Darmstadt: Steinkopff 1995, 3–14.

Lehwald, G.: Früherfassung und Frühforderung von Begabungen. Methodische Probleme, empirische Befunde, praktische Konsequenzen. In: F. J. Mönks u. G. Lehwald (Hrsg.): Neugier, Erkundung und Begabung bei Kleinkindern. München, Basel: Ernst Reinhardt 1991, 135–141.

Leithäuser, Th., Lins, C. de C. u. Brasil, A. F.: Mütter in der Favela. Journal für Psychologie 3 (1) 1995, 15–27.

Ley, W.: Die Himmelskunde. Eine Geschichte der Astronomie von Babylon bis zum Raumzeitalter. Düsseldorf: Econ 1965.

Lipmann, O.: Über Begriff und Erforschung der „natürlichen" Intelligenz. Zeitschrift für angewandte Psychologie 13, 1918, 192–201.

Lucito, L. J.: Gifted Children. In: L. M. Dunn (Hrsg.): Exceptional children in the schools. New York: Holt, Rinehart and Winston 1964, 179–238.

Lundington-Hoe, S. u. Golant, S. K.: How to have a smarter baby. A proven method for maximizing your baby's mental and physical development. New York: Rawson Associates 1985.

Magdeburg, H.: Versager auf weiterführenden Schulen. München, Basel: Ernst Reinhardt 1963.

Manstetten, R. (Hrsg.): Begabtenförderung in der beruflichen Bildung. Empirische und konzeptionelle Beiträge zur Berufsbegabungsforschung. Göttingen: Hogrefe 1996.

Marland S. P.: Education of the gifted and talented. Report to the Congress of the United States by the U.S. Commissioner of Education. Washington, D.C.: U.S. Government Printing Office 1972. [Faksimile-Nachdruck in: C. R. Clendening u. R. A. Davies: Creating programs for the gifted. A guideline for teachers, librarians, and students. New York, London: R. R. Bowker 1980, 379–447.]

McGue, M., Bouchard, T. J., Iacono, W. G. u. Lykken, D. T.: Behavioral genetics of cognitive ability: A life-span perspective. In: R. Plomin u. G. E. McClearn (Hrsg.): Nature, nurture and psychology. Washington: APA 1993, 59–76.

Meili, R.: Lehrbuch der psychologischen Diagnostik. Bern: Hans Huber [4]1951.

Meissner, T.: Wunderkinder. Schicksal und Chance Hochbegabter. Frankfurt a. M.: Ullstein 1991 [auch dtv 1993].

Milgram, R. M. (Hrsg.): Counseling gifted and talented children. A guide for teachers, counselors, and parents. Norwood, NJ: Ablex 1991.

Ministerium für Bildung und Wissenschaft (Hrsg.): Begabte Kinder finden und fördern. Ein Ratgeber für Eltern und Lehrer. Bonn 1985.

Ministerium für Bildung und Wissenschaft und Kultur des Landes Schleswig-Holstein (Hrsg.): Kinder mit besonderen Begabungen. Erkennen, Beraten, Fördern 1998.

Ministerium für Schule und Weiterbildung des Landes Nordrhein-Westfalen (Hrsg.): Talent und Neigung. Faltblatt 1997.

Mira, M. H. N.: Hochbegabtenpädagogik in Brasilien – Eine nationale Herausforderung. In: Bundesminister für Bildung und Wissenschaft (Hrsg.): Hochbegabung – Gesellschaft – Schule. Bonn: Schriftenreihe des Bundesministeriums für Bildung und Wissenschaft 1986, 96–101.

Moede, W., Piorkowski, C. u. Wolff, G.: Die Berliner Begabtenschule, ihre Organisation und die experimentellen Methoden der Schülerauswahl. Langensalza: Hermann Beyer u. Söhne 1918.

Mönks, F. J.: Beiträge zur Begabtenforschung im Kindes- und Jugendalter. Archiv für die gesamte Psychologie 115, 1963, 362–382.

Mönks, F. J.: Entwicklungspsychologische Aspekte der Hochbegabtenforschung. In: W. Wieczerkowski u. H. Wagner (Hrsg.): Das hochbegabte Kind. Düsseldorf: Schwann 1981, 38–51.

Mönks, F. J.: Beratung und Förderung besonders begabter Schüler. Psychologie in Erziehung und Unterricht 34, 1987, 214–222.

Mönks, F. J.: Kann wissenschaftliche Argumentation auf Aktualität verzichten? Replik zum Beitrag Identifizierung von Hochbegabung. Zeitschrift für Entwicklungspsychologie und pädagogische Psychologie 23, 1991, 232–240.

Mönks, F. J.: Hochbegabung. Ein Mehrfaktorenmodell. Grundschule. Zeitschrift für die Grundstufe des Schulwesens 5, 1996, 15–16.

Mönks, F. J. u. Lehwald, G. (Hrsg.): Neugier, Erkundung und Begabung bei Kleinkindern. München, Basel: Reinhardt 1991.

Mönks, F. J. u. Mason, E. J.: Developmental theories and giftedeness. In: K. A. Heller, F. J. Mönks u. A. H. Passow (Hrsg.): International Handbook of Research and Development of Giftedness and Talent. Oxford, New York: Pergamon Press 1993, 89–101.

Mönks, F. J. u. van Boxtel, H.: Gifted adolescents: A developmental perspective. In: J. Freeman (Hrsg.): The psychology of gifted children. Perspectives on development and education. Chichester, New York: John Wiley 1985, 275–295.

Mönks, F. J. u. Ypenburg, I. H.: Unser Kind ist hochbegabt. Ein Leitfaden für Eltern und Lehrer. München: Ernst Reinhardt 1993.

Montada, L.: Fragen, Konzepte, Perspektiven. In: R. Oerter u. L. Montada (Hrsg.): Entwicklungspsychologie. Ein Lehrbuch. Weinheim: Beltz Psychologie Verlags Union ³1995, 1–83.

Nikitin/Butenschön: Die Nikitin-Kinder sind erwachsen. Köln: Kiepenheuer u. Witsch 1990.

Nowicka, R.: Supporting gifted and talented children within the Polish educational system. Gifted and Talented International 10 (1), 1995, 37–39.

Oerter, R.: Ökologische Perspektiven der Entwicklung von Hochbegabten. In: E. A. Hany u. H. Nickel (Hrsg.): Begabung und Hochbegabung. Theoretische Konzepte, empirische Befunde, praktische Konsequenzen. Bern, Göttingen: Hans Huber 1992, 23–38.

Oerter, R. u. Montada, L.: Entwicklungspsychologie. Ein Lehrbuch. Weinheim: Beltz Psychologie Verlags Union [3]1995.

Ostwald, P. u. Zegans, L. S. (Hrsg.): Mozart. Freuden und Leiden des Genies. Stuttgart: Kohlhammer 1997.

Perino, S. C. u. Perino, J: Parenting the gifted. Developing the promise. New York, London: R. R. Bowker 1981.

Peters, R.: Practical Intelligence. New York: Harper and Row 1987.

Petersen, P. (Hrsg.): Der Aufstieg der Begabten. Vorfragen. Leipzig, Berlin: G. Teubner 1916.

Piirto, J.: Talented children and adults: Their Development and Education. New York: Merrill/Macmillan 1994.

Pollmann, U.: Im Netz der grünen Hühner. Die Straßenkinder von Recife. Göttingen: Lamuv [3]1992.

Prado, T. M.: Hochbegabte Kinder im Grundschulalter. Probleme, Möglichkeiten und Grenzen der Identifikation und Beratung in einer speziellen Beratungsstelle. Eine Feldstudie. Phil. Diss. Universität Hamburg 1998 (in Vorbereitung).

Prado, T. M. u. Schiebel, W: Grade skipping: Some German experiences. European Journal for High Ability 6, 1994, 60–72.

Prause, G.: Genies in der Schule. Legende und Wahrheit über den Erfolg im Leben. Reinbek: Rowohlt 1976.

Prause, G.: Genies ganz privat. Tratschkes aktuelle Weltgeschichten. Reinbek: Rowohlt 1983.

Raab, R.: Grußworte der Hamburger Schulsenatorin Rosemarie Raab anläßlich der Einweihung der „Beratungsstelle besondere Begabungen" am 25. November 1997. Abgedruckt in Labyrinth 56, 1998, 5.

Rahn, H.: Talente finden, Talente fördern. Die Bundessieger im Bundeswettbewerb Mathematik 1971–1983. Göttingen: Hogrefe 1985.

Rauh, H., Dillmann, S., Müller, B. u. Ziegenhain, U.: Anfänge der Persönlichkeitsentwicklung in der frühen Kindheit. In: A. Kruse u. R. Schmitz-Scherzer (Hrsg.): Psychologie der Lebensalter. Darmstadt: Steinkopff 1995, 107–122.

Rauthe, W.: Die Waldorfschule als Gesamtschule. Stuttgart: Verlag Freies Geistesleben 1970.

Renzulli, J. S.: Ein praktisches System zur Identifizierung hochbegabter und talentierter Schüler. Psychologie in Erziehung und Unterricht 40, 1993, 217–224.

Resolution des Bundeselternrates. Nachgedruckt in Labyrinth 44, 1994, 21.

Rittersbacher, K.: Wirkungen der Schule im Lebenslauf. Ein Quellenbuch der Pädagogik Rudolf Steiners und ein Hinweis auf die anthroposophische Geisteswissenschaft. Basel: Zbinden 1975.

Robinson, A. u. Clinkenbeard, P. R.: Giftedness: An exceptionality examined. Annual Review of Psychology 49, 1998, 117–139.

Robinson, N. M.: Identifying and nurturing gifted, very young children. In: K. A. Heller, F. J. Mönks u. A. H. Passow (Hrsg.): International Handbook of Research and Development of Giftedness and Talent. Oxford, New York: Pergamon Press 1993, 507–524.

Roedell, W. G., Jackson, N. E. u. Robinson. H. B.: Hochbegabung in der Kindheit. Besonders begabte Kinder im Vor- und Grundschulalter. Heidelberg: Asanger 1989.

Rost, D. H.: Fördermaßnahmen für besonders begabte Grundschulkinder im Urteil von Eltern und Lehrern. In: H. Wagner (Hrsg.): Begabungsforschung und Begabtenförderung in Deutschland 1980 – 1990 – 2000. Bad Honnef: K. H. Bock 1990, 91–107.

Rost, D. H.: Identifizierung von „Hochbegabung". Zeitschrift für Entwicklungspsychologie und Pädagogische Psychologie 23, 1991 a, 197–231.

Rost, D. H.: Der hochbegabte Schüler/die hochbegabte Schülerin. In: L. Roth (Hrsg.): Pädagogik: Handbuch für Studium und Praxis. München, Basel: Ernst Reinhardt 1991 b, 833–858.

Rost, D. H. (Hrsg.): Lebensumweltanalyse hochbegabter Kinder. Göttingen: Hogrefe 1993.

Rost, D. H. u. Hanses, P.: Wer nichts leistet, ist nicht begabt? Zur Identifikation hochbegabter Underachiever durch Lehrkräfte. Zeitschrift für Entwicklungspsychologie und Pädagogische Psychologie 29, 1997, 167–177.

Roth, H. (Hrsg.): Begabung und Lernen. Stuttgart: Ernst Klett [10]1976.

Rothney, J. W. M. u. Koopman, N. E.: Guidance of the gifted. In: N. B. Henry (Hrsg.): Education for the Gifted. The 57th Yearbook of the National Society for the Study of Education. Part II. Chicago: University of Chicago Press 1958, 347–361.

Salovey, P. u. Mayer, J. D.: Emotional intelligence. Imagination, Cognition, and Personality 9, 1990, 185–211.

Sameroff, A. J.: Developmental systems: Concepts and evolution. In: P. H. Mussen (Hrsg.): Handbook of child psychology. New York: John Wiley [4]1983, 237–294.

Santl, M. u. Reitmajer, V.: Überspringen einer Jahrgangsstufe als Fördermaßnahme für besonders begabte Schülerinnen und Schüler. München: Staatsinstitut für Schulpädagogik und Bildungsforschung 1991.

Schenk-Danziger, L.: Begabung und Entwicklung. In: H. Thomae (Hrsg.): Handbuch der Psychologie. Entwicklungspsychologie, Band 3. Göttingen: Hogrefe [2]1959, 358–403.

Schiebel, W. u. Prado, T. M: Überspringen von Klassenstufen. Abschlußbericht des Modellversuchs „Entwicklung und Erprobung eines Modells zur

Förderung besonders begabter Schülerinnen und Schüler durch Fördermaßnahmen zur Verkürzung der individuellen Schulzeit". Amt für
Schule, Hamburg 1996.

Schmid, H. D.: Allgemeine Entwicklungspsychologie. Berlin: VEB Deutscher Verlag der Wissenschaften 1970.

Schneider, W.: Waldorfschulen – eine pädagogische Herausforderung. Vier-
teljahresschrift für wissenschaftliche Pädagogik 68, 1992, 455–469.

Schöpfel, J.: Kreatives Schreiben. Identifikation und Förderung sprachlich-
kreativ begabter Jugendlicher. Frankfurt a. M.: Peter Lang 1992.

Seagoe, M. V.: Terman and the gifted. Los Altos, CA: William Kaufmann
1975.

Serebriakoff, V.: Der IQ-Selbst-Test. So errechnen Sie Ihren Intelligenz-
Quotienten. München: Wilhelm Heyne ⁴1986.

Serebriakoff, V. u. Langer, L.: Test het IQ van uw kind. Met een I.Q.test voor
kinderen van tot 17 jaar. Amsterdam: Tiebosch Uitge Vermaatschappij
BV 1980.

Sieghart, F.: The voluntary counselling service of the NAGC. In: A. H. Kramer (Hrsg.): Gifted Children. Challenging their potential. New perspectives and alternatives. New York: Trillium 1981, 237–247.

Silverman, L. K. (Hrsg.): Counseling the gifted and talented. Denver: Love
1993.

Silverman, L. K.: The universal experience of being Out-of-sync. In: J. Chan,
R. Li u. J. Spinks (Hrsg.): Maximizing potential: Lengthening and strengh-
tening our stride. Proceedings of the 11th World Conference of Gifted
and Talented Children. Hong Kong: The University of Hong Kong. Social
Sciences Research Centre 1997, 23–29.

Simonton, D. K.: Das schöpferische Genie in der Musik: Mozart und andere
Komponisten. In: P. Ostwald u. L. S. Zegans (Hrsg.): Mozart. Freuden und
Leiden des Genies. Stuttgart: Kohlhammer 1997, 13–38.

Smutny, J. F., Veenker, K. u. Veenker, S.: Das begabte Kind. Wie man es erkennt. Wie man es fördert. Bergisch Gladbach: Bastei-Lübbe 1993.

Southern, W. T. u. Jones, E. D. (Hrsg.): Academic acceleration of gifted children. New York: Teachers College Press 1991.

Spahn, C.: Wenn die Schule versagt. Vom Leidensweg hochbegabter Kinder.
Asendorf: MUT 1997.

Sperber, W., Wörpel, S., Jäger, A. O. u. Pfister, R.: Praktische Intelligenz. Un-
tersuchungsbericht und erste Ergebnisse. Arbeitsbericht aus dem For-
schungsschwerpunkt „Produktives Denken/Intelligentes Verhalten". Institut für Psychologie im Fachbereich Erziehungs- und Unterrichtswissen-
schaften, Freie Universität Berlin 1985.

SPIEGEL-Redaktion (Hrsg.): Unterprivilegiert. Eine Studie über sozial benachteiligte Gruppen in der Bundesrepublik Deutschland. Neuwied:
Luchterhand 1973.

Spranger, E.: Begabung und Studium. Leipzig: B. G. Teubner 1917.

Stamm, M.: Hochbegabungsförderung in den Deutschschweizer Volksschulen. Historische Entwicklung, Zustandsanalyse, Entwicklungsplan. Phil. Diss. Universität Zürich 1992.

Stapf, A. u. Stapf, K. H.: Kindliche Hochbegabung in entwicklungspsychologischer Sicht. Psychologie in Erziehung und Unterricht 35, 1988, 1–17.

Stapf, A. u. Stapf, K. H.: Zur kognitiven und motivationalen Entwicklung hochbegabter Kinder im Säuglings-, Kleinkind- und Vorschulalter. In: K. Grawe, R. Hänni, N. Semmer u. F. Tschan (Hrsg.): Über die richtige Art, Psychologie zu betreiben. Göttingen: Hogrefe 1990, 377–390.

Stein, M. I.: Gifted, talented, and creative young people. A guide to theory, teaching, and research. New York, London: Garland Publishing 1986.

Stern, W.: Das übernormale Kind. Der Saemann, 1910, 67–72.

Stern, W.: Förderung und Auslese jugendlicher Begabungen. Zeitschrift für Psychotherapie und medizinische Psychologie 7, 1919, 291–298.

Stern, W.: Die Intelligenz der Kinder und Jugendlichen. Leipzig: Johann Ambrosius Barth [4]1928.

Sternberg, R. J.: Beyond IQ. A Triachic theory of human intelligence. Cambridge: Cambridge University Press 1985.

Sternberg, R. J. u. Davidson, J. (Hrsg.): Conceptions of giftedness. Cambridge: Cambridge University Press 1986.

Stiftung zur Förderung körperbehinderter Hochbegabter (Hrsg.): Begabungsentfaltung gehörloser Schüler durch gemeinsames Lernen mit Nichtbehinderten. Vaduz: Stiftung zur Förderung körperbehinderter Hochbegabter 1992.

Stiftung zur Förderung körperbehinderter Hochbegabter (Hrsg.): Behinderung und Begabungsentfaltung. Vaduz: Stiftung zur Förderung körperbehinderter Hochbegabter 1993.

Stiftung zur Förderung körperbehinderter Hochbegabter (Hrsg.): Das Cochlear Implant, eine (neue) Möglichkeit der Begabungsentfaltung bei Hörgeschädigten. Vaduz: Stiftung zur Förderung körperbehinderter Hochbegabter 1995.

Stone, E.: The Hunter College campus schools for the gifted. The challenge of equity and excellence. New York, London: Teachers College Press 1992.

Subotnik, R. F. u. Arnold, K. D. (Hrsg.): Beyond Terman: Longitudinal studies. Contemporary longitudinal studies of giftedness and talent. Norwood: Ablex 1993.

Supplee, P. L.: Reaching the gifted underachiever. Program strategy and design. New York: Teachers College Press 1990.

Tallent-Runnels, M. K. u. Candler-Lotven, A. C.: Academic competitions for gifted students. A resource book for teachers and parents. Thousand Oaks, CA: Corwin Press 1996.

Tannenbaum, A. J.: History of interest in the gifted. In: N. B. Henry (Hrsg.): Education for the gifted. The 57th Yearbook of the National Society for the Study of Education, Part II. Chicago, Illinois: University of Chicago Press 1958, 21–38.

Tannenbaum, A. J.: Gifted Children. Psychological and educational perspectives. New York: Macmillan 1983.

Tannenbaum, A. J.: History of giftedness and „gifted education" in world perspective. In: K. A. Heller, F. J. Mönks u. A. H. Passow (Hrsg.): International Handbook of Research and Development of Giftedness and Talent. Oxford, New York: Pergamon Press 1993, 3–28.

Terman, L. M.: Mental and physical traits of a thousand gifted children. Genetic Studies of Genius, Volume 1. Stanford, CA: Stanford University Press 1925.

Terman, L. M. u. Oden, M. H.: The gifted child grows up. Genetic Studies of Genius, Volume 4. Stanford, CA: Stanford University Press 1947.

Terman, L. M.: What education for the gifted should accomplish. In: N. B. Henry (Hrsg.): Education for the gifted. The 57th Yearbook of the National Society for the Study of Education, Part II. Chicago, Illinois: University of Chicago Press 1958, 15–19.

Terman, L. M. u. Oden, M. H.: The gifted child group at midlife. Genetic Studies of Genius, Volume 5. Stanford, CA: Stanford University Press 1959.

Terrassier, J. C.: Das Asynchronie-Syndrom und der negative Pygmalion-Effekt. In: K. K. Urban (Hrsg.): Hochbegabte Kinder. Heidelberg: Schindele 1982, 92–97.

Tettenborn, A.: Familien mit hochbegabten Kindern. Münster: Waxmann 1996.

Teufel, G.: Tätigkeitsbericht 1996. Fakten und Zahlen. In: Studienstiftung des deutschen Volkes (Hrsg.): Jahresbericht 1996. Fakten und Analysen. Bonn: Studienstiftung 1997, 29–66.

Thomae, H.: Entwicklungsbegriff und Entwicklungstheorie. In: H. Thomae (Hrsg.): Handbuch der Psychologie. Entwicklungspsychologie, Band 3. Göttingen: Hogrefe ²1959, 3–20.

Thomas, W.: Mein Kind ist hochbegabt. Außergewöhnliche Begabung erkennen und fördern. Düsseldorf: Econ 1997.

Totten, S., Sills, T., Digby, A. u. Russ, P.: Cooperative learning: A guide to research. New York: Garland Publishing 1991.

Trautner, H. M.: Lehrbuch der Entwicklungspsychologie, Band 2: Theorien und Befunde. Göttingen: Hogrefe 1991.

Trost, G. u. Sieglen, J.: Biographische Frühindikatoren herausragender beruflicher Leistungen. In: E. A. Hany u. H. Nickel (Hrsg.): Begabung und Hochbegabung. Theoretische Konzepte, empirische Befunde, praktische Konsequenzen. Bern, Göttingen: Hans Huber 1992, 95–104.

Trost, G.: Analyse des Werdegangs besonders erfolgreicher Erwachsener. In: Studienstiftung des deutschen Volkes (Hrsg.): Jahresbericht 1996. Bonn: Studienstiftung 1995, 113–116.

Urban, K. K.: Zur Geschichte der Hochbegabtenforschung. In: W. Wieczerkowski u. H. Wagner (Hrsg.): Das hochbegabte Kind. Düsseldorf: Schwann 1981, 15–37.

Urban, K. K. (Hrsg.): Besonders begabte Kinder im Vorschulalter. Grundlagen und Ergebnisse pädagogisch-psychologischer Arbeit. Heidelberg: HVA/Schindele 1990.

Urban, K. K.: Begabungsförderung im Vorschulalter. In: E. A. Hany u. H. Nickel (Hrsg.): Begabung und Hochbegabung. Theoretische Konzepte, empirische Befunde, praktische Konsequenzen. Göttingen, Bern: Hans Huber 1992, 159–169.

Wagner, H. (Hrsg.): Begabungsforschung und Begabtenförderung in Deutschland 1980 – 1990 – 2000. Bad Honnef: K. H. Bock 1990a.

Wagner, H. (Hrsg.): Begabtenförderung in der Schule: Pädagogische Modelle in der Diskussion. Bad Honnef: K. H. Bock 1990b.

Wagner, H. (Hrsg.): Begabung und Leistung in der Schule. Modelle der Begabtenförderung in Theorie und Praxis. Bad Honnef: K. H. Bock 1995.

Wallace, B. u. Adams, H. B. (Hrsg.): Worldwide perspectives on the gifted disadvantaged. Bicester, UK: AB Academic Publishers 1993.

Wang Yani: Bilder eines chinesischen Kindes. München: Prestel-Verlag 1986.

Watson, J. B.: Psychological care of infant and child. New York: Norton 1928.

Webb, J. T.: Nurturing social-emotional development of gifted children. In: K. A. Heller, F. J. Mönks u. A. H. Passow (Hrsg.): International Handbook of Research and Development of Giftedness and Talent. Oxford, New York: Pergamon Press 1993, 525–538.

Webb, J. T., Meckstroth, E. A. u. Tolan, S. S.: Hochbegabte Kinder – ihre Eltern, ihre Lehrer. Göttingen, Bern: Hans Huber 1985.

Weber, H. u. Westmeyer, H.: Emotionale Intelligenz. Kritische Analyse eines populären Konstrukts. Vortrag auf der 4. Arbeitstagung der Fachgruppe Differentielle Psychologie, Persönlichkeitspsychologie und Psychologische Diagnostik. Bamberg, Oktober 1997.

Weber, S.: Erziehungspolitik im Nordosten Brasiliens – die Aufgaben von Lehrerinnen und Lehrern. Journal für Psychologie 3 (1), 1995, 53–57.

Weinert, F. E.: Wird man zum Hochbegabten geboren, entwickelt man sich dahin oder wird man dazu gemacht? In: E. A. Hany u. H. Nickel (Hrsg.): Begabung und Hochbegabung. Theoretische Konzepte, empirische Befunde, praktische Konsequenzen. Göttingen, Bern: Huber 1992, 197–203.

Weinert, F. E. u. Helmke, A. (Hrsg.): Entwicklung im Grundschulalter. Weinheim: Beltz 1997.

Weinert, F. E. u. Wagner, H.: Die Förderung Hochbegabter in der Bundesrepublik Deutschland. Probleme, Positionen, Perspektiven. Bad Honnef: K. H. Bock 1987.

Wieczerkowski, W.: Einleitung. Auffälligkeiten und Abweichungen im Entwicklungsverlauf. In: W. Wieczerkowski u. H. zur Oeveste (Hrsg.): Lehrbuch der Entwicklungspsychologie. Band 3. Düsseldorf: Schwann 1982, 14–17.

Wieczerkowski, W.: Spirale der Enttäuschungen eines musikalisch talentierten Kindes. Melanie – Ein Fallbeispiel. Psychologie in Erziehung und Unterricht 41, 1994, 273–281.

Wieczerkowski, W.: Ungewißheiten und Schwierigkeiten im Umgang mit einem hochbegabten Kind. Psychologie in Erziehung und Unterricht 43, 1996, 83–94.

Wieczerkowski, W. u. Prado, T. M.: Hochbegabung in der Kontroverse. Spektrum der Wissenschaft 8, 1985, 15–16.

Wieczerkowski, W. u. Prado, T. M.: Beratungsstelle für Hochbegabtenfragen in Hamburg. Bericht über ein Modellprojekt. Hamburg: William-Stern-Gesellschaft 1988.

Wieczerkowski, W. u. Prado, T. M. (Hrsg.): Hochbegabte Mädchen. Bad Honnef: K. H. Bock 1990.

Wieczerkwoski, W. u. Prado, T. M.: Parental fears and expectations from the point of view of a Counselling Centre for the Gifted. European Journal for High Ability 2, 1991, 56–72.

Wieczerkowski, W. u. Prado, T. M.: Spiral of Disappointment: Decline in achievement among gifted adolescents. European Journal for High Ability 4, 1993, 126–141.

Wieczerkowski, W. u. Prado, T. M.: Hochbegabung und Hochbegabte. Überlegungen zur Identifikation, Beratung und Förderung. In: W. Wieczerkowski (Hrsg.): Hochbegabung und Hochbegabte. Arbeiten und Aufsätze 1991–1994. Hamburg: William-Stern-Gesellschaft 1994.

Wieczerkowski, W. u. Wagner, H. (Hrsg.): Das hochbegabte Kind. Düsseldorf: Schwann 1981.

Wieczerkowski, W. u. Wagner, H.: Diagnostik von Hochbegabung. In: R. S. Jäger, R. Horn u. K. Ingenkamp (Hrsg.): Tests und Trends, Band 4. Weinheim, Basel: Beltz 1985, 109–134.

Wieczerkowski, W. u. zur Oeveste, H.: Konzepte, Modelle und Theorien der Entwicklung. In: W. Wieczerkowski u. H. zur Oeveste (Hrsg.): Lehrbuch der Entwicklungspsychologie. Band 1. Düsseldorf: Schwann 1982, 21–82.

Wild, K.-P.: Identifikation hochbegabter Schüler. Lehrer und Schüler als Datenquellen. Heidelberg: Asanger 1991.

Winner, E.: Hochbegabt. Mythen und Realitäten von außergewöhnlichen Kindern. Stuttgart: Klett-Cotta 1998.

Wohlwill, J. F.: Strategien entwicklungspsychologischer Forschung. Stuttgart: Klett-Cotta 1977.

Zeh, R: Behinderung und Begabungsentfaltung aus der Sicht Behinderter. In: Stiftung zur Förderung körperbehinderter Hochbegabter (Hrsg.): Behinderung und Begabungsentfaltung 1992, 87–93.

Zielinski, W.: Die Beurteilung von Schülerleistungen. In: F. E. Weinert, C. F. Graumann, H. Heckhausen u. M. Hofer (Hrsg.): Funk-Kolleg Pädagogische Psychologie, Band 2. 1974, 877–900.

Zorman, R.: Mentoring and role modeling programs for the gifted. In: K. A. Heller, F. J. Mönks u. A. H. Passow (Hrsg.): International Handbook of

Research and Development of Giftedness and Talent. Oxford, New York: Pergamon Press 1993, 727–742.

Züricher Empfehlung zur Förderung körperbehinderter Hochbegabter. In: Stiftung zur Förderung körperbehinderter Hochbegabter (Hrsg.): Schwerstbehinderte: Erkennung und Förderung hoher Begabung. Vaduz: Stiftung zur Förderung körperbehinderter Hochbegabter 1998, 117–118.

Personenregister

Abadzi, H. 149
Adams, H. B. 141
Albert, R. S. 77
Alencar, E. M. L. S. de 141
Amos, W. E. 103
Anastasi, A. 40, 57
Arnold, K. D. 78

Bamberger, J. 68, 77
Bartenwerfer, H. 14, 45, 51
Bastian, J. 113
Beckmannshagen, F. 110
Beelich, K.-H. 143
Billhardt, J. 16
Bloom, B. S. 42, 66, 75
Böttcher, I. 25
Bouchard, T. J. 57
Boxtel, H. van 37, 67
Brahn, M. 163, 173
Brasil, A. F. 141
Breitenbach, R. 102
Brinckmann, A. E. 169
Brodbeck, K.-H. 174
Bronfenbrenner, U. 56
Bruch, C. B. 102
Bruckner, Anton 74
Bühler, Ch. 59 f.
Butler-Por, N. 118

Candler-Lotven, A. C. 162
Cattell, R. B. 71
Chauvin, R. 5
Christiani, R. 125
Churchill, Winston 105
Clausen, A. J. 69, 74
Clinkenbeard, P. R. 114
Clendening, C. P. 125
Colangelo, N. 101, 102

Cox, C. M. 62
Cropley, A. J. 15, 125
Csikszentmihalyi, M. 68, 78
Curie, Marie 117 f.
Curie, Pierre 117

Dahme, G. 67
Darwin, Charles 74
Davidson, J. 29
Davies, R. A. 125
Davis G. A. 102
DeHaan, R. F. 33, 166
Dehn, D. 15, 125
Digby, A. 114
Dillmann, S. 64
Dorsch, F. 36
Drews, E. 102

Edison, Th. Alva 2 ff., 24
Einstein, Albert 74, 105, 123
Elbing, E. 100 f.
Ewert, O. 20 f.
Eysenck, H. J. 47, 174

Feger, B. 3, 15, 19, 21, 29 f., 33, 45,
    48, 51, 73, 74, 94, 97, 101 f., 106,
    109 ff., 114, 126, 129, 141, 143, 173
Feldhusen, J. F. 51, 124
Feldman, D. H. 75 f., 78
Fenzl, H. 158
Frasier, M. M. 194
Freeman, J. 65, 85, 174
Fritzsche, J. 159

Gagné, F. 36, 38 f.
Galen 110
Gallagher, S. 103
Gardner, H. 34 f., 76, 78, 166, 174

Sachregister